오늘이 아프지 않게, 내일이 흔들리지 않게
상처 떠나보내기

오늘이 아프지 않게, 내일이 흔들리지 않게

상처 떠나보내기

정신분석가
이승욱

테라코타

|개정 증보판|

불완전함을 향한 즐거움

　간략히 소개하자면 이 책은 수없이 공유될 수 있는, 지극히 사적인 삶의 연구 과정이며 결과물이다. 여섯 사람의 서사가 정신분석의 문법으로 쓰였다. 이것은 '어떤' 정신분석의 대표물이며, 수많은 타인들에게 요긴한 레퍼런스가 될 것이다.
　자백하자면 이 작업은 불완전하다. 저자의 위치에 선 분석가는 쓰는 내내 내가 느끼는 것 이해한 것이 맞는지, 이 표현들은 윤리적인지, 어디를 깎아 내고 어디에 더 집중할지, 쓰고 있는 문장들을 대부분 의심하고 있었다. 태생적으로 불완전을 품은 작업이었다.
　이 책을 더 불완전하게 만드는 방법은 독자들도 자신의 지극히 개인적인 경험으로 여섯 사람의 서사를 읽는 것이다. 그래서 당신들의 마음에 더 웅장한 불완전이 발견되기 바란다.

불완전으로 남아 있는 지역은 곧 가능성의 영토다. 그곳은 더 많은 회상과 상상을 통해 넘어 갈 수 있다. 분석실에서 가장 중요한 원칙 하나, "모든 금지를 금지한다."를 독자의 마음에도 적용하기 바란다. 검열과 금지를 넘어, 실현되지 못한 당신이 기다리고 있을 그 영역까지 삶을 확장하기 바란다. 그것이 이 책에 헌신한 여섯 사람이 가장 원하는 것이다.

지하 씨는 가장 최근의 분석 케이스다. 마녀적 모녀 관계의 민낯을 보는 일이기도 했으며, 내게는 '아버지'라는 이름을 한 번 더 불러 보게 하는 경험이었다. 그 다음 챕터인 채영 씨의 이야기는 지하 씨 케이스와 어떤 연관성을 가진다. 연이어 읽으면 더 좋겠다. 제니스 케이스는 지금으로부터 시간적으로 가장 멀리 있지만, 첫사랑은 다른 관계로 대체될 수 없는 것과 마찬가지로, 언제나 내 마음에서는 최초의 경험이다. 미영 씨 케이스는 매 세션을 기록한 분석가의 일지를 거의 빠짐없이 드러냈다. 분석가의 심정이 좀 더 세밀하게 보일 것 같다. 은철 씨는 상실에 관한 아주 깊은 얘기를 한 경험이었다. 지금도 그를 생각하면 비 오는 창가에 서 있는 것 같다. 성직자 케이스는, 못다 한 이야기가 많다. 하지만 이 독신 수도자의 삶이 얼마나 신실한지 알기에 그에 대한 내 마음은 내내 기쁘다.

원한다면 이 여섯 케이스를 목차의 순서와 상관없이 읽어도 된다. 예를 들어, 제니스-은철-채영-미영-성직자-지하의 순서는 시간순이다.

  자신의 작업 과정을 책으로 출판하는 데 동의하고 격려해 준 여섯 분에게 깊은 감사를 드린다. 이 책이 그분들에게 가장 도움이 되기를 바라는 마음이다.

  쓰인 이름들은 모두 가명이다. 주제의 흐름에 방해가 되지 않는 범위 내에서, 그러나 그들의 주변 사람이라 해도 알아낼 수 없을 만큼 여섯 사람의 개인적인 정보와 신변 사항은 적절한 수준에서 변경했다. 한국인 다섯 분은 완성된 원고를 모두 읽고 출판을 허락했으며, 외국인인 제니스는 저자가 직접 뉴질랜드로 가서 원고의 취지와 내용을 여러 번 자세히 설명하고 출판을 허락받았다.

  작업의 불완전함에도 불구하고 이 책을 증보하고 개정하여 출판하는 데는 저자와 오랫동안 작업해 온 편집자의 격려에 힘입었다. 지하 씨의 케이스는 새로 실었고, 나머지 다섯 케이스는 수정을 거쳤음을 밝혀둔다.

> 욕망을 해방시키고 이해하려고 노력하는 것이
> 정신분석의 투쟁이다. 물론 이 과정은 모두 즐거워야 한다.
> _프로이트

2023년 9월 이승욱

차례

005　**서문** | 불완전함을 향한 즐거움

첫 번째
이야기
• 012

자식이란 무엇인가?

016　경계에 선 딸
022　포획의 역사
032　죄짓지 않은 자의 죄책감
045　꽉 찬 공허
053　예정된 연인
060　잘못 소개된 남자
068　아버지, 그 소년

두 번째
이야기
• 072

구원받기를 원하는 여자

077　단 한 번의 공감
086　구원받기를 원하는 여자
093　교활한 자의 치부
096　존재의 확인
103　우울, 자신을 향한 분노
108　사랑의 촉감
114　소각되지 않은 화
118　그녀는 죽었고, 부활했다

세 번째 이야기 • 124	레슬러의 사랑	129 처음 3분, 분석의 블랙홀
		132 거인의 밥
		135 신혼의 종료
		143 치료관계의 경계 속으로
		146 공생관계를 요구하며
		153 관계의 공간 만들기
		160 존엄한 밥상

네 번째 이야기 • 168	누락된 자의 슬픔	173 9월 31일_떠맡은 분노
		178 10월 7일_꿈의 해석
		182 10월 14일_무의식에 묻다
		190 10월 21일_첫사랑의 기억
		195 10월 28일_다시, 고통의 뿌리를 찾아서
		198 11월 4일_어린 시절의 공포
		202 11월 11일_전이의 메시지
		206 11월 18일_누락된 존재
		214 11월 25일_몸살을 앓다
		214 12월 2일_나를 받아 주는 품
		221 12월 9일_깊은 공감

다섯 번째 이야기 • 226	스스로를 없앤 청년	233 한국인, 내 안의 못난 인종
		237 상담 따위를 받는다는 것
		246 내 안의 차별, 내 안의 저항
		253 비존재, 실재하지만 실존하지 않는
		258 애도, 원래 없었던 것과 나중에 잃은 것
		264 좌절을 견디는 힘
		271 변화보다 중요한 결행

여섯 번째 이야기 • 278	마음이 가난한 자	282 부모의 다른 이름, 신
		284 소년이 남자가 되기 위해 필요한 것
		290 내 안의 또 다른 나, 그림자
		295 그림자의 얼굴들
		299 오랫동안 삼켜 온 아픔
		306 곳곳에 산재한 폭압적 권위
		312 우리가 사랑한 오직 한 명의 여인
		318 환속, 재출가
		323 마음의 가난, 천국과 지옥

첫 번째 이야기

자식이란 무엇인가?

어머니의 부모로 살았던 그녀는 결국 자식이 되기 위해 분석에 온 것이다.
많은 사람들이 제대로 자식이 되어 보지 못한 채 부모가 된다.
그들은 죽을 때까지 자식이 되고 싶어서 자식에게까지 부모를 기대한다.
결핍과 욕망은 한 몸으로 대물림된다.

"음… 한국 나이로는 서른 살이라고 하고요, 그런데 아직 스물아홉 살이에요. 다음 달에 서른 살이 돼요."

기본 정보를 묻는 질문에 지하 씨는 자신의 나이를 이렇게 대답했다. 두 개의 문화를 오가며 살아온 사람의 대답다웠다.

네 살에 캐나다로 이주해서 살다가 중간에 미국으로 다시 거처를 옮겼다고 했다. 26년간의 외국살이를 끝내고 이번에 한국으로 정착하러 왔다는 것이다. 1년이 되었건 죽을 때까지건, 지금으로서는 완전히 귀국을 했다. 그리고 제일 먼저 한 일이 분석가를 찾는 일이었다고 한다. 한때 그를 보는 게 죽기보다 싫어 거부했던 아버지의 집에 임시 거처를 정했다. 오랜 외국생활에도 한국말은 아주 능숙했다. 하지만 어떤 냉정한 상태, 객관적인 묘사를 할 때면 종종 영어로 표현했다. 특히 가족 관계를 설명할 때, 애써 침착해지려 할 때면 대체로 영어를 썼다. 흥미로웠다.

경계에 선 딸

　　　　　귀국 후 왜 가장 먼저 분석을 받으려 했는지 궁금하다고 묻자, 뭔가 자기 삶에서 중요한 것을 놓치고 살아온 것 같은데 그게 뭔지 알고 싶다고 답했다. 예전에 상담을 받아 본 적이 있는지도 물었다. 대학교 다닐 때, 우울증이 있는 것 같아서 학교 내 상담센터에 가서 상담을 받아 본 적이 있다고 했다. 예전에 상담 또는 정신분석을 받은 경험이 있는 내담자들에게는 항상 '그 경험을 통해 무엇을 배웠는가, 무엇을 알게 되었나?'라는 질문을 한다. 지하 씨의 답은 조금 놀라웠다.

　"무슨 얘기를 했는지 하나도 기억이 안 나요. 적어도 세 달 정도는 매주 한 번씩 꼬박꼬박 간 것 같은데, 상담자가 남자인지 여자인지, 백인인지 유색인인지 이런 기억도 희미해요."

　경험들은 종종 이상한 형태로 변형되어 기억된다. 외부의 자극, 내면의 충동, 단순하지 않은 이 두 요소가 뒤섞여 만들어 낸 사고와 행위, 그리고 이에 따른 외부의 반응 등, 인간의 경험은 저장되는 과정에서 다시 내면의 상태에 따라 다양하게 가공된다. 어떤 때는 아예 탈색되어 기억의 목록에서 지워지는 경험들도 있다. 오래된 하나의 사건을 서로 다르게 기억하는 친구들이나 가족들의 대화는 흔하다. 이 모든 상황은 그 일을 겪은 사람의 당시 상태를 알게 하는 좋은 예시들이다. 지하 씨는 어떤 상태였을까?

기억나지 않는다면 기억나지 않는 그 내용을 굳이 떠올리게 할 필요는 없다. 기억이 삭제되었다는 것은 그것 자체로 아주 명확한 메시지이기 때문이다. 장학금을 받고 입학해 우수한 성적으로 석사학위까지 받은 지하 씨의 지능에 문제가 있을 리 없다. 이십 대 초반이었던 당시의 삶이 거의 기억나지 않으며, 아무리 기억하려 해도 상담을 받으러 간 적은 있지만 그 광경과 내용이 하나도 회상되지 않는다는 이 현상에 주목하면 된다. 기억나지 않는다는 것은 기억하고 싶지 않다는 뜻일 가능성이 높다. 기억하고 싶지 않은 이유는 둘 중 하나, 싫거나 두렵거나. 다만 고통스럽기는 매한가지다.

1년 가까이 섭식장애도 경험한 적이 있다고 했다. 십 대 후반에 폭식과 그에 따른 자기 징벌 행위를 반복적으로 했던 기간이 있었는데 입시를 앞두고 스트레스가 많아서 그랬던 것 같고, 원하던 대학에 합격 소식을 듣고 나서는 언제 그랬냐는 듯 사라졌다고 했다.

다만 대학에 입학하고 1년 정도 지나고 나서 점점 우울한 느낌이 있었는데, 어떤 계기로 우울감에서도 조금씩 벗어날 수 있었다고 했다. 그 계기는 지금은 말할 수 없다고, 말하기 싫은 것이 아니라 자신도 혼란스럽고 당황스러워서 말할 수 없다는 것이다.

● 자식이란 무엇인가?

첫 세션¹의 말미에 왜 나를 분석가로 택했느냐는 질문을 했다. 뭔가 도전해 보고 싶었다고, 나이 많은 한국 남성과 어떤 대화를 할 수 있을까, 그게 자신에게 가능할까, 중년의 남성과 안정적인 대화를 하는 것이 가능하다면 그건 도대체 어떤 느낌일까, 이런 의문에 대한 답을 찾기 위함이라고 했다. 물론 이것이 모든 이유를 다 설명하는 것은 아니지만 최소한 중요한 동기 중에 하나라고 했다.

답에 연이은 보충 질문을 하는 대신, 나는 이렇게 마지막 질문을 했다.

"우리의 분석은 잘 기억될 수 있을까요, 그러기 위해서 무엇이 필요할까요?"

"아마 솔직함일 것 같아요."

분석에서 솔직함은 분석가나 내담자, 두 사람 모두에게 종종 최고의 난관으로 가로놓일 때가 많다. 그래서 솔직함으로 돌파할 수 있는 것들도 많다. 솔직함이란 거짓을 말하지 않는 것만이 아니다. 여러 가지 내용 중에서 다 말하는 듯하지만 어떤 한 가지를 빼고 말하는 것도, A를 A´로 은근슬쩍 유사하게 말하는 것도, 해야 할 말을 아예 안 하는 것도, 다 말하지만 어떤 특정한 사항을 더 강조해서 말하는 것도, 모두 솔직하지 않은 것이다.

솔직하지 못한 이유는 대체로 두려움 때문인 것 같다. 우리의

---

1 **세션** 정신분석이나 상담에서 한 회기를 뜻한다. 보통 한 세션은 50분 정도 소요된다.

두려움은 진실과 직면해야 하는 순간에 발생할 때가 많다. 그래서 솔직함으로 두려움을 돌파하고 나면 무엇보다 자신을 의지할 수 있게 된다. 용기를 내어 진실과 직면해 보면 그것이 예상했던 것보다 그리 힘들지 않다는 것과, 그럴 수 있는 이유는 자신에게 두려움을 극복할 힘이 있다는 것을 확인하기 때문이다. 스스로를 기특하게 여길 수 있는 용기를 확인했기에 가능한 일이다.

이로써 지하 씨는 이십 대 초반의 그 상담에서 솔직하지 않았다고 스스로 답을 한 셈이다. 어쩌면 솔직하지 못했던 못난 자신을 기억하고 싶지 않았던 것일 수도 있겠다. 십 대의 말미에서부터 이십 대를 거치는 동안 지하 씨의 삶이 간단하지는 않았으리라 짐작되었다.

첫 세션이 끝나고 나는 잠깐 고민에 잠겼다. 솔직해지는 것은 어떻게 가능한가? 언제나 내담자들에게 첫 세션의 첫머리에서부터 짧지만 단호하게 솔직함을 요구하고 내담자들은 흔쾌히 솔직함을 약속하지만, 정작 그들은 각각의 다른 이유로 솔직해지지 못할 때가 있다. '그녀가 솔직해질 수 있도록 안심시킬 방법이 없을까.'라는 지하 씨에 대한 고민은 곧 이은 다음 세션 때문에 일정이 끝나는 저녁 시간 이후로 미뤄졌다.

하지만 일과가 끝난 이후 나의 고민은 솔직함보다는 장년의 남성과 대화하는 경험을 원하는 지하 씨의 마음에 대한 의문에 더 강하게 붙잡혔다. 짐작하건대, 한때는 곁에 있는 것만으로도 충분히 고통스럽고 불편했다는 아버지라는 존재에 대한 애증에서 비롯되었을 것이다.

'아버지'….

몇 년 전, 나는 '아버지란 무엇인가?'라는 주제로 책이나 영상물을 만들어 보려 했다. 특히 내 나이 정도의 아버지를 둔 딸들(여성들)을 대상으로 인터뷰, 집단토론 또는 서간문이나 영상 등의 자료를 수집하고 아버지란 무엇인가에 대한 각자의 생각을 모아 보는 작업을 기획했었다. 초기 작업을 위해 몇 명의 젊은 여성 후배들을 만나 프로젝트의 주제를 설명했다.

세 명의 여성들이었고, 모두 서른 살을 1,2년씩 앞뒤로 두고 있었다. 누구 하나 빠짐없이 명민하고, 올바른 삶을 살기 위해 고민하고, 자기 몫을 충분히 잘 감당하며 사는 여성들이었다. 이 세 명의 여성과 진행한 각각의 인터뷰는 모두 10분이 채 안 되어 종결되었고, 결국 나는 이 프로젝트를 아무렇게나 접어 내 작업 목록에서 가장 먼 곳으로 던져 버렸다.

프로젝트의 제목은 '아버지란 무엇인가? 이며, 당신들이 경험한 아버지, 아버지에 대한 환상이나 소망, 가장 이상적인 아버지, 세상이 요구하고 딸들이 필요로 하는 아버지란 어떤 인간인가?'라는 주제로 영상이건 출판이건 결과물을 만들어 내려 한다는 설명을 들은 세 여성의 첫 마디는 놀랍게도 한결같이 똑같았다.

"그걸 왜 해요?"

그 쓸데없는 작업을 뭣하러 시간과 공을 들여 하느냐는 힐난성 반문이었다. 정말 맹세하건대, 이 세 명의 첫 마디는 약속이나 한 듯 똑같았다. '그걸 왜 해요?' 아버지, 아무런 의미도 찾을 수 없는 그 존재. 세 명의 딸들에게서 들은 세 번의 동일한 문장은 나를 완전히 의기소침하게 만들었다. 물론 이런 동일한 반응으로부터 발전시킬 수 있는 아버지에 대한 젊은 딸들의 '인식세계를 탐색'하고 '주제화할 수 있는 의미'들을 도출해 내는 연구는 충분히 가능했을 것이다. 하지만, '그런 인간들에게 왜 헛된 시간과 돈과 에너지를 쓰느냐?', '일고의 가치도, 연민도 주고 싶지 않은 존재에 대해 내가 왜, 당신은 왜 애를 써야 하느냐?'는 부연 설명에 프로젝트에 대한 나의 의욕은 순식간에 주눅 들었다.

젊은 딸들은 그래 봤자 현실이 달라질 일은 없고, 관계는 당사자들이 직접 풀어야 하며, 그것을 애비된 자가 직접 책임지라는 말로 들렸다. 부모를 대하는 젊은 세대의 당당함을 섬찟할 정도로 명징하게 대면한 경험이었다.

자녀에 대한 부모의 책임은 어떤 방식으로도 피해 나갈 수 없고, 만약 용케 피했다고 하더라도 언젠가는 그 대가를 치러야 한다. 자녀에게 버림받는 부모들을 분석 현장에서 수도 없이 보았기에 나는 버려짐의 처음과 끝을 잘 안다.

지하 씨는 어쩌면 아버지를 찾으러 한국에, 그리고 분석에 온 것일 수도 있다. 다음 세션에서 아버지와 지내는 것은 어떤지, 물었다. 걱정했던 것보다는 나쁘지 않은데, 오히려 아버지가 너무 당황하고 어색해하는 것 같다고 했다. 한국에 들어와서 아버지와 함께 있겠다고 한 것부터 아버지에게는 예상치 못한 일이었을 거라고 했다. 대학에 들어간 후, 2,3년에 한 번씩 방학이나 휴가 때 한국에 들어오면 단기 숙소를 찾아 혼자 지내다 갔고, 아버지와는 그저 어색하게 밥이나 한두 번 먹는 게 다였다고 했다. 할 말이 있으면 문자를 주고받았고, 아버지는 지하 씨의 서슬에 쉽게 다가오지 못했다고 했다.

가족의 삶이 전형적인 형태가 아닌 것이 분명했다. 가족의 해외 이주와 두 나라에 따로 살게 된 과정 등에 대해 설명해 달라고 부탁했다.

포획의 역사

아버지는 원래 청소년 시기부터 캐나다에서 유학했다. 대학교를 졸업한 뒤 현지에서 2년 정도 직장을 다니다가, 개인 사업을 하기 위해 직장을 그만두고 한국에 들어와 일하던 중, 엄마를 만나 결혼했다. 몇 년간은 캐나다를 오가며 사업체를 운영하다가 지하 씨가 태어나던 시기부터 캐나다에 머무는 시간이 길어지고 지하 씨의 동생까지 태어난 후에는 아예 캐나다로 가족 모두가 이주했다. 지하 씨가 어머니에게서 들은 얘기로는 그 당시에도 굳이 캐나다로 이주하지 않아도 되었지만, 어머니가 이주를 결심한 가장 큰 이유는 시부모, 즉 지하 씨의 친조부모 때문이었다고 한다.

어머니는 시부모로부터 받은 멸시와 핍박 기억에 대한 분노와 하소연을 지하 씨가 어릴 때부터 성인이 될 때까지 무한 반복했다. 몇몇 에피소드는 적어도 100번 이상은 들어서 토씨 하나 안 틀리고 복기할 수 있을 정도라고 했다. 어머니가 가장 분해하는 대목은, 시댁이 친정의 처지를 깔보면서 자신을 하대하고 종 부리듯 했다는 것이다. 결혼 전 예비 시부모를 뵙는 첫인사 자리를 위해 지하 씨의 어머니는 꽃다발과 비싼 찻잔을 선물로 준비해 갔다. 두 분이 감사하다며 받은 그 찻잔은 개봉한 뒤 한 번도 사용되지 않은 채 시댁의 창고로 바로 들어갔다. 어머니는 신혼여행을 다녀온 후 심부름으로 물건을 찾으러 들어간 창고에서 그것을 보게 되었다. 며느리의 촌스러운 안목에 대해 시누이에게 뒷담화를 했다는 것도 우연히 알게 되었다.

지하 씨의 외조부는 기능공으로 일하면서 자식 셋을 키웠다. 성실한 분이었지만 돈은 크게 벌지 못했고 가족은 내내 풍족한 적이 없었다. 다만 지하 씨의 어머니는 삼 남매 중 가장 공부를 잘했고, 명문대학을 졸업했다. 집안의 자원을 가장 많이 지원받았지만 그것은 다른 남매들에 비해 비교적 그랬다는 것일 뿐, 코피를 흘리며 밤새워 공부하고 아르바이트하면서 대학을 졸업했다. 대학이나 사회에서 만난 동료들 중에 지하 씨의 어머니는 언제나 가장 가난했지만 빈곤함보다 더 우세한 감정은 빈한한 집안에서 가장 많은 자원을 썼다는 죄책감과 부채감이었다고 한다. 어머니의 회상에 기반한 지하 씨의 짐작은, 신분상승이 결혼의 가장 큰 이유였으리라는 것이다.

외조부모에 비해 친조부모의 재력이 얼마나 거창한지는 가족의 생일이나 졸업과 같은 기념일에 선물로 받는 주식이나 귀금속을 통해 충분히 짐작할 수 있었다. 지하 씨의 어머니는 아버지가 거래하던 기업체 비서실에 근무하고 있었는데, 그 기업체의 오너가 둘을 소개시켜 주었다. 그 오너는 친조부의 친구이기도 했다.

어머니의 의견에 따르면, 친조부모와 아버지의 관계는 이랬다. 아버지가 보여 준 공부 실력은 이미 중학교 때부터 '명문대 진학 가능성 제로'로 판정되었고, 한국에서 좋은 대학을 못 갈 바에는 아예 외국으로 보내서 어디든 외국 대학을 졸업시키는 것이 조부의 기획이었을 것이다. 그렇지 않고서야 지하 씨의 작은아버지와 고모는 한국에서 졸업시켜 옆에 끼고 살면서 장남을 일찌감치 멀리 타국으로 보낼 이유가 없다고 주장했다는 것이다. 부모의 기대에 제대로 부응하지 못한 아들, 원가족으로부터 인정받지 못하는 지질한 남자라는 아버지에 대한 어머니의 경멸과 하소연은 지하 씨가 어릴 때부터 반복되는 레퍼토리였다.

지하 씨는 아버지를 존경해 본 적이 한 번도 없었다고 했다. 최소한 2년 전, 아버지가 십이지장의 심각한 궤양성 출혈로 수술을 받는 일이 있기 전까지는 어머니의 생각에 의심을 품어 본 적이 한 번도 없었다. 언제나 아버지는 우리 가족을 불행하게 만든 원천이라고 생각했다.

지하 씨가 말하던 중, 어머니의 '의견에 따르면'이라는 표현이 귀에 들어왔다. 의견이라 함은, 확인되지 않은 사적 견해를 말하는 것이다. 지금 전해 주는 이야기들 중 특히 아버지에 관한 부분은 '어머니의 의견'에 근거한다는 표현이 특이해서 그 이유를 물었다.

잠시 생각하던 지하 씨는, 어머니가 경험하고 기억한 것을 전하려는 의도였는데 왜 그것을 의견이라고 했는지 자신도 좀 생각해 봐야겠다고 답했다. 나는 'Based on her memory'와 'According to her opinion' 정도의 차이라면 제법 간극이 넓다고 했다. 어릴 때부터 어머니의 말은 믿어 의심치 않았다고 했는데, 그렇다면 지금에 와서 그것을 자신도 모르게 '의견'이라 표현하는 것은 어머니와의 사이에 어떤 균열이 생긴 것인가라는 질문을 이어했다. 언뜻 지하 씨는 화가 난 듯해 보였다. 얼굴이 잠시 붉어지더니, 물을 마시고, 손을 만지작거리다, 어머니를 믿지 않는다고 말하지는 않았다며 좀 항의하는 듯하다가 숨을 삼키고는 시계를 보았다. 세션을 끝내고 싶다는 행동으로 보였다. 불행히도, 다행히도 아직 몇 분 더 남았다.

"화가 나셨나요?"라고 물었다. 상대가 누구든 앞에 있는 사람이 내 말로 인해 화가 난 것 같을 때면 우리는 가능한 한 그 상황으로부터 빨리 벗어나고 싶어한다. 나도 종종 그럴 때가 있다. 하지만 도망가거나 회피함으로 문제를 해결하려 한 적은 거의 없다. 특히, 내담자인 경우에는 한 번의 예외도 없었다. 가장 좋은 방법은 화가 났는지, 났다면 나 때문인지, 정확히는 나의 어떤 말 때문인지를 묻는 것이다. 에둘러 말하고 두루뭉수리 해결될 일이 아니다.

"네, 그래요. 근데 선생님 때문이 아니에요. 잘 모르겠는데 그냥 화가 나요. 좀 더 생각해 봐야 할 것 같아요."

"혹시 저 때문에 화가 나셨다 하더라도 저는 들을 준비가 되어 있으니 정확히 말씀해 주셔도 좋겠습니다. 솔직하게요."

"네, 선생님께 화가 난 것은 분명히 아닌 것 같아요, 하지만 뭔가 속에서 뜨거운 덩어리 같은 것이 있는 것 같고, 등에도 뭔가 뜨거운 것을 올려놓은 것 같이 열감이 느껴져요."

지하 씨는 성실하게 분석에 참여했다. 무엇보다 자신의 감정이 움직일 때마다 그것을 드러내는 것에 주저하지 않았다. 의도해서 말로 표현하건, 통제되지 않아서 몸으로 그 감정이 표출되건 감정의 움직임을 최대한 열어 두려 했다. 나의 부탁이 있기도 했지만, 그녀도 노력했다.

두 언어를 혼용해서 쓰는 것은 표현을 풍부하게 만들어 주는 것 같지만 실은 좀 더 방해가 되는 쪽으로 작용했다. 언어 구조의 차이도 있지만, 영어로 한국 가족의 정서를 설명하는 것에서 느껴지는 이질감이 있었다. 나는 가능한 하나의 언어를 쓰자고 했고, 한국말로 통일하기로 합의했다. 분석에서 차이나 불편함은 언제나 합의가 가능하고, 그것은 솔직함을 기반으로 진행된다. 구태여 명시해 말하지는 않았지만, 지하 씨는 중년의 한국 남성과 잘 대화하고 있는 것 같았다.

분석의 여러 회기가 지나 한 달을 조금 넘겼을 때, 지하 씨가 한 주만 분석을 쉬어야 할 것 같다고 했다. 어머니가 주말에 한국에 들어온다는 연락이 왔고, 어머니의 체류 기간에는 아무래도 분석을 하지 못할 것 같다고 했다.

나는 동의하지 않았다. 어머니와 24시간 같이 있어야 하는 것도 아닐 테고, 행여 지방으로 여행을 간다고 해도 서울에 머무는 시간도 있을 것 같다, 정기적인 세션 시간에 맞추지 못할 일정이면 시간을 조정해서라도 다음 세션은 다음 주에 진행하기를 바란다고 했다.

나의 부동의에 지하 씨가 불쾌해하거나 당황할 수도 있으리라 생각했다. 하지만 지하 씨는 너무 순순히 오히려 더 친절한 느낌으로 다음 약속에 예정대로 오겠다고 했다. 만약 정 오지 못할 상황이면 미리 연락해 일정 조정을 부탁하겠다고 했다.

나는 내담자의 분석 취소나 종결 요구를 거부할 때가 있다. 심지어 병원에 가야 해서 다음 세션을 취소해 달라는 부탁도 거절한 경우가 있었다. 어떤 이유로 병원에 가는지, 진료 때문에 분석 세션을 취소해야만 하는지 상황을 물은 다음, 꼭 그날 그 시간에 가야만 하는 것이 아니라면 분석에 정기적으로 참여할 것을 권유한다. 그러면 내담자들은 대체로 정기적인 다음 세션 시간에 또는 시간을 약간은 바꿔서라도 참석하기로 한다.

이사를 가서 거주지가 바뀌기 때문에 분석을 종결해야만 할 것 같다는 경우에도, 쉽사리 동의하지 않는다. 예를 들어 서울에서 수원으로 이사를 가기 때문에 종결을 요청하는 경우, 나는 제주도나 대구에서 분석을 받으려고 비행기나 KTX를 타고 오는 내담자들의 경우를 이야기한다. 돈이 없어서 더 이상 분석받기가 어렵다고 하는 경우가 가장 거절하기 어려운 상황인데, 그럴 때도 나는 선뜻 동의하지 않는다.

그렇게 하는 데는 이유가 있다. 나는 쉽게 내담자를 포기하지 않기 때문이다. 나와 내담자의 관계는 그렇게 쉽게 끝낼 수 있는 관계가 아니라고 생각하기 때문이다. 나와 내담자는 분석관계 안에서 깊게 연결되어 있고 그것은 사소한 이유로 침해받을 수 없다.

내담자들이 분석을 건너뛰려 할 때면 으레 분석에 오지 않을 이유가 있지만 그것이 타당한지 확인해야 한다. 만약 타당하지 않은 이유라면, 분석을 회피하는 마음의 의도에 대해 충분히 알아봐야 한다. 그리고 무엇보다, 나는 내담자들의 삶이 분석작업을 중심으로 돌아가기를 바란다. 병원 약속도 분석에 방해되지 않게 예약하고, 가족 행사도 분석 일정에 맞추어 조율하고, 여행도 피치 못할 일정이 아니라면 분석을 건너뛰지 않게 계획하기를 바란다. 분석을 내담자 삶의 최우선에 두기를 요구한다.

물론 이 원칙을 무조건 강요하지는 않지만, 내담자들이 그만큼 분석에 더 철저하게 임하기를 바라는 나의 무언의 요구이기도 하다. 하지만 이런 요구는 정작 분석가 자신이 적지 않은 부담감을 떠안기로 했을 때 가능하다. 누군가의 삶의 최우선이 나와의 작업이 된다는 것은, 내가 더 많은 책임을 져야 한다는 뜻이다.

심지어 내담자가 '이제 그만'이라며 종결을 말할 때조차도, 그것이 진정인지 수차례 확인한다. 그리고 내담자에게 비록 이것이 종결이라 할지라도 건강이 허락하는 한 나는 이 자리에 계속 앉아 있을 것이며, 언제든 다시 찾아온다면 우리의 분석을 이어 나 갈 수 있음을 확인시켜 준다.

분석에서 내담자의 저항은 권리이며, 분석의 자원이기에 엄밀한 의미에서 내담자의 저항은 없다. 따라서 저항이라는 행위는 오직 분석가에게서만 일어난다. 물론 분석가의 저항은 종종 분석의 실패로 이어진다.

다음 세션에 나온 지하 씨는 오늘은 어머니에 대한 이야기를 안 하고 싶다고 말했다. 뭔가 너무 복잡하고 마음이 산란해서 엄마를 생각하는 것이 도움이 되지 않을 것 같다고 했다. 당분간은 분석을 통해 한국에서 무엇을 하며 살 것인지에 대한 진로를 탐색해 보고 싶다고 했다. 나는, 서른이나 되었으니 진로적성검사 같은 멍청한 짓은 하지 말자고 농담했다.

어머니와의 시간이 어땠는지 물어볼 수 없지만, 그래도 지난 시간에 세션 연기 요청을 분석가가 거절한 것이 어땠는지에 대해서는 물어보아야 했다. 잠시 생각에 빠져 있던 지하 씨는, "좀 부끄러운 이야기이지만 솔직히 말씀드릴게요."라고 운을 뗐다.

"제가 생각해도 사실 이번 주에 못 올 정도로 엄마와 일정이 바빴던 건 아니에요. 다만 제 마음이 조급했던 것 같아요. 엄마가 오면 엄마 곁을 떠나면 안 될 것 같고, 긴장됐어요. 모든 일정을 다 취소하고 엄마에게 집중하고 있어야 할 것 같았어요. 그런데… 선생님이 안 된다고, 가능한 정기적인 일정대로 나오기를 바란다고 하셨을 때, 음… 뭔가 안도감 같은 느낌이 들었어요. 그러면서 정신이 조금 들었다고 해야 하나…. 선생님이 저를 보호해 주셨다는…. 이런 생각이 말도 안 되게 들리실 수도 있겠지만, 어쨌건 보호받은 듯한 느낌, 그것과 함께 내 자신에게 보호가 좀 필요하다는 것을 깨닫게 된 것 같았어요."

"혹시 그 보호라는 주제가 오늘 이야기하기 싫은 어머니와 관련된 이야기라면, 제가 더 물어도 될까요, 아니면 당분간 담아 두고 있을까요?"

"아무래도 엄마와 연관이 있을 거예요. 저도 바보는 아니니까요. 엄마가 가고 난 다음에, 몸도 마음도 거리감이 생기면 이야기하기가 좀 더 편해질 것 같아요."

'마음도 거리감이 생기면'이라는 표현이 귀에 들어왔지만, 이것도 일단은 잠시 보관해 두기로 한다.

원하는 대로, 진로를 탐색할 시간이다. 사실 가만히 앉아서 진로를 탐색한다는 것은 가보지 않은 수많은 나라들 중에서 평생 살 곳을 지도만 보고 정하는 것과 다름없는 일이다. 진정으로 원하는 직업을 찾겠다면, 자신의 근원적인 결핍이 무엇인지 알아야 한다. 그것이 최우선되어야 한다.

우리의 삶은 대체로 풍요를 추구하는 것 같지만 사실은 결핍을 채우는 방향을 택할 때가 훨씬 더 많다. 그 결핍을 만회하기에 가장 부합하는 직종이나 또는 어떤 직업의 구체성이 아니더라도 자기 삶의 결핍을 보상해 주는 상태가 있다면, 그것이 가장 적절한 진로다. 삶은 만회하고 회복하는 과정이다. 그래야 한다. 어쩔 수 없다. 우리의 욕망은 결핍의 다른 이름이기 때문이다. 진로는 반드시 일이나 직업과 연관시켜 생각한다면 장래를 너무 한정시키는 것이다. 어떤 생활의 상태, 즉 어떤 환경이나 조건 속에서 살 것인가를 고민한다면 진로탐색에 부합하는 일이겠다.

지하 씨의 전공과 그동안의 진로에 대해 물었다. SAT 성적은 만점에 가깝고 어릴 때부터 배운 피아노와 첼로 연주 실력은 수준급이며 수영, 탁구 등 고등학교 운동 동아리 회장도 역임한 지하 씨는 미국 내 최상위권 대학 네 곳에 응시해서 세 군데에서 합격통지를 받았다고 한다. 그 정도까지 하려면 여간 힘들지 않았을 텐데, 본인은 그 과정을 좋아서 했냐고 물었다.

"글쎄요…. 반반이였을까요…. 엄마가, Ooops! 엄마 얘기 안 하고 싶었는데… 음, 이 얘기만 할게요."

엄마는 지하 씨를 교육시키는 데 거의 광적이었다고 했다. 돈이 얼마가 들건, 좋은 선생님이 있으면 비행기를 타고 가서라도 배우고 와야 했다. 지하 씨가 혼자 알아서 공부해 이미 좋은 성적을 받아도, 엄마는 항상 과외를 받아야 하지 않느냐며 불안해했다. 그래서 엄마를 안심시키기 위해서 필요도 없는 과외를 받았는데, 실력을 알아본 과외선생님이 왜 과외를 받는지 의아해할 정도였단다.

지하 씨를 향한 어머니의 시도는 딸을 완전체로 만들려고 했던 것 같았다. 십 대 후반에 지하 씨가 겪었다는 섭식장애가 이와 연관이 있었을 것 같지만, 이 주제 역시 뒤로 잠시 물려 두었다.

죄짓지 않은 자의 죄책감

다음 주, 어머니가 다시 미국으로 돌아가고 난 뒤 곧 이어진 세션에서 어머니 이야기를 할 수 있는지 물었다. 해야 할 것 같다고 답했다. 왜 지난번에 엄마에 대한 이야기를 하지 않으려 했는지 묻자, 잠시 미뤄 두고 잊고 있었던 엄청난 숙제가 다시 눈앞에 나타난 느낌이었다고 했다. 이제 그 숙제를 좀 풀어 보자고 권했다.

내가 느끼기에 지하 씨는 지금 어떤 문을 열어야 하는데 무언가 겁이 나서 계속 서성이면서 초조해하는 것 같다, 특히 지난번 어머니의 귀국을 맞을 때의 태도가 그 초조함의 좋은 예시인 것 같다고 했다. 지하 씨는 맞다고 동의했다. 혹시 이런 초조함이 낯익은지, 예전에도 비슷한 느낌의 초조함을 경험한 적이 있는지 물었다.

현실은 종종 과거의 반영이다. 원인 모를 감정의 동요는 과거의 어떤 경험과 잇대어 있을 확률이 거의 100퍼센트에 수렴한다. 이럴 때 현재는 그저 기억을 인출하는 자극 요인일 뿐이다.

질문이 끝나기도 전에 지하 씨는 고개를 번쩍 들고, "맞아요, 그것과 비슷해요, 아니 같아요."라고 답했다.

맨 처음은 한 일곱 살 때 정도, 그 뒤로도 그런 기억이 적어도 대여섯 번은 더 있었던 것 같은데, 모두 공항에서였다고 한다. 친조부모는 종종 캐나다, 나중에는 미국에 들어와서 짧지 않은 기간 동안 머물다가 여름방학이 되면 지하 씨를 데리고 한국으로 들어

갔다고 했다. 그때가 되면 어머니는 며칠 전부터 안절부절못했고, 공항에 나와서는 곧 쓰러져도 이상하지 않을 정도로 창백한 얼굴로 힘겨워하며 딸을 보냈다. 지하 씨 가족이 누리는 좋은 집과 차, 부족함 없는 생활, 과도한 교육비는 조부모의 경제적 지원 덕분에 가능한 것이었기에, 어머니는 자신이 그다지도 혐오하는 시댁에 아무런 저항도 할 수 없었다.

그런 엄마를 보며, 어린 지하 씨는 떠나기 며칠 전부터, 그리고 한국에 가서도 혹시나 엄마가 잘못될까 봐 겁이 났고 안절부절못했다. 한국에 머무는 동안에도 문득문득 엄마 생각이 나면 어린 가슴에 돌이 얹힌 듯 우울해졌다. 조부모는 엄마와 전화를 연결해 주지 않아서 아버지에게 엄마가 보고 싶다고 말하면 가끔 엄마와 통화하게 해 주었는데, 그때마다 엄마는 우느라 이야기를 잇기 어려울 정도였다.

하지만 두 달 정도의 한국 체류가 끝나고 미국으로 돌아갔을 때 공항에서 지하 씨를 맞이하는 어머니는 울고불고하며 애틋하게 맞이하는 것이 아니었다. 마치 토라진 연인처럼, 웃음기 없는 얼굴로 차갑게 맞이한 뒤 곧바로 딸을 뒤세우고 카트를 밀며 바쁜 걸음으로 주차장으로 횡하니 갔다. 그러면 지하 씨는 어린 몸으로 엄마의 치마라도 잡으려 종종걸음으로 뒤따랐지만 차마 엄마의 옷자락을 잡지도 못했다. 잡은 손이 뿌리쳐질까 봐 겁이 났었다.

"이번에도 어머니를 맞이하고 같이 지내는 것, 어머니와 공항에서 헤어지는 상황 등이 초조함, 불안과 같은 여러 가지 감정을 자극했을까요?"

"그런데 이번에는 화도 났어요. 내가 왜 이래야 하지, 내가 겪고 있는 이런 감정은 왜 생긴 거지? 이런 혼란이 느껴지면서 화도 났어요"

"20년이 더 흘렀는데도 변한 것은 없고, 그런데 이번에는 '화'라는 새로운 감정이 경험됩니다."

우리의 오늘은 과거의 반복일 때가 많다. 등장인물이나 장소가 바뀌어도 경험하는 마음의 기본값과 자극에 대응하는 내면의 방식은 과거에 세팅된 것에서 바꾸기 어렵다. 의식한 상태로 행하는 것을 제외하면 일상의 모든 행위는 무의식의 의도에 의해 진행된다. 무의식은 구조를 가지고 있다. 관계의 패턴, 감정의 기본값, 결정하는 방식, 관습적인 대응 모두 구조화된 무의식의 메커니즘을 벗어나지 못한다. 정신분석을 폄하하는 사람도, 또는 정신분석이 무엇인지 모르는 사람도, 심지어 이것을 잘 아는 사람조차도 이 원칙에서 벗어날 수 없다.

"그날 비가 왔어요. 주차장에 내려서 공항 건물로 들어가는데, 정말 어린 마음에 비가 내리는 거예요. 눈에는 눈물이 안 나지만 마음에 눈물이 비처럼 주룩주룩 흘러내리는 것 같았어요. 할머니 할아버지가 손잡고 공항 검색대 안으로 데리고 가는데 뒤돌아보니 엄마가 손으로 입을 막고 울고 있고, 아버지는 엄마 뒤편에 서서 보고 있었어요."

지하 씨는 주체할 수 없이 눈물을 흘리고 있었다. 정신분석에 대한 오해 중 하나는, 이런 순간에조차 분석가는 건조한 태도로 무언가를 분석하려 들 것이라는 것이다. 그런 분석가도 있겠지만, 가장 좋은 분석은 내담자의 감정이 분석가라는 공명체에 왜곡 없이 울릴 수 있게 마음을 열어 두는 것이다. 상담 기법이랍시고 앵무새 같은 동어 반복의 공감으로 대화의 수준을 떨어트릴 뿐 아니라 내담자의 경험의 순도까지 오염시키는 짓은 말아야 한다. 공기로 전달되는 무언의 집중과 침묵의 수용이 가장 중요한 분석가의 태도일 때가 많다.

울음이 조금 잦아들기를 기다리다, 침묵으로 서로를 진정시킨 후 낮은 목소리로 물었다.

"그때 어린 지하는 어떤 마음이었던가요?"

"그건… 네, 죄책감인 것 같아요. 엄마에게 뭔가 큰 죄를 지었다는 느낌이었죠. 지금은 이렇게 죄책감이라는 단어로 표현이 가능하지만 그때는 이런 말도 생각할 나이가 아니었으니, 그냥 어쩔 줄 몰라 했죠"

어른이 되어서 어린 자신의 감정에 이름을 부여하는 것은 그 어린아이의 마음을 이해하는 아주 훌륭한 위로의 방식이다. 다시 그 어린아이의 상태로 들어가 보는 것도 좋다. 하지만 그것이 너무 힘겹거나 낯설어서 잘할 수 없는 경우에는, 그저 그 아이 곁에 가만히 있거나 차분히 아이를 지켜보면 된다.

한 아이가 설령 도둑질했거나 거짓말했거나 동생을 심하게 때

렸거나 또는 구석에서 말없이 울고 있거나 또는 느닷없이 화를 내더라도 이 아이들은 모두 자신만의 고난을 겪는 중이다. 어른이 된 내담자에게 자신의 그 아이 곁으로 다가가 보라고 권할 때, 가져야 할 마음은 단 하나, 긍휼이라고 알려주고 싶다. 긍휼은 신에게만 간구할 것이 아니다. 성인으로서 갖추어야 할 고귀한 덕목이며, 성장의 징표이기도 하다. 자신에게 긍휼을 행한 자만이 타인에게도 그리할 수 있으므로, 자신에게 긍휼을 행한 적 없는 자의 타인에 대한 긍휼은 모두 가짜다. 그럴 수밖에 없다.

생각이 여기에 미치자, 나는 지하 씨가 줄곧 그때로부터 지금까지 자신을 계속 징벌해 온 것이 아닌가 하는 의문이 들었다.

"지하 씨, 일곱 살 때부터 지금까지 22년입니다. 그 죄책감은 어떻게 처리했나요?"

내 문장의 강조점이 모호하게 들렸을 수도 있지만, 그것은 나의 의도였다. '어떻게'라는 단어에 힘을 약간 빼고 잠시 쉬었다가 '처리했나요?'라고 강조하여 물었으니 그 죄책감이 처리되기는 했냐는 뜻이 포함되어 있기도 하고 처리했다면 어떻게 처리했냐는, 두 개의 질문을 한 문장에 넣은 것이다.

"죄책감은 보통 어떻게 처리하죠?"

"죄지으면 벌받듯, 어떤 징벌 행위가 있겠죠."

지하 씨는 오랜 침묵에 빠졌다. 지금껏 두 달 정도 진행된 지하 씨와의 세션은 미국 문화권에서 오래 살아온 사람 특유의 풍부한 제스처와 약간 높은 톤의 말투로 인해 주제의 심각도와는 그 무게감이 상응하지 않는, 약간의 경쾌함이 느껴질 때도 있었다. 하지만 이 문답 후의 지하 씨는 가장 긴 침묵으로 주저앉았다.

세션 시간이 끝났고, 다음 주에 보자고 했다. 지하 씨는 선뜻 일어나지 않았다. 움직일 힘이 없어 보였다. 간신히 일어서며 지하 씨는 입을 열었다.

"선생님, 감사해요. 다음 주에 뵐게요. 근데요, 만약에요, 죄를 안 지었는데 벌을 받은 거면 어떡해요?"

"빠삐용이 되거나 계속 죄수로 살거나, 둘 중 하나겠죠."

분석의 원칙에 충실히 의거해 작업할수록 실존적 난제 앞에 도달할 때가 더 잦다. 삶의 난제는 항상 고통의 해제와 같은 자리에 앉아 있다. 죄책감과 징벌이라는 단어는 지하 씨를 깊게 흔들어 놓은 것 같았다. 나는 영화 〈빠삐용〉이, 진정한 죄는 무엇이며 그것을 상쇄하는 징벌을 감당하기 위해 무엇을 결행해야 하는지를 말해 주는 이야기라고 이해한다. 지하 씨와의 작업에서 하나의 좋은 예시가 될 만한 작품이다.

그 후 분석은 지하 씨의 죄책감과 징벌 행위에 대해서 탐구할 수밖에 없었다. 거기에는 어머니가 칡뿌리처럼 깊고도 모질게 얽혀 있었다. 지하 씨는 어머니가 겪는 고통은 자신 때문이라고 생각했다. 조부모를 따라 떠나지 않았다면 엄마가 그리 힘들어 할 일은 없었으리라. 사실은 어린 지하가 결정할 수 있는 권한은 거의 없었음에도 아이는 그렇게 생각했다. 엄마와 아빠의 격한 싸움도 결국 자신 때문에 일어난 일이라 생각했다. 자신이 좀 더 좋은 아이였다면, 자신이 엄마를 행복하게 만들었다면 엄마가 아빠와 더 잘 지냈으리라 생각했다.

　한국에서 돌아온 날, 공항에서 앞장서 횡하니 가버리는 엄마 뒤를 쫓으며 지하 씨는 '내가 엄마를 구해 줘야겠다.'고 결심했다. 아니, 그렇게 결심 '되어지더라'는 표현이 더 정확할 것 같다고 했다.

　아주 어릴 때부터, 주야장천 엄마에게 들었던 시댁에 대한 비난 중 빠지지 않았던 것은 '돈은 많지만 머리에 든 것도 교양도 없는 집안'이라는 멸시였다. 지하 씨의 친가 구성원 전체를 통틀어 가장 좋은 대학을 나온 엄마는 항상 시댁 가족의 '지능'과 '무교양'을 깔보고 폄하했다. 남편의 형제자매와 그 배우자들, 그리고 자녀들까지 포함된 집안 전체 모임에서 어머니는 지하 씨 사촌들의 근황에 과하다 싶을 정도로 관심을 기울이고 캐묻고는 했다. 만약 사촌들은 하고 있지만 지하 씨가 하지 않은 레슨이나 과외가 있다면 어머니는 여지없이 그런 레슨을 받게 했고, 사촌들이 다녀온 여행지는 지하 씨 모녀의 다음 여행지로 예약되었다. 지하 씨가 아무리 좋은 성적을 받아도, 어머니의 비교 상대는 지하 씨 학교의 학생들이 아니라 사촌들이었다.

　중학교 때, 지하 씨의 사촌 한 명이 수학경시대회에서 상을 탔고, 또 다른 사촌 한 명은 음악 콩쿠르에서 상을 탔다. 그때부터 지하 씨의 수학과외는 두 개로 늘어났고, 새벽에 일어나 첼로 레슨도 받으러 가게 되었다. 지하 씨는 한 번도 군말하지 않고 엄마의 의사에 따랐다. 이것이 무엇을 뜻하는지 어린 지하도 알 수 있었다. 엄마도 지하 씨도 사촌들보다 앞서야 한다는 결의를 입 밖에 꺼내어 다진 적은 없지만, 그것은 모녀의 불문율이었다. 다만 지하 씨를 추동한 것은 경쟁심이 아니라 어머니에 대한 죄책감과 그녀를 구해야 한다는 의무감이었다.

시험 때가 되면 초조함과 긴장으로 곧 무너질 것 같았지만 엄마 앞에서는 절대로 티 내지 않으려 더 유쾌한 척하며 살았다고 한다. 그리고 지하 씨는 아주 깊이 묻어 둔 기억 하나를 조심스레 고백했다. 너무 힘들면, 뾰족한 연필이나 컴퍼스로 허벅지를 찔렀다고 했다. 아무도 보지 못하는 부위이고, 수영하러 가면 뾰루지가 나서 밴드를 붙였다고 둘러댔다.

십 대 중반부터 시작된 이 행위는 특히 시험이나 중요한 오디션을 앞두고 있을 때 여지없었다. 다행히 깊게 찌르지 않았고, 대여섯 번 따끔한 통증을 느낄 정도로 찌르고 나면 조금 마음이 안정되어서 멈추지만, 학년이 올라갈수록 빈도가 더 잦아졌다고 했다.

긴장을 해소하는 데 그 행위가 도움이 된 것인지를 묻자, 지하 씨는 선뜻 대답하지 못했다. 중요한 시험이나 경쟁을 앞두고 있을 때 더 심해졌다면, '자신의 수행 능력과 그 결과에 대한 불안' 때문에 그럴 가능성이 높지 않은가, 라고 묻자 지하 씨는 자신에게 화가 났던 것 같다고 했다. 마음 한편에는 부담감이 있고 그 부담감 때문에 공부나 연습을 하기 싫다는 마음이 들었는데, 그렇게 하기 싫다는 자신의 거부감, 게으른 마음이 용납이 안 되더라는 것이다.

아이들은 이렇게 터무니없는 죄책감을 가진다. 가족의 불행이 아이의 잘못 때문에 발생하는 일은 거의 없지만, 많은 아이들은 부모의 불행까지도 자기 탓으로 돌린다. 지하 씨의 자해와 학습과 연습에 쏟아부은 자학 수준의 노력은 죄책감을 경감하려는 징벌 행위일 뿐 아니라, 어머니의 삶을 보상해 주어 어머니의 구원자가 되려는 몸부림이었다. 분석이 진행되고 과거에 대한 회상이 회를 더하면서 지하 씨는 자신의 경험이 하나의 감정을 해결하기 위한 목적을 가졌다는 것을 더욱 자각했다.

인간의 모든 행위는 이득을 취하려는 목적을 가진다. 어떤 행위가 그 사람의 삶에 도움이 되지 않음에도 불구하고 반복적으로 장기간에 걸쳐 행해진다면 거기에는 반드시 그 사람의 마음에 어떤 만족감을 주는 이득이 있다. 더 정확히는 지극히 주관적인, '이득이라고 믿는' 결과가 있다.

내담자들과의 작업과정에서 '행위는 이득을 위한 투자'라는 원칙을 적용해 그/그녀의 삶을 조명해야 할 때는 거의 빠짐없이 찾아온다. 쉬 납득되지 않는 행위들, 예를 들면 과도한 노력, 파괴적인 결과를 내는 결정, 결국에는 자신의 잘못을 입증하게 되는 어리석은 행동, 주변을 도발하여 갈등을 불러일으키다 결국엔 주변 사람들로부터 소외되는 반복 행위의 소실점에는 참으로 허무한 이득, 투자에 대비해 보잘것없는 심리적 '이득'이라고 믿는 것들이 있다. 지난한 과정이고, 종종 내담자들의 격한 방어와 거부가 선행될 때가 많지만, 결국 내담자를 위해 밝혀내야 할 과제다.

지하 씨와의 작업은 자연스레 이 흐름에 올라탔다. 지하 씨는 어머니의 대리자로서 어머니의 시댁에 대한 복수극을 펼친 것이다. 시댁의 가족 모임에서 어머니는 지하 씨의 업적을 아무렇지 않게, 대수롭지 않게 슬그머니 내던지고, 좌중을 한번 쓱 둘러보는 것으로 자신을 과시했다. 그런 어머니의 태도를 보며 지하 씨는 자부심이나 만족감이 아주 잠깐 들었지만, 대체로는 부끄러웠다고 했다. 겸손의 부끄러움이 아니라 수치감 같은 감정이었다. 보잘것없는 아이가 내세울 거라고는 이것밖에 없는 듯한 일종의 빈곤감이었다. 작은어머니와 고모의 묘하게 경직되는 표정, 눈을 내리까는 조부모, 사촌들의 뚱한 표정… 지하가 올해 이룬 이 업적들은 사실 큰 노력 없이 쉽게 해냈고, 그래서 우리 모녀에게 이것은 별것도 아니라는 듯한 엄마의 묘하게 뻔뻔한 표정을 보는 것이 부끄러움의 가장 큰 이유였다. 지하 씨는 "생각해 보니 엄마도 천박했네요. 어쩌면 가장 천박했네요. 엄마도, 나도요."라고 말하고는 깊은 탄식을 내뱉었다.

나는 이런 순간이 감사하다. 인간의 회복은 자신의 과오를 명백하게 깨달으며 시작할 때가 많다. 그 찰나에 드러나는 진실됨은 그저 감사할 따름이다. 분석가라는 직업은 대부분 고통을 듣는 시간으로 채워지지만, 이럴 때 나는 회복의 증인이 됨으로써 나 자신의 회복 가능성도 상기한다.

지하 씨는 점점 자신의 유년과 십 대가 어떻게, 무엇으로 채워졌는지 명료하게 알아 가고 있었다. 대부분의 그것들이 어머니의 의도와 조작으로 이루어졌다는 것을 해득하는 과정은 지하 씨를 힘겹게 했다. 또 한 번 지하 씨를 아프게 하겠지만, 분명히 해 두는 것이 좋을 것 같았다.

"사실 이것들을 지하 씨가 모르고 있었다기보다는 모르기로 한, 일종의 암묵적 모의와 합의가 있었던 것 아닐까 싶네요. '의도와 조작'을 이제서야 알게 됐다기보다는 지하 씨도 그 조작의 적극적 참여자였다는 것을 이제서야 인정하는 과정을 겪고 있는 것 같습니다."

지하 씨는 동의하며 이렇게 말했다.

"좀 화나지만 인정하지 않을 수 없네요. 선생님은 음… 좀 매정하네요. 근데 맞으니까 어쩔 수 없어요."

정확한 언어는 오히려 상황을 명료하게 마음을 홀가분하게 만들 때가 많다. 내가 매정한 사람이 되면 어떠랴. 나의 내담자가 어려움에서 벗어날 수 있다면, 이런 솔직함은 오히려 상쾌하다.

나는 죄와 죄의식의 등가성에 대해 얘기했다. 인간이 느끼는 죄책감은 성찰의 기반이 될 때도 있지만, 그 균형이 깨어지면 오히려 사람을 병들게 한다. 죄와 죄의식은 자기 안에서 서로 공정한 무게로 결정되지 않을 때가 많다. 그래서 문제다. 실정법을 범하는 죄를 짓고도 죄의식이 없는 극단의 경우를 병리적으로 칭해 '반사회적성격장애'라 한다. 죄의식이 없으므로 반성할 수도 없고, 재범의 가능성도 높다. 이런 경우는 사회법이 징벌하게 된다.

법의 엄격함보다는 느슨하지만 공동체 생활을 유지하기 위한 규약이나 시민적 질서도 있다. 이런 것을 어기고 수치심이나 죄책감을 느끼지 않는 사람들도, 자신의 이득을 위해 주변 사람을 착취하면서 일말의 미안함을 가지지 않는 사람들도 있다. 그들은 자신의 죄에 비해 감당하는 죄책감이 현저히 약소하므로 지속해서 공공의 안녕에 해악을 끼친다. 종내에는 공동체 구성원으로부터 배척되고 심리적으로 추방된다. 결국 그들은 그런 과정을 거쳐 자신의 삶을 파괴시킨다.

하지만 보통의 인간은 지은 죄에 비해 죄의식이 더 크기 때문에 어려움을 겪는다. 사실 죄와 죄책감의 등가성은 팽창된 죄의식으로 인해 깨질 때가 훨씬 더 많다. 우리가 느끼는 죄의식은 그야말로 '의식'이다. 죄책감으로 말하자면 그것도 역시 '감'이다. '감'은 실제와 다를 때가 많다. 전교에서 꼴찌를 하면 열등생은 맞지만 열등생이라고 다 열등'감'을 가지는 것은 아니다. 돈이 없으면 빈곤한 것은 맞지만 그렇다고 모든 사람이 다 빈곤'감'을 가지는 것도 아니다. 박탈감, 소외감 등등.

죄를 지었다는 의식, 그로 인해 자신을 책망하는 감정, 이런 것들이 발생한 데에는 여러 가지 이유가 있겠다. 그중 과도한 죄의식, 또는 죄책감을 갖는 이유는 무엇보다 과도한 책임감 때문이다. 우리 유년의 시절로 돌아가 찾아보면 자신이 지지 않아도 될 과도한 책임감을 지기로 한 기억들을 대부분 하나씩은 가지고 있다.

나는 이미 일곱 살이나 열 살 때 엄마를 책임지거나 보호하거나 가족을 감당하거나, 심지어 집안을 일으키겠다는 결심을 했다는 내담자들이나 주변의 지인들을 수도 없이 만났다. 그 후로 항상 그들은 자신의 결심을 제대로 수행하고 있는지 끝없이 검열하고 나태한 자신, 부족한 능력을 자책했다고 한다. 자신으로 인해 겪는 모나 부의 고통을 조금이라도 더 빨리 경감시켜 주고자 끝없이 자신을 재촉하며 살았다. 그런데 언젠가부터 까닭 모를 분노와 무기력, 의심과 허망함이 차오르고 그것을 감당할 수 없을 지경이 되면 그제야 분석가를 찾는다. 지하 씨도 그랬다.

지하 씨의 죄책감의 근원이 되는 '엄마를 구원하겠다.'는 그 사명감은 본질적으로 아이에게 지워져서는 안 될 것이었다. 어머니는 딸을 자신의 대리자로 내세워 만족을 채우는 데 거의 완벽하게 성공했다. 딸의 에너지와 재능을 착취하여 자신의 위력을 은밀하게 과시하고 교묘하게 시댁을 능멸할 수 있었다. 어머니는 그것을 자신의 만족감으로 삼았다.

이 모든 음모는 "다 너를 위한 일이야."라는 말 한마디로 치환되었고, "나도 이게 좋아서 하는 일인 줄 아니? 엄마도 힘들어. 그래도 다 너를 위해 힘들어도 참고 하는 거야!", "이 미국 땅에서 우리가 믿고 의지할 사람이 엄마와 너 말고 누가 있어? 네 아빠라는 인간을 봐라. 저렇게 무능하고 둔하고 형편없는 사람을 어떻게 믿고 살겠니?" 등의 말은 딸의 책임감과 죄책감에 계속 연료를 공급했다.

꽉 찬 공허

지하 씨와의 작업은 한동안 죄와 죄책감의 등가성, 그리고 책임감의 시초와 그것의 팽창 과정에 대한 주제로 진행되었다. 이 와중에서도 분석을 진행하는 동안 그녀가 가장 힘들어한 것은, '어머니를 잃어버리는 것'이었다. 자신이 믿고 살았던 그 어머니, 세상에서 유일한 어머니를 마음에서 완전히 상실해 버리게 될까 봐 두려워했다.

두려움의 실체가 무엇인지 물어야 했다. 어머니를 만약 잃어버린다면 자신을 어떻게 느끼게 될 것 같은가, 어떤 상태가 될 것 같은가, 라는 질문에 "뭔가 빈 것 같을 거예요. 속이 텅 빈, 갈비뼈 안에 든 모든 장기와 조직들이 사라지고 겉만 남아 있는 사람 같이요."라고 답했다.

분석 초기에 잠깐 나왔던 지하 씨의 식이장애에 대한 주제를 이야기할 때가 온 것 같았다. 좀 과도한 표현일 수도 있지만, 때로는 나는 분석가가 먹이를 기다리며 오랫동안 잠복해 있는 맹수와 같다고 느낄 때가 있다. 어떤 주제를 오랫동안 마음에 품고 기다리며 분석의 맥락에 완전히 기대어 있다 보면 이 주제와 저 소재를 연결시켜야 할 때를 감각적으로 알게 된다. 이런 순간은 내담자의 삶에 대한 관심과 집중에 허점이 없어야만 맞이할 수 있다. 덧붙여 분석가 스스로에 대한 신뢰와 개방성 역시 빼놓을 수 없는 요소이다.

지하 씨가 답하기 꺼릴 수도, 당황스러울 수도 있는 질문을 해

● 자식이란 무엇인가?

야 할 때다.

"십 대 후반 무렵에 식이장애를 경험했다고 하셨지요? 그때는 폭식으로 무엇을 채우려 하셨을까요?"

지하 씨는 의아한, 조금은 멍한 표정으로 나를 보며, 왜 그걸 지금 묻느냐고, 그것과 이것이 무슨 관계가 있느냐고 물었다. 나는 혹시 좀 전에 설명한 어머니를 상실하게 된다면 생길 것 같다는 그런 텅 빈 느낌과 입시생이던 당시의 상태가 서로 유사한 느낌이 있는 것은 아닌가, 하는 물음으로 다시 답했다.

지하 씨는 뭔가 끊어진 전선이 약하게 연결된 듯, 얼굴이 상기되었다. 그리고 남동생 이야기를 시작했다. 나이는 네 살 차이지만 학년은 5년 아래인 남동생은 지하 씨의 유년과 십 대의 후반까지 큰 관심사가 아니었다. 남동생은 공부도 그리 잘하지 못했고, 눈에 띄는 재능을 가진 분야도 없었다. 그저 평범한 아이였다. 한 번도 경쟁 상대로 생각해 본 적도 없고, 그 아이가 가족의 앞날을 책임진다거나 부모의 기쁨이 될 것이라는 생각을 해 본 적도 없었다. 해야 할 공부와 과제와 연습으로도 항상 벅찼고 바빴기에 엄마가 남동생을 바라보고 대하는 모습에 그리 신경을 쓰지도 않았다. 그 아이는 부족한 것이 많고 도움이 필요한 아이이기에 그저 엄마의 손이 많이 간다고 생각했다. 무엇보다 지하 씨가 아닌 누군가가 대신해서 엄마의 삶을 보상해 줄 수 있다고 여기지도 않았다.

지하 씨의 십 대 후반 어느 날, 엄마의 생일이었다. 지하 씨는 입시 준비로 바쁜 와중에도 엄마에게 선물로 줄 스카프를 샀고 카드까지 정성 들여 만들었다. 모은 용돈을 거의 다 털어 산 꽤 비싼 명품급의 스카프였다. 카드에는 엄마를 사랑하는 마음을 가득 담아 글을 썼다. 엄마의 생일날, 아버지와 동생까지 네 가족이 외식을 하고 케이크를 자르고 엄마에게 선물을 전달했다. 남동생도 이번에는 뭔가 선물을 준비했다. 지하의 선물을 받고 엄마는 그저 고맙다고 했다. 그런데 남동생의 선물을 받고는 격하게 감동하는 것이었다. 선물 상자를 풀어 보고는 지하 씨의 값비싼 스카프는 목에 한번 쓱 둘러 보는 둥 마는 둥 하더니, 남동생의 선물인 그리 비싸지도 않고 색깔도 촌스러워 보이는 립스틱은 거의 눈물을 흘릴 지경으로 감탄하며 고마워했다.

 지하 씨는 그때 뭔가 불쾌한 느낌이 들었다. 처음으로 엄마에게 드는 부정적인 느낌이었다. 엄마는 그 후로도 한동안 외출할 때마다 아들이 준 립스틱을 바르고는 눈을 반짝이며 컬러가 정말 예쁘지 않냐며 지하 씨에게 묻고는 했다. 반면 지하 씨의 스카프는 "내 스타일이 아닌 것 같다."며 한 번도 매지 않고 장롱 구석으로 들어가 버렸다.

 그 후로부터 남동생을 대하는 어머니의 태도가 더 눈에 들어오기 시작했다. 지하 씨는 항상 엄마를 만족시키기 위해 진력을 다 하지만 엄마는 충분한 만족, 불안 없는 만족을 느끼지는 못하는 것 같았다. 하지만 남동생은 존재한다는 것만으로도 엄마에게 기쁨이 되는 것 같다고 생각했다.

동생이 사춘기가 되고 남자 티가 나면서 엄마는 부쩍 더 남동생에게 의존하는 느낌이었다. 저녁이나 외식의 메뉴 선택과 같은 결정권은 남동생에게 최우선으로 주어졌고, 어떤 상황에서도 결정 권력의 순위는 남동생이 1위, 지하 씨가 2위, 아버지는 최하위였다. 나는 지하 씨에게 '사실 이 얘기는 권력의 순위를 정하는 어머니가 권력의 0순위에 있다는 뜻'이라고 말했다. 지하 씨도 동의했다.

그런데 지하 씨가 더 절망스러웠던 것은, 권력의 문제가 아니라 어머니를 만족시키고 안심시키는 존재감에 대한 것이었다. 지하 씨에 대한 어머니의 걱정은 성적과 온갖 경시대회의 입상에 있었다면, 남동생에 대한 걱정은 그저 그 아이 자체의 안위였다. 지하 씨는 죽도록 노력해야 어머니의 미약한 기쁨이 되었지만, 남동생은 그저 존재하기만 해도 그녀의 희열이었다. 그 사실이 조금씩 더 선명히 눈에 들어오자 지하 씨는 점점 혼란스러워졌다.

몸 안에서 뭔가 빠져나가는 것 같기도 했다. 스트레스가 극에 달했다. 그때부터 속이 허하고 빈 것 같은 공허함이 들었다. 어느 날 밤 공부를 하던 중 참을 수 없는 허기가 몰아쳤다. 식빵 한 봉지를 순식간에 입으로 쑤셔 넣고도 허기가 가시지 않아 도넛 다섯 개와 냉장고에 남은 부침개 두 장까지 모두 먹어 치웠다. 그런 폭식이 처음에는 한 주에 한 번 정도였다가 점점 횟수가 늘어갔다.

지하 씨는 애써 자신이 입시 스트레스로 인해 이런 증상이 생겼다고 믿었다. 주변 친구들 중에서도 종종 이런 경험을 얘기하는 경우가 있었기에, 스스로 대수롭지 않은 일이라고 여기려 했다. 그 와중에 지하 씨는 대학과 전공 선택에서 엄마와 갈등을 겪고 있었다. 엄마는 한국 사람들이 미국 대학 중에서 최고라고 여기는 대학에 입학해서 변호사나 의사가 되기를 바랐다. 하지만 지하 씨는 경제학이나 공학을 전공하고 싶었고, 그 전공에 더 특화된 대학교에 가려 했다. 두 사람의 주장은 입시 발표가 날 때까지 유예되었지만, 만약 지원한 학교에 모두 합격한다 해도 어머니의 요구에 응하기 싫었다고 했다. 학교 진학에 관한 아버지의 의견은 물어볼 생각도 하지 않았고, 아버지는 항상 열외였다.

그날 밤도 어머니는 늦은 저녁 간식을 챙겨 지하 씨의 방으로 들어와서는, 작정을 한 듯 학교 문제를 마무리 짓자고 했다. 하지만 딸도 어머니에게 애원하며 자기주장을 굽히지 않았다. 지하 씨가 고집을 피우면 평소처럼 어머니는 무섭게 화를 내거나 더 강하게 압박할 것이라 짐작했는데 대화의 말미부터 의외로 어머니는 의기소침해졌다. 오히려 좌절한 표정으로, 흡사 세상을 다 잃은 사람처럼 힘없이 방을 나갔다. 한 시간쯤 지나, 지하 씨는 어머니가 걱정되어 거실로 나가 보았다. 불은 꺼져 있고, 안방도 문이 열린 채 인기척이 없었다. 겁이 덜컥 난 지하 씨는 집 안을 돌아다니며 어머니를 찾았다. 혹시나 싶어 일주일 간 캠핑을 가서 비어 있는 남동생 방의 문을 열어 보았다. 어머니는 남동생 침대에서 남동생의 베개를 꼭 안고 잠들어 있었다.

희미한 불빛에 드러난 구부린 어머니의 모습은 흡사 어린아이 같았다. 지하 씨는 심장이 쿵 하고 떨어지는 것 같았다. 자신이 믿고 있던 어머니는 저런 미숙하고 미약한 사람이 아니었다. '정말 미안한 이야기지만' 굼벵이가 옹크리고 있는 것 같이 보였다. 하지만 저 모습이 왠지 낯설지 않았다. 실제로 본 적은 없지만 원래는 저런 사람이라는 것을 알고 있었던 듯, 자신도 마주하고 싶지 않은 진실을 확인한 것 같았다.

지하 씨의 폭식은 더해 갔다. 그만큼 자기 징벌 행위도 격해졌다. 폭식 사실을 안 어머니는 입시스트레스라고 치부하며 대수롭지 않게 여겼다. 지하 씨에게는 다행이기도 했고 불행이기도 했다. 자식에게 진정한 관심이 없는 어머니들의 흔한 반응이다.

학교 선정에 대한 격론이 오가고 지하 씨가 뜻을 굽힐 의사가 없다는 것을 알게 된 어머니는 내내 시무룩해하다가, 아들이 캠핑에서 돌아오자 가득한 생기로 활력이 돋았다. 그런 어머니를 보면서 지하 씨는 안에서 뭔가 흔들리는 느낌, 그리고 연이어 어떤 두려움이 안개처럼 드리우는 느낌이 들었다.

나는, 이 주제의 처음 자리로 돌아와 지하 씨의 공허함에 대해 이야기를 연결시켜 나갔다. 어머니를 잃어버린다면 마치 갈비뼈 안의 모든 장기가 비어 버린 것 같다는 느낌과 십 대 후반에 폭식하던 시기의 느낌에는 어떤 연결 고리가 있으며, 그 상태는 얼마나 닮았는지를 확인하고 정리해야 했다.

지하 씨는 지구를 한 바퀴 도보 여행한 뒤의 표정으로, 지친 듯 말했다.

"폭식이 폭탄 같은 식사였네요. 내 안에 폭탄을 터트리고 싶었던 것인지, 아니면 음식으로라도 내 몸을 꽉 채우려 했던 것인지… 꾸역꾸역 먹을 때는 정말 맛도 몰라요. 무슨 맛인지 느끼지 않아요. 그냥 막 구겨 넣어요. 평소에 그렇게 먹으라면 죽었을 거예요. 맞아요. 내 몸을 음식으로 꽉꽉 채우고, 터질 만큼 꽉꽉 채우고 싶었던 것 같아요. 안 그러면 헛헛해서 죽을 것 같았거든요."

"지하 씨 안을 가득 채웠던 어떤 것이 빠져나갔기 때문이겠죠. 그건 아마도… 무엇? 누구였을까요?"

"네, 선생님. 알아요. 저도 이제. 그건 엄마였을 거예요, 아니 엄마예요."

어머니는 모든 인간에게 가장 중요한 타인이다. 하지만 그 '타인'은 우리 안에서 오랫동안 주인 행세를 한다. 자식이 성인이 되고 나서도, 계속 그렇게 자식 안에서 영생을 꾀하는 어머니는 너무 많다. 자녀가 부모에게서 떨어져 나와서 스스로 독립된 개인이 되지 못한다면 둘은 계속 일종의 공생관계로 살게 된다. 평생 심리적 샴쌍둥이가 되는 것이다.

더 정확히 이야기하자면 부모가 자식을 떠나지 못하므로 자식은 그런 부모를 떠나는 것에 대해 죄책감을 느낀다. 죄책감이 부모 자식 관계를 유지하는 중요한 요소가 되는 것이다.

그럼에도 불구하고 자식은 부모로부터 분리해서 독립된 개인이 되어야 한다. 그래야 성장한 어른이 되고 그럼으로써 성숙한 부모도 될 수 있다. 자신의 삶을 위한 진정한 '미션 클리어'인 것이다.

문제는 이런 공생관계를 이루던 한쪽이 사라져 갈 때, 남은 이는 우울에 빠진다. 더 큰 문제는 이런 외부 타자와 심리적 동일체를 형성한 정도가 강할수록 성인이 되어서도 이런 관계에 더 쉽게 빠진다. 예를 들어, 연애가 끝난 다음 남은 사람은 슬픔을 감당해야 하는데, 종종 어떤 이들은 슬픔을 넘어 우울과 상실감에 어쩔 줄 몰라 한다. 만약 이렇게 실연 후에 겪는 어려움이 감당할 수 없는 상실감이라면, 그 사람은 연인을 잃은 것이 아니라 자기를 잃은 것으로 느낀다. 떠난 연인은 자기의 일부를 투영한 하나의 외부 대상일 뿐이다. 자신을 비추던 거울이 사라지면 비추어지던 자신도 없어진다. 그럴 때 어떤 이들은 자신을 상실했다고 착각한다. 관계를 잃고 상실감을 느낀다면, 그리고 그 상실감이 격심한 고통이 된다면, 이유는 바로 이것 때문이다. 거울이 사라진 것뿐인데, 자신이 사라졌다고 믿는 것. 이상화된 자기를 타자와 동일시한 사람의 파국적 결과다.

사실 외부 타자는 하나의 주체 안으로 들어와 거주할 수 없으므로, 타자는 상실할 수 있는 객체가 아니다. 들어온 적이 없으니 상실할 수도 없는 것이다. 우리가 느끼는 상실감은 자신이라 믿고 자신과 동일시했던 '비추는 대상'이 사라진 것일 뿐이다. 하지만 이것을 모르고 깨닫지 못한 채 너무 오랫동안 자신을 비추던 거울이 사라지면 공허함, 헛헛함 등으로 표현되는, 바람 빠져 너덜

너덜해진 풍선 같은 내면을 견뎌야 한다. 그러기 위해 누구는 폭식을 택한다. 구강기로 퇴행해서 어린아이가 만족하는 상태를 구한다.

지하 씨는 자신의 폭식을 상실감과 연결해 이해할 수 있게 되었고, 그런 통찰은 연이어 자신을 연민과 애정으로 대할 수 있게 했다. 자신에게 긍휼을 행하는 것은 자신에 대한 깊은 이해와 애정으로 가능하다. 이것은 타인에 대해서도 마찬가지다. 더하여, 지하 씨는 자신이 느낀 두려움이 무엇인지도 알게 되었다. 타자를 잃는 것은 슬픔이지만, 자신을 잃는 것은 두려움이다. 분석은 이제야 '본분석'이라 부를 수 있는 심도로 발전했다. 늦은 봄에 시작한 분석이 가을을 지나고 있었다.

예정된 연인

지하 씨의 폭식은 본인도 인식하지 못한 채 싱겁게 끝이 났다고 했다. 지원한 학교 중 세 군데에서 합격 통지를 받았다. 그런데 다행히도 어머니가 원했던 학교는 불합격했고, 자연스레 지하 씨가 원하는 학교를 골라서 갈 수 있게 되었다. 지하 씨는 난생처음 가족들과 떨어져 살게 된 것에 약간의 기대와 해방감 같은 것을 느꼈다. 낯설고 어색한 신입생의 첫 학기는 적응에 에너지를 쓰느라 어떻게 지나갔는지 모를 정도였다. 제약 없는 생활이 즐거울 때도 있었다.

하지만 모든 것을 혼자 해 나가야 할수록 어머니가 얼마나 자신의 삶에 깊게 관여되어 있었는지가 더 명확해졌다. 동아리 활동에서부터 친구 생일 파티에 참석할지, 튜터링에 참여할지, 다음 학기 수강신청은 어떻게 해야 할지, 이런 모든 결정들을 결국은 혼자 다 해내면서도 항상 어머니가 옆에서 뒤에서 자신을 지켜보고 있는 것 같은 느낌이 들었다. 어머니의 승인을 통과해야만 할 것 같은 일을 마주하면 더더욱 망설이며 결정하는 자신을 보는 것도 힘들었다. 짧은 겨울 방학 동안 지하 씨는 집에 가지 않기로 했다. 어머니를 다시 만나면 오히려 너무 힘들어질 것 같았기 때문이다.

하지만 며칠 뒤, 지하 씨는 마음을 바꿔 며칠이라도 어머니를 보고 오기로 했다. 한 학기 동안 얼굴을 못 보기도 했고, 또 방학인데도 안 가면 어머니가 우울하고 힘들어 할 것 같았다. 지하 씨는 아무런 통보 없이 "서프라이즈~"하면서 짠 하고 나타나 어머니를 좀 더 기쁘게 해 주기로 했다. 집에 도착해 평소에 잘 잠그지 않는 다용도실 쪽 문을 조심스레 열고 집 안으로 들어갔다. 안에서는 웃음소리가 들렸다. 거실로 다가가 "안녕~!"이라고 하려는 찰나, 눈앞에는 지하 씨가 한 번도 본 적이 없는 장면이 상영되고 있었다.

어머니와 남동생이 너무 즐겁게 텔레비전의 예능 프로를 보며 간식을 먹고 있었다. 게다가 아버지도 언제 다시 미국 집으로 왔는지 두 사람 옆에서 흐뭇한 얼굴로 그 분위기의 일원이 되어 있었다. 그 모습은 지금껏 지하 씨가 알고 있던 견원지간의 부부 관계가 분명히 아니었다. 정확히는 경멸하고 폄하하던 남편을 대하는 한 여자의 모습이 아니었고, 그 남자도 주눅 들고 지질한 남편의 태도는 아니었다. 게다가 엄마는 오랫동안 딸을 못 보고 방학에도 못 보게 된, 지하 씨가 상상했던 그런 엄마가 절대 아니었다. 두터운 가면이 벗겨지고, 아주 생경한 낯선 모습을 마주한 순간이었다. 아들을 곁에 둔 어머니는 딸이 없어도 충분히 행복할 수 있었다.

'나를 보며 저런 얼굴로 활짝 웃었던 적이 한 번이라도 있던가…'

지하 씨를 발견한 어머니는 놀라기보다는 경악한 표정이었고, 남동생은 뜨악한 얼굴이었으며, 오히려 가장 반갑게 맞이해 준 사람은 아버지였다. 어머니는 흡사 뭔가 나쁜 짓을 하다가 들킨 사람의 몸짓이었다. 느닷없는 반가움에 어쩔 줄 몰라 하는 모습은 아니었다. 지하 씨는 순간, 자신이 못 올 데를 온 것 같은 부적절감이 들었다. "앗, 제가 집을 잘못 찾았네요, 죄송합니다."라고 사과하고 서둘러 나와야 할 것 같은 당황스러움도 느꼈다.

닷새 머물려던 계획을 취소하고 이틀 밤을 자고 다시 학교가 있는 도시로 돌아왔다. 집에 머물던 그 이틀 동안 어머니는 예전처럼 지하 씨를 대했지만 지하 씨의 마음 안에서 두 사람의 관계는 본질적으로 달라진 것 같았다. 그리고 학교로 돌아와 새로운 학기를 시작하면서 지하 씨는 더 심한 우울증에 시달리기 시작했다.

나는 지하 씨에게 물었다. 이제 아버지 얘기를 할 때가 온 것 같지 않으냐고. 중년의 한국 남성과 대화할 수 있는 능력이 왜 지하 씨에게 중요한가, 그리고 거실에서 마주한 아버지는 새로운 사람이었지 않은가, 이런 질문들을 했다. 그럴 때가 된 것 같았다.

 이미 분석의 주체가 된 지하 씨는 분석가의 작은 반응들만으로도 자신에 대한 연구가 어느 지점에 더 집중되어야 하는지 알았다. 지하 씨는 자신의 우울증이 끝나게 된 어떤 사건을 향해 이야기를 이어 갔다.

 기억이 거의 나지 않는 대학상담센터에서 상담받던 기간은 두 번째 학기를 이 악물고 견뎌 내던 시기이기도 했다. 1학기 때부터 시작되었던 우울은 집에 다녀온 후 더 심해졌고 초침이 늘어진 것마냥 시간은 슬로우모션 영상처럼 겨우 흘러갔다고 했다. 두 번째 학기를 마치고 친구들과 1학년을 무사히 마친 기념 파티를 하기로 했다. 별로 참석하고 싶지 않았지만 집에 빨리 돌아가지 않을 핑계를 대기에는 나쁘지 않았다.

 2학기에는 지금껏 받아 본 적 없는 안 좋은 성적을 받았지만, 학기가 끝났다는 안도감과 오랜 방학 동안 한국에 들어가 실컷 늘어져 자고 마음껏 먹고 놀고 오라는 생각에 우울증도 조금 옅어졌다. 초여름에 접어드는 날씨도, 가벼워진 옷차림도, 스무 살의 지하 씨에게 위로가 되었다. 학교 앞에서 자취를 하는 친구가 파티 장소를 제공했다. 같이 사는 룸메이트들도 참석하고, 각자 친구들을 불러 노는 계획이었다. 1학년을 마친 청춘들은 한껏

들떠서, 웃지 않으면 큰일이라도 날 듯이 즐겁기로 작정한 그날을 즐겼다. 춤을 추다가, 바보 같은 놀이도 하면서, 어쨌건 모두 미친 듯 술을 퍼마셨고 새벽이 깊자 모두들 이 방 저 방, 거실 바닥, 복도에 널브러져 잠이 들었다.

아침 햇살에 눈을 뜬 지하 씨는 목이 말라 부엌으로 가서 물을 찾았다. 그때 마침, 친구의 룸메이트인 토니도 술이 덜 깬 얼굴로 부엌으로 들어왔다. 어제 처음 만났지만 아버지가 한국인이라 한국 얘기를 재미있게 나눴던 친구였다. 그는 물을 찾냐며, 냉장고에서 물을 꺼내 컵에 부었다. 물을 건네며 문득 지하 씨를 물끄러미 바라보았다. 잠깐 눈을 맞추느라 컵을 잡은 손이 엇갈리며 서로 손의 감각을 느꼈다. 전기가 통하는 느낌이 들었다. 움찔했다. 그 기색을 느낀 토니는 멋쩍게 웃었다. 하지만 지하 씨의 눈에 어색하게 웃는 그의 얼굴이 슬퍼 보였다. 왜 그랬는지 모르겠지만, 지하 씨는 순간 "Thank you."라고 작게 말하며 그를 슬쩍 안아주었다. 그의 체취와 함께 옅은 술 냄새가 느껴졌다. 지하 씨의 가슴에 어디선가 아련한 슬픔과 애절함이 밀려왔다.

해가 중천에 뜨자 친구들은 유령처럼 일어나 어제 일을 복기하며 웃고 떠들다 하나둘 집으로 돌아갔다. 지하 씨도 가야 했다. 그런데 이렇게 가면 토니를 '두고 가는' 것이라는 말도 안 되는 생각이 들어 일어날 수가 없었다. 그날 지하 씨는 토니와 느닷없이 연애를 시작했고, 얼마 지나지 않아 갑작스러운 섹스를 했다. 한국에 들어가는 계획은 취소했다. 두 사람은 격정에 휩싸인 연인이 되었다. 지하 씨의 우울증은 흔적도 없이 사라졌다.

연애는 이미 정해진 어떤 사람과 하게 되어 있다. 결혼은 더 그렇다. 어떤 대상과 납득되지 않는 격정에 휩싸인다면, 거기에는 분명히 역사가 있다. 보통은 그 사람이 잘생겨서 착해 보여서 눈빛이 선해서 등등, 의식으로 설명되는 여러 가지 이유가 분명히 있다. 하지만 한 사람에게 빠져드는 흡인력이 강할수록 거기에는 깊이 각인된 채 발견되지 못한 유년의 사건이 휴화산처럼 살아 있다. 나의 역사가 내 연애와 결혼 상대를 점지해 둔다. 동의하지 않는다 해도, 그것은 그리된다. 다만 내가 그 역사를 발견하지 못한 것뿐이다.

지하 씨의 무의식이라는 도서관에 열람 신청을 했다. 똑같은 내용이지만 제목만 다른 책이 있을 것인데, 20년도 더 전에 출판된 책일 것이다. 그 책을 찾기 위해 인출부호를 써넣어야 했다. 저장된 기억은 유사한 환경에서 더 쉽게 소환된다. 손의 감각, 바라보는 눈빛, 체취, 그리고 그 장소, 시간 등등. 단서는 충분했다.

나의 열람 신청에 지하 씨는 탄식과 놀라움에 겨워 한동안 멍하니 앉아 있었다. 숨을 고르고 한숨을 한 번 내쉬더니, 울면서 여섯 살 무렵의 기억을 더듬었다. 전날 아버지와 어머니가 싸웠다. 싸움이라기보다는 어머니의 일방적인 저주와 비난이었다. 사실 그런 일은 잦았고, 아버지는 대체로 어머니의 '말에 얻어맞고 있었다'. 마지못해, 정말 억울하면 몇 마디 항변해 보지만 어머니의 기세는 더 극렬해지고 상황만 악화될 뿐이었다. 어머니의 분노는 언제나 시댁으로 인해 시작되었으며 그 상황을 방관하고 아무런 도움도 되지 않는 아버지의 무능과 무관심으로 클라이막스를 찍고 마무리되었다. 아버지는 어머니가 제풀에 지쳐 그만둘 때까지 그녀의 분노를 감당했다. 어머니는 자신의 분에 못 이겨 자식들의 불안과 두려움은 안중에도 없었다. 말의 폭력이 끝나면 혼자 남은 아버지는 아일랜드 식탁에 앉아 술을 마셨다.

지하 씨가 특정하여 기억하는 그날, 아버지는 아마 술을 평소보다 더 많이 마신 듯했다. 다음 날 아침, 지하 씨는 물을 마시러 주방으로 갔다. 그때 아버지도 방에서 나와 주방으로 들어왔다. 큰 키로 손을 뻗어 컵에 물을 부은 아버지는 선뜻 건네지 않고, 한숨을 한 번 쉬고는 어린 지하를 바라보았다. 그러고는 몸을 숙여 물 잔을 건네며 다른 한 손으로 지하의 손을 잡아 주었다. 그런 아버지를 보는 어린 지하는 마음이 너무 시렸다. 누가 시킨 것처럼, 컵을 내려놓고 아직 풀지 않은 손으로 아빠를 끌어당겨 안아 주었다. 그래야만 할 것 같았다. 아버지는 딸을 안아 주려 몸을 굽히느라 숨을 내쉬었고, 숙취 냄새가 났다. 그때 맡은 아버지의 체취는 전혀 거부감이 들지도 역겹지도 않았다. 아빠는 딸을 안고 잠깐 흐느끼는 듯했다. 마음은 아팠지만, 어쩐지 안심이 되었다.

마침 어머니가 걸어오는 소리가 들렸고, 지하 씨는 왠지 이 모습을 들키면 안 될 것 같은 생각에 서둘러 몸을 풀었다. 어머니는 뭔가를 챙겨 부엌을 떠났고 지하 씨는 아버지를 남겨 두고 어머니를 따라 나왔다.

이 이야기를 하면서 지하 씨는, 소름이 돋는다고 했다. 어쩌면 이리도 같은 감정이며 같은 감각일까, 이게 정말 현실에서 일어난 일일까, 꿈을 꾸는 건 아닐까….

지하 씨는 그렇게 아버지를 간직하고 있으면서, 평생에 걸쳐 아버지를 잊고 있었을 것이다.

잘못 소개된 남자

꽤 여러 해 전, 나는 분석을 신청한 한 내담자를 위해 그의 집으로 '출장'을 간 적이 있다. 말기 암으로, 이제 삶의 종결을 앞둔 분이었다. 마지막으로 삶을 정리해 보려 하는데, 무슨 이유에서인지 꼭 나와 분석작업을 하고 싶다고 하셨다. 당시는 환속을 하셨지만 오랫동안 독신으로 성직자의 삶을 살았던 분의 간청이기도 해서 그분이 살고 계신 강원도 산골의 통나무 오두막으로 갔다. 정해진 시간도 없이 그분의 체력이 허락되면 시작하고 지치면 쉬었다가, 그렇게 이틀 넘게 분석을 진행했다. (그리고 나중에 호스피스 병동으로 옮겨 가신 이후에도 부정기적으로 만났다.) 그분은 강원도 산골에서 작지 않은 오두막을 아내의 도움을 받으며 거의 혼자 힘으로 지어 냈다. 놀라웠다. 집을 지어 본 적이 한 번도 없고 체구도 작은 분이 해냈다고 믿기에 어려웠다.

그분은 집에 대해 설명을 하다가 안방의 옛날 장지문을 가리키며 아버지의 유산이라고 했다. 아버지와 사이가 좋으셨냐고 물었더니, 웃으며 '그 사람'은 내게 아무것도 아니라고 했다. 정말 아버지와 나는 아무런 사이가 아니고 그 사람에게서 삶의 영향을 받은 것은 아마 하나도 없을 것이라고 단호하게 말했다. 삶의 모든 결정은 어머니의 뜻으로 점철되었다. (마흔이 넘어 파계하고 결혼을 한 결정을 제외하고는….) 성장기에도, 성직자가 될 때도, 그 후에도 아버지는 의논의 상대도 흠모의 대상도 전혀 아니었다. 그저 허술하나마 가족의 밥상이 하루 세끼씩 차려질 수 있게, 최소한의 돈을 벌어 주는 남자 어른이었다.

나는 속으로, 그럴 리가 없다고, 만약 그렇게 아무 사이도 아닌 관계라면 그분이 남긴 그 유산을 간직해 두었다가 이 골짜기까지 들고 와 안방의 문으로 삼지 않았을 것이라고 생각했다.

아버지는 생전 무엇을 하시던 분이었냐고 물었더니, 놀랍게도 목수였다고 했다. 대목이셨냐고 물으니, 아니라고, 대목은 되어 보지도 못했고 그냥 조수 역할이나 하던 별 볼 일 없는 목수였다고 했다.

잠시 침묵하다가 나는, 다시 진지하게 힘을 실어 물었다.

"○○ 씨가 이렇게 지은 이 집을 만약 세상에서 오직 딱 한 사람에게만 보여 주고 자랑할 수 있다면, 누구를 선택하시겠어요?"

그 질문에 그분은 순간 얼음이 되었다. 한 20초 정도 동결 상태에 있던 그분은 "아버지… 요. 왜 그렇죠? 아버지밖에 안 떠올라요….."라고 울면서 내게 물었다.

자녀들은, 아버지의 이름을 드높이기 위해 산다. 이 말이 어떤 사람들에게는 혐오스럽게 들릴지 모르겠지만, 나의 '이룸'은 아버지의 '이름'이다. 이장하던 박씨의 아들이 군수가 되면 아버지는 군수의 아버지로 불린다. 누구 집 머슴 살던 김씨의 아들이 변호사가 되면, 그 김씨는 이제 변호사의 아버지가 된다.

별 볼 일 없는 목수로, 평생 집 하나 지어 본 적이 없어 대목으로 불리지 못했던 아버지에게 이 아들은 자신이 아버지를 발판 삼아 대목이 되었고, 당신의 유산을 매일매일 여닫고 지켜보는 안방의 문으로 삼았노라고, 이것을 보여 줄 사람으로 당신만 떠오른다고 고백하며 울었다. 이것이 내게는 하나도 이상하지 않았다.

그 다음 날, 나와 헤어지면서 그분은 "제게 아버지를 다시 찾아 주어서 정말 감사합니다. 나한테도 아버지가 있었는데 모르고 죽을 뻔했습니다. 게다가 제 인생에서 아주 중요한 과제를 다 해 놓고도 모르고 죽을 뻔했습니다."라고 말했다. 아버지를 다시 찾아 주어 감사하다는 그 문장은 그 이후로 오랫동안 내 안에 남아 있어 곱씹어 보고는 한다.

스무 살의 지하 씨도 아버지의 흔적으로 인해 연애를 했고, 서른 살이 된 지금의 지하 씨도 아버지를 찾으러 한국에 온 것이 분명했다. 그리고 이제 아버지와의 관계에 시초가 된 그 기억을 명료하게 발굴해 내었다. 나는 지하 씨에게 '아마도 지하 씨가 경험한 아버지는 분명 더 많을 것이다. 하지만 어머니에 대한 '충성심'과 '의리' 때문에 아버지와의 경험을 기억 저편으로 덮어 놓고 되새김질하지 않으려 했을 수도 있다.'는 의견을 말했다.

지하 씨는 웃었다.

"흡사 조폭 같은데요, 의리, 충성심이라니까요"

"뭐, 두 분이 아버지에게 하신 걸 보면 그리 틀린 말도 아닌 듯합니다만…."

나도 웃으며 농담 반 진담 반으로 대답했다.

이날 이후, 지하 씨는 아버지와의 경험들을 꽤 여러 장면 기억해 냈고 그것들은 대체로 좋은 일들이었다. 예를 들어, 지하 씨가 가지고 있는 사진들 대부분은 아버지가 찍어 준 것이었다. 그 증거로 지하 씨의 사진에 아버지가 등장한 적은 거의 없었기 때문이다. 그리고 사진에서 본 자신의 얼굴은 찍는 사람에 대한 애정 없이는 지을 수 없는 표정이라고 했다. 내게도 핸드폰에 저장된 사진 몇 장을 보여 주었다. 정말 그랬다.

연이어 부녀 사이에 대한 어머니의 태도를 말해 주는 에피소드들도 계속 떠올렸다. 지하 씨가 아버지와 단둘이 있고 난 뒤면 어머니는 항상 아버지에 대한 트집을 잡았다고 했다. '무릎에 흙이 묻었는데 닦아 주지도 않았다. 어쩜 저리 무심할 수가 있냐.' '이렇게 바람이 부는데도 옷을 더 입히지 않았다. 감기 들면 어쩌려고 저렇게 무책임할까….' 어머니는 아버지가 나를 잘 돌보지 못하는 부족한 사람이라는 것을 어떻게든 입증하려 했던 것이 아닐까, 하는 의문이 든다고 했다.

"도대체 엄마는 왜 그랬을까요?"라는 분노나 탄식, 또는 지극한 회의와 의심에 가득 찬 어투로 이 문장을 말하는 딸들을 너무 많이 보았다. 어머니의 의도를 이해하는 것은 앞에 앉은 내담자와의 분석작업에서 주된 과제가 될 수는 없다. 하지만 그 사람이 왜 그랬는지 그 행위의 근본을 앎으로써 딸의 고통이 어디에서 시작되었는지 아는 것은 중요한 과정이다. 어머니를 파악하는 것이 아니라, 딸이 당한 고통의 정확한 의도를 이해함으로써 딸들은 자신의 모녀관계를 객관화할 수 있다.

어머니와 친정의 관계, 즉 지하 씨의 외가에 대해 물었다. 어머니는 자신의 친정에 대한 이야기는 지하 씨를 포함하여 가족들 누구에게도 가능한 한 최소화했다고 한다. 친정 부모와 연락하거나 한국에 와서 방문하더라도 가능한 한 알리지 않고 조용히 다녀왔다. 지하 씨의 짐작에 어머니는 지속해서 친정에 돈을 보냈던 것 같다고 했다.

아버지와 싸운 어느 날 밤, 엄마는 못 마시는 술을 마시고는 지하 씨 방에 들어와 쓰러지듯 침대에 누웠다. 그리고 잠꼬대처럼 "너는 좋겠다. 너는 네 방도 있고, 쥐새끼 나오는 변소에서 볼일 안 봐도 되고, 추운 날 마당 수돗가에서 세수 안 해도 되고… 엄마는 내 자신이 너무 불쌍해. 아직도 우리 집은 너무 가난하고 초라해. 내가 언제까지 해야 될까…. 네가 엄마 대신 잘나야 돼. 넌 내 거야. 그니까 네가 최고가 되어야 해."라고 중얼거렸다. 어머니는 다음 날 아침, 자신이 왜 딸의 방에서 자고 있는지도 모를 정도로 간밤의 기억이 없었다. 하지만 당시 이미 열 살이 넘었던 지하 씨는 엄마의 그 말을 아직도 기억하고 있었다.

여러 번의 아슬아슬한 충돌을 겪었으나 어머니의 욕망이라는 전차에 오른 지하 씨의 삶은 그 가속을 멈추기 어려웠을 것이다. 어머니의 모든 것이 되기 위해, 더 많이 갖기 위해 어머니가 돈이 없어 하지 못했던 대학원 과정에 입학하여, 우수한 성적으로 졸업했다. 대학 졸업 전에 이미 인턴으로 세계적인 기업에서 일하다가 졸업 후 바로 입사했으나, 어머니의 권유로 다시 최고 수준의 대학교에서 우수한 성적으로 석사학위를 마쳤다. 스스로도 원하는 일이라 생각했고, 무엇보다 미국 사회에서 누구나 부러워하는 엘리트 코스였으니 칭송하는 사람은 주변에 넘쳤고, 욕망의 전차는 계속 동력을 얻어 갈 수 있었다. 하지만 무기력이 문제였다. 지속해서 엄습하는 무기력감을 감당하는 것은 내내 힘겨웠다고 했다.

분석시간 중에 지하 씨는 주관식 질문에 단답형으로 대답함으로써 흐름을 단절시킬 때가 가끔 있었다. 어느 지점에 도달하는 것을 회피하는 것 같았다. 분석이 거의 1년에 다가가는 어느 세션에서 또 지하 씨는 움직이지 않았다. 피곤하다고 했다. 아르바이트로 시작한 영어학원 강사 일이 생각보다 힘이 들고 적응하기 어렵다는 것이 이유였다. 하지만 나는 지하 씨가 일의 스트레스와 관련 있는 상태가 아닐 수도 있다는 가정을 하고 다시 물었다. 분석이 어딘가로 데려가는 것에 대해 거부감이 있는가? 두려운 것이 있는지, 아니면 보고 싶지 않은 어떤 진실이 드러날 것 같아서 불안한지를 예로 들었다.

지하 씨는 매우 주저하며 솔직히 말하겠다고 했다. 분석이 진행될수록 자신의 어머니가 마녀나 괴물 같은 어머니, 최악의 어머니라는 것이 사실이 되어 가는 듯하고, 종당에 그것이 아주 맞다고 확정이라도 되면 자신이 너무 초라하고 비참해질 수 있다는 것이다. 형편없는 인격을 가진 어머니를 둔 딸로 사는 삶을 감당할 수 있을지 모르겠다고도 했다. 처음에는 어머니를 잃어버리는 것이 두려웠는데, 어쩌면 어머니의 본모습을 알게 되고 그런 사람이 자신의 어머니라는 도저히 변경할 수 없는 그 사실과 함께 살아가야 하는 것이 지금은 더 두렵다고 했다.

나는 그 두려움이 지하 씨의 어머니가 친정어머니(지하 씨의 외할머니)에 대해 가지는 생각과 아주 흡사한 것 같지 않으냐고 말했다. 지하 씨는 다시 한 번 탄식하면서 이렇게 말했다.

"우리 엄마의 꿈이 자기 엄마처럼 살지 않겠다는 것이었는데, 엄마도 자기 엄마처럼 됐네요."

딸에게 자랑이 될 수 없는 엄마, 딸에게 인정받지 못하는 엄마, 딸의 인생에 평생 부담이 되는 엄마, 딸의 인생을 착취하여 자신의 삶을 연명하는 엄마, 그런 수치스러운 엄마가 되지 않겠다고 평생 다짐하며 살아온 지하 씨 어머니는 어느새 자신의 친정어머니 신세가 되어 있었다. 사실 자신의 어머니처럼 살지 않겠다며 이를 악물고 살아온 여성치고 자신의 어머니 같은 사람이 되지 않은 경우를 본 적이 별로 없다.

자식이 부모를 떠나 독립하지 못하는 이유는, 자식을 떠나보내는 것을 두려워하는 부모가 있기 때문이다. 두려워하며, 자녀가 자기만의 삶을 살려고 하면 넌 아직 못한다, 너는 아직 부족하다, 너는 아직 세상을 모른다, 너는 사람 보는 눈이 없다, 네가 혼자 할 수 있는 게 뭐가 있냐, 넌 아직 덜 자랐다는 온갖 핑계를 대며 성인 자녀를 여전히 어린 자녀로 '발달 지연'시켜 놓는다. 하지만 자녀들은 안다, 부모가 행여 혼자 남겨질까 봐 불안해한다는 것을. 그런 부모가 애처롭고 불쌍하고 안타까워 죄스럽기에 자녀는 떠날 수 없다.

많은 자식들이 세상에서 겪는 힘든 일을 친구나 동료에게는 고백하면서도 정작 부모에게 말하지 못한다. 그런 자식들은 모두 '부모님이 걱정할까 봐'라는 자신의 효심을 이유로 내세운다. 하지만 한 꺼풀만 벗겨 보면 거기에는 부모님은 나의 고통을 감당할 만큼 강한 분들이 아니라는 못 미더움, 정작 힘든 나보다 더 힘겨워하는 그들을 오히려 내가 위로하고 안심시켜야 하는 부담을 져야 할 것이라는 상황이 예견되기 때문이다.

이와 마찬가지다. 부모에게서 독립하지 못하는 자녀들은 독립심이 부족해서가 아니라, 자녀의 독립을 감당할 수 없는 부모의 불안을 대신 끌어안기 때문에 독립하지 못한다. 그리고 이런 나약한 부모들은 자녀들이 독립하지 못하게끔 자녀의 마음을 조작한다. 물론 자신들은 아무 짓도 하지 않은 듯 입을 싹 닦고 있지만, 아주 교활하고 다양한 방법으로 조작한다. 자신들조차 속이면서 말이다.

아버지, 그 소년

아버지와 지내는 것은 어떤지 물었다. 그리고 한 번은 도전해 봐야겠다고 말했던 그 일은 어떻게 되었는지도 물었다.

"안 그래도 말씀드리려 했는데, 사실 지난주에 했어요. 차마 밖에 나가서 먹자는 얘기는 못 하겠고, 그냥 제가 일 마치고 들어오면서 안줏거리를 포장해 와서 술상을 차렸어요. 그러고는 아빠한테 한잔하겠냐고 물었더니 완전 놀라고 당황하면서, 흡사 무슨 첫 미팅에 나온 청년같이 수줍어하더라고요."

지하 씨는 자신이 어머니에게 무엇이 되고자 했는지를, 그리고 어머니는 자신을 무엇으로 사용했는지를 파악해 나가는 두려운 과정을 거의 거친 것 같았다. 어떤 어머니는 포기해야 했고, 어떤 어머니는 아직도 알아 가고 있었고, 어떤 어머니는 여전히 인정할 수 없는 기괴한 모습이었다. 하지만 한 가지 분명한 것은, 어머니가 설사 신사임당 같은 여성이었다 하더라도 이제 더 이상 그녀는 자신의 삶에 영향을 끼칠 수 없을 만큼 멀리 떠나보낸 것 같다고 말했다. 그것은 자신의 결정이었다. 더 이상 심리적 샴쌍둥이가 아니라고 했다. 어머니와 싸울 필요도 없으며, 원망하거나 용서를 받으려는 기대도 하지 않았다. 어머니와 통화를 하고 나면 잔변감처럼 남는 묘한 부담감과 불쾌감이 언젠가부터 사라졌다. 어머니도 지하 씨의 바뀐 태도를 감지하고는 그녀의 기색을 살피며 조심하고 있다고 했다.

이와 함께 아버지와의 관계를 복원하는 과정도 지하 씨 스스로 제안하고 경험해 가고 있었다. 일주일에 한두 번이라도, 비록 아무 말도 주고받지 않지만, 아침 식사를 같이하기 시작했고, 거실에 같이 앉아 TV를 보는 시간도 늘어 가고, 아버지에 대한 접촉을 점점 늘려 가고 있다고 했다. 아버지는 그럴 때마다 놀라고, 소리 없이 반가워하고 기뻐했다.

지난주 지하 씨가 가진 아버지와의 술자리는 이 부녀에게 처음이었다. 무슨 얘기를 나누었는지 물었다.

"아버지의 소년 시절이 궁금했어요. 그 어린 나이에 왜 캐나다로 유학 갔는지 물었어요. 어머니가 말했던 게 맞는지 확인해 보고도 싶었고요."

'어머니의 의견'에 따르면 아버지는 공부를 못해 싹수가 없는, 할아버지의 기대주가 아니었기에 조기유학을 보내진 사람이었다. 지하 씨는 울면서 이야기를 이어 갔다. 아버지가 중학교 2학년 때 체육시간에 겪은 일이라고 했다. 체육선생님이 지정해 준 체육복을 안 입고 온 아이들을 모두 벽 앞에 일렬로 세워 뒤로 돌아서게 하더니 축구공을 힘껏 차서 서 있는 애들을 하나씩 맞추며 키득거렸다고 한다. 거기에 지하 씨 아버지도 있었다. 한 번에 맞지 못한 아이들은 맞을 때까지 벽에 튕겨 나오는 공의 서슬에 놀라며, 그 체벌을 견뎌야 했다.

아버지는 그 일을 당한 후에 학교 가는 게 죽기보다 싫었다. 할머니에게 사정해서 전학을 갔는데 새 학교는 동네가 완전히 달라서 아는 애들이 아무도 없었고, 힘센 애들이 돈도 뺏고 지속해서 괴롭혔다. 견디다 못한 아버지는 친구 부모님이 이민을 가 계시는 캐나다로 유학을 보내 달라고 졸라서 갔다. 아버지는 나중에 생각해 보니 할아버지의 재력과 인맥이 아니었으면 꿈도 꿀 수 없는 일이었다고, 할아버지가 자기 인생을 구해 준 것이니 항상 감사했다고 한다.

아버지는 사실 사업을 하지 않았으면, 작곡가가 되고 싶었다고 했단다. 평생 음악을 듣고 만들고 연주하고, 시를 읽고 글을 쓰고 싶어했다. 하지만 아버지는 장남의 책임을 져야 했고, 가족을 부양해야 했다.

나는 문득 지하 씨가 왜 굳이 경제학을 전공했는지 궁금했다. 지하 씨는 그것이 미국 금융계에 발을 들이는 데 첩경이라고 생각했다고 대답했다. 아버지의 전공은 무엇이었는지 물었다. 잠시 멈추어 있던 지하 씨는 아마도 경영이나 경제 쪽일 것이라고 자신 없게 답했다. 다음 시간에 온 지하 씨는 아버지의 전공은 경제학이 맞았으며, 아버지와 그 얘기를 하던 중 한 가지 기억이 떠올라 깜짝 놀랐다고 했다. 한국과 미국을 오가던 아버지가 미국에 머물 때, 마침 서브프라임모기지 사태라고 불렸던 세계적인 금융 대란이 일어났다. 고등학생이었던 지하 씨는 이 문제를 조사해 오라는 학교 과제가 너무 어려워서 힘겨워하고 있었다. 우연히 그것을 알게 된 아버지가 꼭 필요한 자료를 몇 가지 찾아 주고 부연 설명을 해 주더란다. 그런데 그 설명이 간결하지만 핵심을 꽤 잘 설명해 주어서 과제를 하는 데 아주 도움이 되었단다. 그때 지하 씨는 속으로 아버지가 뭔가 있어 보이고, 제법이라는 생각을 했다고 한다.

지하 씨가 어머니의 뜻을 처음으로 거스르며, 굳이 경제학으로 전공을 정하고 그에 맞는 대학을 간 것과 폭식의 종결이 어떤 연결이 있겠다는 생각이 들었다. 지하 씨는 이해 안 되는 자신의 여러 가지 역사를 감각으로 이해했다.

지하 씨와의 분석이 1년을 넘어서고 있던 어느 날 저녁, 나는 나의 어리석음과 이기성을 문득 깨달았다. 자식들에게 물어야 할 것은 '아버지란 무엇인가?'가 아니었다. 부모라면, 아버지라면 '자식이란 무엇인가?'를 먼저 고민하고 연구해야 했다. 아버지란 무엇인가를 묻는, 여전히 자신을 먼저 앞세우는 이 자기중심적인 아버지를 그 딸들은 얼마나 한심하게 여겼을까⋯.

자식이란 무엇인가? 나의 모든 세심함을 동원하여 안심시켜 주어야 할, 내가 온 존재를 다 바쳐 끝까지 보호해야 할 나의 사랑이다. 이렇게 자식을 물음으로 아버지란 무엇인가에 대한 나의 답을 찾았다.

두 번째 이야기

구원받기를 원하는 여자

분노가 자신을 향할 때 우울이 된다.
우울한 사람은 사실 분노하고 있는 것이다.
왜, 누구에게 분노하고 있는지 분명하게 납득하지 못한다면
우울은 해결되지 않는다.

낙조는 흘렀다. 하늘에서 바다로 흘러 내려갔다. 붉은 색조는 아프고 참혹했다. 고작 일곱 살 아이에게 그날의 세상도 그랬다. 썰물보다 빨리 낙조가 사라지면 아이는 그제야 집이라는 곳으로 돌아갔다. 집은 아직도 전흔으로 어수선했다. 큰언니는 울며 치웠고, 작은언니는 얼음처럼 차가웠다. 엄마는 어디에 갔을까. 아버지는 엉망으로 취해 잠들어 있다. 밥이 힘들게 차려졌고, 말없이 먹고 나면 할 일이 더 이상 없었다. 아이는 그렇게 여섯 살을, 일곱 살을, 여덟 살을 살았다. 오빠는 항상 이 난장판에서 열외였다. 그는 그 자리에 없었다.

학교에 들어가고 친구들이 생기면서 낙조 앞에서 넋을 놓는 일은 줄었다. 하지만 집은 그대로였다. 아버지는 술이라는 젖줄을 뗄 줄 몰랐다. 아버지… 악마가 있다면 그였다.

● 구원받기를 원하는 여자

김채영 씨. 단란한 가정을 꾸렸다. 마흔을 조금 넘겼고, 경제적으로는 이미 부유했다. 걱정은 없었다. 아니, 걱정이 없어야 했다. 남편은 유능했고, 아이들은 무탈하게 자라고 있었다. 이제는 시댁의 횡포도 잦아들었다. 하지만 우울은 낙조처럼 참혹했다. 자살을 생각한 건 5년쯤 전이었나? 아니, 방법을 생각한 건 그때였고 충동은 이미 훨씬 전부터 있었던 것 같다. 간헐적으로 찾아와 며칠씩, 몇 주씩 괴롭히다 돌아갔다. 술 취한 짐승이 되어 울부짖던 아버지의 울음이 들리는 것 같았다. 그녀는 삶이 무엇인지 몰랐다.

항상 그랬던 것은 아니다. 최소한 연애를 하고 결혼하던 때의 세상은 조금 달랐다. 다르게 살 수 있으리라 생각했다. 결혼이 무엇인지는 몰랐지만, 자신이 어디에서 빠져나오고 싶은지는 분명히 알고 있었다. 결혼 후에는 다른 세상이 펼쳐질 거라고 믿었다. 의심 따위는 하고 싶지 않았다. 남편은 자신을 다른 세상에 데려다줄 사람이었다. 가족이라는 속박으로부터 단 하루라도 빨리 빠져나올 수만 있다면… 그녀에겐 '남편'이 필요했다. 그리고 그 '남편'은 몇 가지 요건만 충족한다면 누구라도 상관없을 것이었다.

하지만 결혼은 그녀의 환상을 충족시켜 줄 수 있는 것이 아니었다. 시간이 갈수록 할 말이 점점 사라져 갔다. 가슴이 어느 쪽부터 서서히 응고되는 듯, 바람이 새는 듯, 어두워지는 듯, 눈물이 흐르는 듯했다. 채영 씨는 누구에게도 파고들 수 없었고, 어떻게 안겨야 하는지도 몰랐다. 남편은 그런 그녀를 이해하지 못했다. 감성적인 언어들은 외국어 대하듯 했고, 정서와 느낌을 표현하면 경멸과 무관심으로 응답했다. 이웃들은 각자의 아픔으로 징징댔다. 사람들은 저마다의 삶에 허덕였고, 그저 자기 이야기를 하기에 바빴다.

가족들은 자신들이 만든 과거의 고통에 매몰되어 있었다. 착하기만 한 큰언니는 아버지 같은 남자를 만났다. 또 다른 참담한 삶이었다. 작은언니는 1년에 한 번도 보기 어려웠다. 오빠는… 그는 또 다른 아버지였다. 엄마는 자신이 당한 피해의 역사에 짓눌려 일어나 앉을 수도 없는 정서적 앉은뱅이가 되어 있었다. 그저 돌봐야 할 늙은 여자에 불과했고, 그 역할은 경제적으로 형편이 가장 나은 채영 씨의 몫이었다. 그러나 엄마의 마음의 의지처는 오빠였다. 자연히 오빠의 치다꺼리도 채영 씨의 몫이 되었다. 그것이 엄마를 편하게 하는 길이었고, 그래야 채영 씨도 조금이나마 편할 수 있었다. 세상은 변하지 않았다. 또 다른, 사실은 같은 고통이 그녀 안에서 호흡하고 있었다.

단 한 번의 공감

단단한, 부서질 듯한, 미모의, 무성의한, 도회적인, 그러나 어딘가 촌스러운. 한 사람의 얼굴에서 이렇게 상반된 이미지를 느낄 수 있다니 발걸음은 가볍게 무겁고, 웃음은 우는 듯하다. 말은 어눌하고 빠르며, 문장은 분명하나 의미를 읽기는 어렵다. 뭔가 불길하다.

물릴 수 있다면 물리고 싶다. 그러나 물릴 근거가 없다. 착한 사람이다. 하지만 어두운 기운이 은밀하다. 그녀에겐 중산층의 표식이 곳곳에 있다. 좋은 차를 타고 왔고, 비싼 가방을 들었고, 상담비를 걱정하지 않았다. 하지만 어딘가 그녀는 허술하고, 기능의 어떤 부분이 잠든 듯하다. 매주 한 시간 동안 우리는 만나야 한다. 나는 부담스럽다는 생각을 한다.

첫 세션의 노트다.

첫 세션에서 채영 씨는 남편에 대한 실망과 경멸을 가차 없이 드러냈다. 가능한 한 점잖은 단어를 쓰려고 노력했지만, 그녀가 느끼는 감정들이 고스란히 전달되고도 남았다. 무엇보다 채영 씨가 참을 수 없는 것은 남편의 천박함이었다. 남편은 자신이 누리고 있는 경제적 부유함에도 불구하고 지나치게 인색했고 스크루지만큼이나 베풀 줄 몰랐다. 그는 결혼 전부터 이미 부모로부터 상당한 부동산을 물려받았다. 임대 수입만으로도 고급 외제 차를 몰고, 원할 때마다 골프를 치고, 가족들이 필요로 하는 만큼의 생활비를 지원하는 데 전혀 어려움을 겪지 않았다.

"그런데 제 남편이 어떤 사람인 줄 아세요? 지난 주말에 볼일이 있어서 같이 나갔는데 주차비 천 원을 덜 주려고 주차관리원 청년하고 10분을 싸우는 거예요. 고작 5분 초과했는데 왜 천 원이나 더 내야 하냐며 끝내 돈을 안 주고 나왔어요. 그러면서 나를 보며 의기양양하게 씩 웃는데, 정말… 차에서 뛰어내리고 싶었어요.

정말, 치욕스러워 죽는 줄 알았어요."

고급 외제 차를 몰고 다니는 남편이 주차비 천 원을 아끼려고 젊은 친구와 언성을 높여 싸우는 모습을 지켜보는 일은 상당히 곤혹스러울 것이다. 문제는 아무리 말을 해도 이런 인색한 태도가 고쳐지지 않는다는 사실이다. 남편은 자신을 위해서는 하룻밤에 수백만 원의 술값을 쓸 때도 있으면서 가난한 사람들의 천 원, 이천 원 앞에서는 눈곱만큼도 손해 보지 않으려고 발버둥 친다.

한번은 열 쌍의 부부가 연말 모임을 했다. 다 같이 최대한 품위를 유지하고 잔뜩 사회적 얼굴을 한 채 두어 시간을 보냈다. 연말에 걸맞은 덕담과 겉치레 칭찬을 주고받는 시간이 지겨워질 무렵, 불콰하게 취한 몇몇 남자들이 2차를 가자고 제안했다. 채영 씨는 이 불편한 자리에서 어떻게든 일찍 빠져나가려고 남편에게 눈치를 주려던 참이었다. 하지만 주섬주섬 자리를 정리하며 일어나는 일행들과는 달리 남편은 눈치 빠르게 뭔가를 살피는 기색이었다. 그러더니 총무가 미리 걷은 회비로 저녁값을 계산하고 나가자마자 잽싸게 지갑을 꺼내 들고 계산대로 다가갔다. 몇몇 남편, 부인들이 의아한 눈빛으로 남편을 바라봤다. 방금 계산을 마쳤는데 지갑을 꺼내 드는 남편이 이상하게 느껴진 건 채영 씨도 마찬가지였다. 이어진 남편의 행동은 그를 지켜보던 모든 사람들을 아연실색하게 만들기에 충분했다. 음식값으로 포인트가 적립되는 카드를 꺼내서 자기 카드로 포인트를 적립해 달라고 직원에게 요구하는 것이 아닌가. 채영 씨는 얼굴에 불을 뒤집어쓴 듯 창피하고 치욕스러워서 어찌할 바를 몰랐다. 그곳에서 당장이라도 빠져나오고 싶었지만 어차피 또 만날 사람들이니 그러지도 못하겠고, 그렇다고 그 상황을 다 봐 버린 사람들 틈에서 또 몇 시간을 보내야 한다고 생각하니 가시방석이 따로 없었다.

적립을 마친 남편은 채영 씨를 향해 예의 의기양양한, '나 잘했지' 하는 표정으로 씩 웃어 보였다. 애라면 흠씬 패 주고 싶었다. 마침 일행 중 성격이 털털한 한 부인이 "아이구, 채영 씨 남편은 알뜰하기도 하네. 저러니 잘살지."라며 분위기를 무마해 주어서 다들 웃으며 넘어가긴 했지만, 경악한 표정으로 남편을 쳐다보던 일행들의 얼굴을 잊을 수가 없었다.

그날 밤 집에 돌아와 채영 씨는 남편에게 패악을 부렸다. 당신처럼 천박하고 쪼잔한 인간, 자기밖에 모르는 남자와 사는 게 너무 치욕스럽다고 고래고래 소리치며 달려들었다. 하지만 남편은 자기가 무엇을 잘못했는지 알지 못했다. "포인트를 적립할 수 있는데도 불구하고 아무도 안 하는 걸 내가 챙겼을 뿐인데 그게 뭐가 잘못됐냐."는 것이었다.

채영 씨의 이야기를 들으며 나는 그녀의 분노에 완전히 동조하는 나를 느꼈다. 나 역시 그런 부류의 인간들을 경멸한다. 자기가 가진 것을 어떻게 쓰건 그건 누구도 간섭할 권리가 없다. 하지만 더 가지기 위해 타인을 괴롭히는 것은 용납하기 어렵다. 천박함이란 무엇인가, 이기적인 사람이다. 배려심을 갖춘 천박한 사람은 본 적이 없는 것 같다.

"15년 넘게 같이 사셨는데요, 그런 모습을 계속 보면서 어떻게 견디셨어요?"

"글쎄요. 처음에는 잘 몰랐어요. 시댁에 적응하고, 애 낳고 키우고 하느라 남편에게 신경 쓸 겨를이 없었죠."

"언제부터 그런 모습이 눈에 들어오고 힘들어지기 시작했나요?"

"사실 남편한테 실망하고 힘들어지기 시작한 건, 그 문제가 먼저는 아니에요. 남편의 지나치게 계산적인 모습의 배경에는 감정이 배제된 어떤 메마른 게 있어요. 이성적인 사람이죠. 도무지 감정이라는 게 배어들 여지가 없어요."

얼마나 많은 부부들이 사실은 애정 없이 사는지, 놀라울 일도 아니다. 특히나 여자들이 남편을 통해 경험하는 정서적 소통의 불가능과 그로 인한 절망감은 상담에서뿐만 아니라 일상에서 흔히 들을 수 있는 하소연이다. 채영 씨는 남편의 천박함과 이기심에도 진저리를 치지만 그것보다 그녀를 더 힘들게 하는 것은 좋게 말하면 남편의 무덤덤함이었다. 이런 남편들은 나쁘게 말하면 정서와 감정 기능의 저능아라 할 만하다. 공감이 불가능한 사람들. 그러나 공감 없는 관계란 끔찍하지 않은가. 내 몸으로 나은 자식이나 형제라고 해도 서로 공감하지 못하면 남보다도 못한 관계로 전락한다. 결혼이 오직 정서적 연대만으로 이루어진다는 점을 생각해 보면 부부관계에서 공감이란 일상의 관계를 풍성하게 이어주는 일용할 양식이다.

사실 채영 씨가 느끼는 정서적 퍽퍽함은 상담실에서 종종 듣는 이야기이기에 이해하기가 어렵지는 않다. 이럴 때 나를 가장 곤혹스럽게 만드는 것은 남편들의 태도다. 왜 감정을 잘 느끼지 못하는가, 왜 감정을 느끼는 것을 두려워하는가, 사랑하는 사람의 마음에 공감하는 것이 왜 그리도 어려운가? 나는 그런 남자들의 마음에 잘 공감하지 못한다. 이런 이야기를 들을 때마다 나의 정서 기능과 세심함에 우월감을 느끼곤 한다. 하지만 이것 역시 공감 능력이 절반의 기능밖에 수행하지 못함을 역설적으로 말해 준다. '나는 이렇게 공감을 잘하는데, 당신들은 왜 그렇게 공감이 안 되는지 참 공감할 수 없네.' 이런 역설 말이다.

부부상담을 하면 남편들은 대체로 비협조적이다. 일단 상담실에 잘 오려 하지도 않고, 와서도 적극적이지 않은 경우가 많다. 그러나 몇 세션을 하면서 공감받고 이해받는 경험을 몇 차례 직접 하고 나면 남편들이 더 적극적으로 상담에 임한다.

언젠가 한번은 누가 봐도 남성적인 외모를 가진 남편과 평범한 외모의 부인이 상담을 받으러 왔다. 남편은 소극적이었다. 감정과 느낌을 묻는 질문에 '그런 것을 왜 알아야 하는지' 되묻곤 했다. 그런 감정을 들여다보는 게 무슨 소용이 있냐는 남편의 태도는 분석을 지지부진하게 만들었다. 그러다가 남편이 어머니와의 관계에 대해 이야기하던 중 아주 오래된 초등학교 때의 기억 하나를 떠올렸다.

어느 날, 학교에 가려고 봤더니 어머니가 빨아 놓은 신발이 아직 마르지 않아 신고 갈 신발이 없었다. 울상이 된 아들에게 어머니는 아무렇지도 않게 아주머니들이 주로 신는 슬리퍼를 내놓았다. 남보라색인지 옥색인지 색깔은 분명치 않으나 한눈에 봐도 학교에 신고 가기엔 전혀 어울리지 않았다. 하지만 다른 신발이 없었던 그는 어머니의 성화에 못 이겨 여성용 슬리퍼를 신고 등교할 수밖에 없었다. 그는 울면서 학교에 갔다고 기억했다. 다행히 덩치가 크고 힘이 세서 놀리는 아이들은 없었지만, 오히려 또래보다 덩치도 크고 남성적인 아이가 여자 슬리퍼를 신고 등교하는 모습을 상상하자 그 남자아이가 너무 안쓰러웠다. 그때 나는 이런 말로 그의 심경에 공감해 주었다.

"애들한테 완력으로 진 적도 없고 또래보다 덩치도 컸기 때문에 오히려 더 부끄럽고 창피했을 것 같습니다. 엄마가 그런 마음을 헤아려 주지 않아서 화가 많이 났겠군요."

그러자 산만 한 덩치를 가진 그 남자가, 한 번도 정서적으로 동요하지 않던 그 남자가 눈물을 흘리기 시작했다. 그는 한참을 울었다. 그는 그때 자기가 얼마나 속상하고 창피했는지 엄마가 한 번만이라도 알아줬으면 좋았을 거라고 말했다. 자신의 외모 때문에 어른들은 항상 그를 '남자다운 아이'라고 불렀고, 그래서 언제나 남자답게 살아야 한다고 믿어 왔다. 때로는 그런 말이 기분 좋게도 들렸지만, 한편으로 그를 많이 힘들게 하기도 했다. 그는 울면서 힘겹게 말을 이어 갔다.

"아내도 제 아픔이나 어려움을 공감해 주지 않아요. 저는 남자

다워서 모든 문제를 다 잘 이겨 낼 거라고 생각하죠. 그런 사람에게 내 마음을 알아 달라고 요구할 줄도 몰랐지만, 요구할 수도 없었어요. 사실 저도 아내에게 제대로 공감받아 본 적이 없는 것 같아요."

 나는 이제 그 아내가 원망스러웠다. 남편이 아내를 정서적으로 공감하지 못하는 것은 그가 한 번도 제대로 된 공감을 받아 본 경험이 없기 때문이었다. 아내들은 정작 자신은 주지 않으면서 남편에게만 달라고 한다는 사실을 잘 모른다.

 채영 씨의 남편과 같은 남자들이나 앞서 예로 든 이런 남편들은 우리 주변에 너무나 많다. 공감이 어떤 건지 알지 못하는 남편들이 아마 절대 다수를 차지할 것이다. 하지만 남자들의 정서 기능이 이렇게 저능한 것은 자기도 제대로 된 정서적 경험을 해 본 적이 없기 때문이다. 한 번도 제대로 공감받아 보지 못한 사람이 어떻게 공감할 수 있겠는가. 결국 이런 남자들에게 공감해 달라고 하는 건 가지지 않은 걸 달라고 하는 것과 다를 바 없다. 게다가 앞서 예로 든 남편이 말한 것처럼 아내들도 사실은 공감해 달라고만 요구하지 자신의 남편을 어떻게 공감할지는 고민하지 않는다.

 결국 나는 또 다른 역설에 도달하게 되었다. 처음에는 공감능력이 없는 남편들을 원망하다가 남편에게 없는 것(공감능력)을 달라고 하소연하는 아내들에게 더 공감하지 못하게 된 것이다. 이 두 가지 역설적인 상황 속에서 나는 생각했다.

'나 역시 공감능력이 충분치 못하구나, 공감능력을 키운다는 것은 굉장히 어렵구나, 공감하기 위해 수없이 훈련받고 노력하는 전문가들조차 이렇게 깊은 차원의 공감을 하기가 어려운데 일반인이 공감 가득한 관계를 만들어 내기는 너무나 힘들겠구나.'

채영 씨의 말을 더 들어 봐야겠지만, 남편에게 받고 싶은 그런 공감을 그녀가 먼저 해 주었는지 궁금했다. 많은 아내들이 자신은 주지 않으면서 받지 못한 것에 대해 깊은 불만을 가진다. 자신이 받고 싶은 것은 타인이 받고 싶은 바로 그것이기도 하다.

엄마의 슬리퍼를 신고 학교에 간 그 남편도 유년기와 청소년기를 거치는 동안 자신의 정서에 공감해 주는 부모를 가져 보지 못했다. 남자이기에 더하다. 한국사회는 굳세고 남자다운 아들을 기대하지만 여리고 감성적인 아들은 원하지 않는다. 그런 아이는 유약하고 열등하다고 취급한다. 그러니 남자들이 어떻게 공감능력을 키우겠는가.

그렇다고 해서 채영 씨에게 남편을 대신해 이러한 한국 남성들의 상황을 대변하고 싶지는 않았다. 채영 씨에게 자신이 받고 싶은 공감과 정서적 지원을 남편에게 먼저 해 준 적이 있냐고 묻는 것은 공격처럼 여겨질 터이다. 성찰은 스스로 일어나야지 촉구하거나 종용할 수 있는 것이 아니다. 아직은 분석 초반이고, 할 이야기는 더 많았고, 성찰을 요구하기엔 우리의 관계가 너무 빈약했다. 그보다 채영 씨가 어떻게 남편과 결혼하게 되었는지가 궁금했다. 남편의 어디가 좋아서 결혼하게 되었을까. 그 이야기로 연결하기 위해서는 첫 세션으로 다시 돌아가야 하겠다.

구원받기를 원하는 여자

"어떻게 저를 알고 오셨는지 궁금하네요."

가장 해결하고 싶은 문제가 무엇인지보다 이런 질문을 먼저 하고 싶을 때도 있다. 어떤 정해진 순서에 따라 분석을 진행하기보다는 내 감각을 따라 흐르는 쪽이다. 첫 시간, 첫 순서는 나를 소개하고, 분석가의 비밀엄수 약속에 대해 설명한다. 그러고 나서 던지는 질문은 내담자로부터 받는 느낌에 따라 다르다. 이번에는 어떻게 알고 찾아왔는지가 궁금했다.

"블로그를 봤어요. 제가 상담받고 싶다고 했더니 상담 공부를 하는 친구가 몇 분의 선생님을 소개해 줬어요. 결국은 선생님의 블로그를 보고 결정했어요."

채영 씨는 약간 겸연쩍은 듯 웃으며 내 블로그 글들을 다 읽어 보았다고 했다. 왠지 그녀가 나를 조사한 느낌이었다.

"블로그에서 뭘 보셨어요?".

블로그의 무엇이 마음을 움직였는지 궁금했다.

"운동을 하셨더군요. 어느 쪽이셨어요?"

뜬금없이 내 운동 전력과 정치적 입장을 물었다.

"뭐, 그때는 운동의 대세가 하나였죠."

"저는 피디였어요."

채영 씨는 생각이 배어 있는 미소를 지으며 자신의 출신을 말했다. 나도 슬며시 웃음이 났다. 나는 대학 때는 학생운동을, 졸업하고 교사가 되어서는 노동운동을 했다. 당시 사회변혁 세력은 크게 엔엘NL과 피디PD라는 정치적 입장으로 나뉘었고, 양측은 항상 서로를 비방했다. 당시 우리의 타도 대상이던 군사독재 정권보다도 서로를 더 미워했던 것 같다. 그러나 지금은 그 지랄 맞은 논쟁과 대립을 미소로 추억할 수 있을 만큼 세월이 많이 흘렀다. 그런데 대뜸 채영 씨가 나의 운동 전력에 대해 이야기했고, 아마도 그것으로부터 어떤 안도감을 느꼈던 것 같다.

"제가 운동한 사람이어서 분석받기로 결정하신 건가요?"

"음… 가장 중요한 건 아니지만 상당히 중요했죠. 뭐랄까요, 제겐 부채감 같은 게 있는 것 같아요. 이런 부채감은 운동을 했던 사람이라야 이해할 수 있을 거예요."

한때 운동을 했던 사람이 부채감이 있다는 건, 정의와 자유를 위한 사회적 행위로부터 멀어졌기 때문인 경우가 대부분이다. 물론 그런 선택에도 나름의 중요하고도 주관적으로 타당한 이유들이 있다.

"어떤 상황이었기에 운동을 포기하셨나요? 부채감을 가진다는 건, 해야 할 일을 마무리하지 못했을 때 느끼는 거 아닐까요?"

"돈을 벌어야 했어요. 아버지는 제가 고등학생 때부터 술병으로 운신을 못 했고, 오빠는 허구한 날 사고를 쳤어요. 언니들도 나름 살기 위해 발버둥 쳤지만 대학을 졸업한 제가, 우리 집에서 학력이 가장 좋은 제가 취직하지 않겠다는 건…. 운동에 대한 사명감보다는 가족에 대한 책임감과 의무감이 더, 훨씬 더 컸어요."

채영 씨는 공부를 상당히 잘했다고 했다. 셋째 딸로서 존재감을 확인받기 위해서 어려서부터 착하고 공부 잘하고 엄마 일을 잘 거들고 떼쓰지도 칭얼대지도 않았다. 많은 셋째 딸들에겐 비슷한 콤플렉스가 있는 것 같다. 위로 이미 두 명의 여자 형제가 있을 때 태어난 세 번째 아이는 아들이 아니면 그 존재를 수용받기 어렵다. 최진사 댁 셋째 딸이 가장 조신하고 참한 것도, 셋째 딸은 선도 안 보고 데려간다는 것도, 사실은 그들이 원래부터 착하고 영민해서가 아니라, 필요한 존재가 아니기에 가족 내에서 그렇게 살아남는 방법을 택한 것이다. 언제나 자기 존재감이 희박해질까 봐 전전긍긍하되, 튀어서도 징징거려서도 안 된다. 대체로 셋째 딸들은 이렇게 자기완결적으로 살기 위해 처절하게 노력한다. 하지만 그들의 내면은 언제나 '내가 필요 없는 존재라는 것을 들키면 어쩌나.' 하는 생각으로 불안하고 두렵다. 그래서 자기 존재를 확인시켜 주는 것에 매달린다.

채영 씨는 여느 셋째 딸처럼 엄마를 열심히 도왔고, 돌보았고, 공부도 열심히 했다. 네 남매 중 가장 공부를 잘했을 뿐만 아니라 월등하게 잘했다. 일찌감치 경제적 능력을 상실해 버린 아버지 탓에 다른 남매들은 어중간한 대학이라면 갈 엄두도 내지 못했다. 채영 씨는 대학에 다니는 동안 학생운동에 매진했지만 학업을 게을리하지도 않았다. 졸업할 무렵 동기들은 공장의 노동자가 되어 노동운동에 투신하고 농촌으로, 교사로 각자의 길을 찾아갔다. 하지만 채영 씨는 가족의 기대를 저버릴 수 없었다. 학벌에 걸맞은 직장을 잡아야 했고 그 수입으로 목마르고 배고픈 가족들의 양식을 책임져야 했다. 졸업과 동시에 취직을 했다. 그때부터 각자 다른 신분 때문에, 그녀의 자격지심 때문에 동료들과도 멀어졌다.

 직장은 지옥이었다. 남성 중심의 마초 문화가 조직을 움직이는 관습이었고, 직장에서나 술자리에서나 남성들의 폭력성과 일방성은 종종 그녀를 분노하게 만들었다. 술자리에서 만취한 상사가 아무리 '꼬장'을 부려도 부하들은 굽실거렸다. 다음 날, 간밤에 아무 일 없었다는 듯 모두 말짱한 얼굴로 나타나 일하는 모습을 지켜보노라면 오래전 가족들의 행태가 문득문득 떠올랐다. 술 취한 아버지가 만든 난장판을 아침이 되기 전에 말끔히 치워 놓고 나면, 아버지는 멀쩡하게 일어나 밥을 먹고 일말의 죄책감이나 겸연쩍음도 드러내지 않고 일터로 나가곤 했다. 그럴 때마다 채영 씨는 우리 가족은 왜 이럴까, 아버지가 맨정신일 때 왜 엄마나 언니들은 한마디도 하지 못할까 궁금했다. 인간은 이렇게 불편함을 제때 표현하지 않음으로써 불필요한 불편을 오랫동안 겪는 것이다. 맨정신일 때 제대로 이야기하고 항거하고 시정을 요구한다면 느닷없고 까닭 없는 폭행이나 폭언에 시달리지 않아도 될 터인데 말이다.

 대학에서 학생운동을 하며 배운 인간평등과 공정한 세상, 정의로움은 아직 한국의 직장에선 구현되기 어려웠다. 비록 88올림픽을 치른 나라 할지라도 군사독재 정권이 바야흐로 물러가고 처음으로 문민정부가 들어서던 무렵에도 그런 평등과 공정함, 정의로움 따위가 갖추어지기란 불가능한 시절이었다.

그녀는 자신의 삶을 구원해 줄 누군가가 필요했다. 어려서 부모님이 싸울 때, 사실은 일방적으로 아버지가 엄마를 때리는 것이었지만, 사람들은 그것을 부부싸움이라고 불렀고, 그럴 때 그 싸움을 멈춰 줄 누군가가 와 주기를 간절히 바랐다. 그 공포로부터 구원해 줄 누군가가 나타나길 바란 것처럼 이 지긋지긋한 밥벌이로부터 자신을 빼내 줄 누군가를 간절히 원했다. 그리고 그것은 단순히 밥벌이로부터의 구원일 뿐만 아니라, 가족으로부터의 완벽하고도 합법적인 해방을 의미하는 것이었다. 그녀는 결혼을 해야겠다고 생각했다.

나는 '아, 결혼은 도대체 이 정도밖에 안 되는 건가.' 하고 탄식할 때가 종종 있다. 얼마나 많은 사람들이 결혼과 도피를 이음동의어로 생각하는지 말이다. 많은 사람들은 결혼이 자기 삶을 구원할 수 있으리라 믿는다. 그런 사람들에게 결혼은 누구와 하는가가 중요한 게 아니라 무엇을 갖춘 사람과 하는가가 중요하다. '그' 남자를 사랑하는 게 아니라 결혼에 대한 환상이나 기대를 만족시켜 줄 '어떤' 남자가 필요한 것이다. 이런 경우, 사실 남편의 자리를 채우기 위해서 어떤 고유한 한 사람이 있어야 하는 것은 아니다. 그를 사랑하기에 남편으로 맞이한 것이 아니라 그가 남편이기 때문에 사랑한다고 믿는 것이다. 이 둘을 구태여 구별하지 않은 채

'백년해로'하는 부부들은 부지기수다.

결혼을 통해 구원받기를 원하는 여자들은 고유한 한 남자, 그 사람만이 가진 고유성을 사랑하는 것이 아니다. 그저 남편의 자리에 앉을 수 있는 자격, 자신이 원하는 조건을 갖춘 사람이면 된다. 고난에 빠진 사람에겐 구원받는 것이 중요하지 그 구원자가 예수든, 부처든, 마호메트든 상관없는 것과 마찬가지다.

그러나 안타깝게도 결혼은 어떤 경우에도 구원이 아니다. 한 사람은 구원받고 상대방은 그저 구원자의 역할만 한다면 그것은 어느 쪽을 위해서도 진정한 구원이 될 수 없다. 결혼은 존엄한 두 인간이 사랑과 존중으로 같이 성장해 나가기로 약속하고 실천해 나가는 노력의 과정이다. 자기 삶을 더 기름지게 만들기 위해 고통으로부터 도피하기 위해 결혼을 택하고 그에 걸맞은 대상을 물색해 같이 살게 된다면, 언젠가는 그 구원이 지옥이라는 엄정한 사실을 경험하게 될 것이다.

채영 씨의 고통은 잘못된 욕망을 만들어 냈다. 그녀는 결혼 상대자를 결정하는 데 있어 두 가지 조건을 염두에 두었다. 첫째, 부유해야 한다. 둘째, 이성적이어야 한다. 어릴 때부터 가족부양의 책임조차 제대로 감당하지 못했던 아버지 때문에 가난은 항상 등짐처럼 얹혀 있었다. 지긋지긋했다. 이제는 더 이상 가난하고 싶지 않았다. 그래서 남편이 될 사람은 무조건 돈이 있어야 했다. 또 하나의 조건, 그것 역시 지나치게 예민하고 감성적이어서 툭하면 화내고 신경질적으로 반응하고 그러다가 술에 취하면 온갖 쪼잔한 일들을 꼬투리 삼아 엄마를 때리고 자식들을 닦달하던 아버지 때문이었다. 남자가 감정적이고 예민하며 심지어 예술적 재능까지 가지고 있다면 그것은 재앙이라고 생각했다. 그녀의 아버지는 한때 가수가 될까 생각했을 정도로 '끼'가 있었다. 그러니 남편은 이성적이고 냉철해야 했다. 이 두 가지 조건만 갖춘다면 다른 건 문제될 게 없다고 생각했다.

결혼시장에서 채영 씨의 학벌과 준수한 외모는 보잘것없는 친정 배경을 상쇄하기에 충분했다. 시댁은 며느릿감의 두뇌와 학벌이 필요했다. 그녀 또한 남편을 소개받고 몇 번 만난 뒤 결혼을 결심한 데는 시댁의 재력과 남편의 학벌이 주효했다. 시댁 가족들은 누구도 번듯한 대학을 나오지 않았다. 남편이 소위 말하는 삼류대학을 나왔고 그리 똑똑해 보이지 않는다는 점은 오히려 긍정적이었다. 이 남자를 쥐고 살아갈 수 있을 것 같아서였다. 절대로 엄마처럼 살지 않겠다는 결심은 남편한테 쥐여살지 않겠다는 뜻이기도 했다.

채영 씨의 이야기를 들으면서 내내 가슴이 답답했다. 분석이 한 달을 넘어갔지만 꼬여 버린 그녀의 삶을 어디서부터 풀어야 할지 난감했다. 그녀의 삶을 탓하기엔 그녀가 경험한 유년기와 성장기가 너무 암울했다. 그 암울함에서 벗어나겠다는 욕망을 누가 비난할 수 있겠는가. 그렇다면 그녀의 고통은 어디에서 그 원천을 찾아야 할까?

교활한 자의 치부

'결혼한 바로 그 이유 때문에 이혼한다.'

부부상담사들 사이에서 회자되는 농담 같은 진담이다. 적어도 채영 씨의 경우를 보면 이 말이 틀리지 않았다.

"결혼 상대자의 조건이 무엇보다 돈이 많아야 한다는 것이었는데요, 음… 사실 제게 그런 말을 하기가 쉽지 않으셨을 것 같습니다. 아무리 상담가라 해도 용기가 필요했을 텐데요."

"그게, 선생님을 선택한 이유기도 해요. 왠지 선생님한테 얘기하면 속죄가 될 것 같다는 생각이요. 저도 이게 터무니없는 말인줄 알아요. 하지만 이런 제 모습을 선생님한테 말하고 나면 그 부채감을 덜 수 있지 않을까 생각했어요."

내게 털어놓으면 속죄가 될 것 같다니, 고해성사를 하겠다는 건가? 나는 어떤 미약한 위험을 감지했다. 내가 채영 씨에게 면죄부를 줄 수 있는 대상으로 인식되었다면, 이것은 나를 통해 구원되기를 소망한다는 말이기도 하다. 하지만 지금 이 내용을 다루기엔 아직 뭔가 덜 차오른 느낌이다. 이 주제는 잠시 뒤로 미뤄 두고, 계속 부채감에 대해 이야기하기로 했다.

"대학 졸업 후 계속 갖고 있는 부채감이라면 참 오래된 겁니다. 힘드셨을 텐데요. 그만큼 채영 씨 안에는 사회적 정의, 올바른 삶에 대한 열망도 있었던 것이 분명하네요. 운동권 출신의 분석가를 택한 것이 그런 이유가 될 수 있겠죠."

"그렇죠. 남편만큼 저 역시 천박하게 살아왔으니까요. 그런 남편을 선택한 것이 저 자신이었잖아요."

"음… 남편 분의 천박함에 대해 치를 떠셨는데, 그게 자신의 모습이기도 하다는 생각을 했다는 건가요?"

"인정하긴 참 싫지만… 그런 사람과 같이 사는 저는 뭐 대단하겠어요."

"또는 남편을 천박하다고 비난함으로써 자신은 그렇지 않은 사람이라는 확인을 스스로 하고 싶었을 수도 있겠고요."

"그럴 수도 있죠…."

놀라웠다. 이런 깊은 성찰을 할 수 있는 사람이 지금까지 자신의 삶을 참고 살아 내기 위해 얼마나 고통스러웠을까?

말이란 물과 같다고 생각할 때가 있다. 물은 자연적인 상태에서 수십 미터만 흘러도 스스로를 정화한다고 한다. 말도 흐르면서 느끼고 스스로를 정화한다. 두 달 가까이 채영 씨는 물 흐르듯 계속 자신의 내면을 말로 옮겨 왔다. 말하는 과정을 통해 그녀의 내면은 맑아지는 것일까, 자신의 상황을 비하하지 않으면서도 문제의 책임 소재를 밝혀내고 있다. 내친김에 나는 더 들이대기로 했다.

"쉽지 않은 얘기입니다. 하나 더 말씀드리자면, 자신이 남편만큼 천박하다고 느낀다면 남편의 천박함에 대한 분노와 비난은 자기 자신에 대한 것일 수도 있지요."

"그걸 모를 정도로 바보는 아녜요, 알지요."

"문제는 그렇게 함으로써 '나는 벌을 받았다.'고 여기고 스스로를 덜 자책할 수도 있지 않을까요?"

"그렇다면, 참 복잡한 거네요."

"음… 교활한 거죠. 채영 씨만 그렇다는 것이 아니라 인간의 마음이 교활하다고 느껴질 만큼 교묘하고 복잡합니다. 그렇게 복잡하게 얽어 놓아야 자기 치부가 쉽게 드러나지 않으니까요."

치부가 드러난다는 말을 듣자 채영 씨의 눈자위가 빨개졌다. '교활'이라는 단어가 그녀를 건드린 것일까? 그녀는 어린 시절의 그 참혹했던 경험을 말하면서도 울지 않았던 사람이다. 그런데 지금은 눈물을 흘리려 한다. 누군가가 울려고 하면 나는 그가 누구든 참지 말고 울라고, 그 울음을 들어 줄 수 있으니 마음껏 울라고 이야기한다. 들어 주는 사람이 옆에 있다면 최소한 외롭게 울지는 않을 테니까.

그녀는 울었다. 서럽게 울면서 자신이 얼마나 치부가 드러나는 것을 두려워했는지 모를 거라고 했다. 도회적인 아름다운 외모와 좋은 학벌과 평균을 넘는 지능지수까지, 그런 그녀가 자신의 치부를 들킬까 봐 두려워하며 살았다는 것이다. 하지만 그녀의 치부를 이해할 수 있었다.

"가족, 엄밀하게 말하면 그 지옥 같은 가족을 가졌다는 것이 알려질까 봐 전전긍긍했다는 건가요?"

채영 씨는 말을 잇지 못하고 울면서 고개를 끄덕였다. 이럴 때는 충분히 울고, 그 슬픔과 접촉할 수 있도록 침묵으로 동의하고 위로해 주어야 한다. '아프냐? 나도 아프다!'라는 오래된 드라마 대사처럼, 인간의 고통을 마주하는 나도 아프다. 나도 아픔이 있기 때문이다.

  모든 중생의 고통이 사라질 때까지 해탈하지 않겠다는 지장보살은 보살들 중 지존이다. 나는 그럴 자신도, 그럴 자격도 없지만 최소한 내 앞에 앉은 한 인간의 고통을 외면할 자신도 없다. 침묵 속에서 나는 그녀의 고통을 같이 느꼈다.

  '분석이란 참 하잘것없는 것이구나.'

  나는 또 무기력을 느꼈다.

존재의 확인

      "좋아하는 사람이 있어요."

  또 몇 세션이 지나 분석이 어느덧 두 달을 넘긴 어느 날, 채영 씨는 결심한 듯, 결연한 표정으로 애인이 있다고 말했다. 분석은 다른 국면에 들어섰다. 맥락이 있는 듯 없는 듯 이야기는 종잡기 어려웠지만 당분간 이대로 가자고 마음먹었다.

  "어떤 분이세요?"

  "따뜻하고, 감성적이에요. 여리고 섬세하죠."

  "남편과는 꽤 다른 느낌이네요. 만나면 어떤가요?"

  "불안해요. 하지만 또 안온해요. 잘 모르는 일을 경험하는 것 같아요. 모든 게 새롭죠. 하지만 불안해요."

  "불안이라는 느낌이 사실 이해될 듯 말 듯합니다. 경험하지 않은 일을 하고 있기 때문에 불안한가요? 아니면… 이른바 말하는 불륜이라서?"

"아… 둘 다일 수도 있고 둘 다 아닐 수도 있어요."

하긴 누가 혼외관계를 상습적으로 경험하겠는가. 그러나 '잘 모르는 일을 경험한다.'는 건 다른 의미일 터이다.

"잘 모르는 일이라는 게 뭘까요?"

"말 그대로 한 번도 경험해 보지 않은 일을 하는 느낌이에요."

한 번도 경험해 보지 않은 일이라… 다시 생각하지만, 누가 혼외관계를 낯설지 않을 정도로 경험할까? 당연히 낯선 느낌일 것이다. 하지만 그녀의 삶에서, 지금 이 맥락에서 현재의 경험을 한 번도 해 보지 않은 일이라고 말하는 건, 감정에 관한 이야기일 가능성이 크다. 번뜩 한 생각이 들었다. 그래, 연애다, 연애. 연애란 무엇인가?

여자가 되는 경험이다. 여자가 된다는 것.

인간은 태어나 자라면서 때에 맞는 여러 수준의 존재 확인, 또는 인정이 필요하다. 가장 먼저 한 인간으로서 받아들여지는 경험이 있다. 하지만 어떤 존재의 탄생은 온전히 환영받지 못한다. 예를 들면, 딸 부잣집의 다섯째 딸인 나의 가장 친한 친구, 그녀는 자신의 내담자들에게 따뜻하고 예리한, 충분히 좋은 심리치료사로 살고 있지만, 지금도 자기 존재가 잉여였다는 것을 느낄 때면 무릎이 꺾일 때가 있다고 한다. 곧 예순이 되지만, 남편과 자녀와 손자 손녀 그리고 주변에 많은 친구들이 그녀를 진심으로 사랑하고 아끼지만, 본인의 탄생이 부모에게 기쁨이 아니었다는 사실이 떠오르면, 그녀 안의 괴물이 요동을 친다고 한다. 그녀는 지금도 자신의 존재를 스스로 인정하기 위해 힘겨운 노력을 하고 있다.

누군들 자기 존재를 부모에게 완전히 환영받고, 진정으로 필요한 존재임을 인정받고 싶지 않겠는가. 하지만 태생적으로 완전히 환영받지 못하는 존재들도 많다. 그들은 평생 의문을 품고 살아간다.

'나는 허락된 존재인가?'

채영 씨는 셋째 딸이다. 없어도 아쉽지 않은 존재였다. 존재를 인정받고 싶은, 근본적인 욕구를 채우기 위해 평생을 살아왔다. 하지만 그것이 불가능하다는 사실을 희미하게 감지했을 것이다. 인간에겐 완전한 수용과 전적인 인정이 필요하다. 인간은 그것을 놓지 못한다. 끊임없이 인정을 갈구한다.

성인이 되면 한 여자로서, 한 남자로서 인정받는 경험이 필요하다. 육체적 매력을 포함한, 한 여성으로서 인정받는 경험 말이다. 일반적으로 그것은 연애를 통해서만 가능하다. 한 남자의 온전한 사랑을 받음으로써 여자가 되는 것이다. 남자도 마찬가지다. 사랑받음으로써 자기 안의 여성을 확인하며, 인정받음으로써 그가 날 사랑한다고 확신한다. 그래서 연애는 아직 덜 자란 소녀와 소년을 여성과 남성으로 성장시킨다. 그러나 얼마나 많은 사람들이 여성, 남성이 되기도 전에 바로 아내와 남편, 엄마와 아빠가 되어 버리는지 나는 안다.

대학원에서 강의를 할 때, 대체로 서른을 넘긴 상담전공자들에게 자신의 여/남성성을 언제 확인했느냐는 질문을 가끔 한다. 많은 여성들이 '아이를 낳았을 때'라고 답한다. 그건 어머니로서의 생산성, 모성을 확인한 것이지 여성을 확인한 것은 아니다. 여성성을 확인하는 경험은 한 남자로부터 온전히 사랑받고 있다는 충만감을 느낄 때 가능하다. 그것은 동시에 여성으로서 그 남자를 온전히 사랑해야 한다는 것이 전제된다. 자신이 사랑하는 그 대상에게서 온전한 여성으로 인정받는 느낌이기 때문이다.

채영 씨는 지금 연애를 하고 있는 것이다. 자신이 한 남자로부터 사랑받고 있음을 느끼고 있다. 마흔을 훌쩍 넘겨 이제야 사랑의 감정을 느끼고, 여성이 되는 이 경험이 낯설기 짝이 없을 것이다. '잘 모르는 일'이라는 것이 무슨 뜻인지 이해가 된다.

"연애 감정을 이전에도 느껴 본 적이 있나요?"

"…."

그녀는 한참을 침묵했다. 그 침묵을 부정의 뜻으로 알고 나는 말을 이어 갔다.

"제가 아는 한 여성이 이런 경험을 이야기한 적이 있어요. 여러 남성을 사귀고 잠자리도 했는데, 한 남성과 관계를 맺으면서는 그 사람의 아이를 갖고 싶다는 생각이 들더랍니다. 스스로 놀랍기도 하고, 또 자신이 기특하기도 하더래요. 그를 위해서라면, 그가 원한다면 무엇이든 할 수 있겠다 싶을 만큼, 그에게서 사랑받고 있다는 느낌이 들었대요. 자신이 진정으로 그 사람을 사랑하고 있다는 자기 확인의 감정이었다네요."

"저는 그런 적이 없어요. 남편과도, 응당 결혼했으니까 아이를 낳고 키우고 하는 거였지, 그 사람의 아이를 갖고 싶다는 간절한 바람은… 잘 모르겠어요. 그 여자 분 같은 그런 소망은 분명 없었던 것 같아요."

"연애 감정이라는 건 개인에 따라 다양하게 느껴지겠죠. 지금 만나신다는 남자 분과의 감정에 대해 더 여쭤보면 불편하실까요?"

"네… 편치는 않네요."

아무리 분석가라고 할지라도 혼외관계에 대해 적나라하게 말하는 것이 편할 리가 없다. 하지만 이 문제를 다루지 않고 넘어가는 것은 발에 물을 적시지 않고 수영을 하겠다는 것이나 다름없다. 게다가 채영 씨는 자발적으로 이 이야기를 꺼냈다. 그동안의 임상경험을 통해 볼 때, 혼외관계에 대해 한번 말을 꺼내 놓고 불편하다고 입을 닫는 경우는 거의 본 적이 없다. 하나는 확인하고 넘어가야 했다.

"편치 않으시겠지요. 그래도 하나만 여쭤볼게요. 그 남자 분에 대한 이야기에서 어떤 부분이 불편하신가요?"

"하아…."

그녀는 깊은 한숨을 내쉬며 말했다.

"집요하시네요."

그녀는 계속 망설였다. 그때 나는 어떤 이미지 같은 것이 떠올랐다. 운전을 처음 배우는 사람이 파란 신호가 들어왔는데도 겁이 나서 망설이고 있다. 이럴 때 옆자리에 앉은 운전강사는 등을 탁

때리면서 '출발'이라고 외쳐 줘야 한다.

"그분이 지금까지 채영 씨의 삶에서 최종의 고통일 수도 있고, 최종의 기쁨일 수도 있겠지요. 또한 앞으로 남은 삶의 고통의 원천일 수도 있겠고, 그 반대일 수도 있습니다. 중요한 순간입니다. 그분이 채영 씨 삶에서 어떤 의미인지를 언젠가는 밝혀내야 할 것 같습니다."

"…저도 알아요. 그래서 더 망설여지는 거예요."

"그 이야기를 하는 게 망설여진다고요?"

"…혹시 그 사람마저 내 고통을 없애 줄 수 있는 사람이 아니라는 결론이 날까 봐, 너무… 두려워요."

채영 씨는 말을 미처 다 맺지도 못하고 울기 시작했다.

나는 이미 두 사람이 파국으로 들어섰음을 감지했다. 그 관계가 채영 씨에게 안정감을 주었다면 나를 찾아오지도 않았을 것이다.

지금이 그녀를 위로할 시점인지, 더 깊이 이야기해 보자고 종용할 시점인지, 나는 그녀처럼 혼란스러웠다. 이럴 때는 보통 위로와 공감을 위해 에너지를 쓴다. 하지만 이렇게 갈피를 잡지 못하고 있는 것은, 그녀의 혼란이 내게 전이²된 것일 수 있었다. 혼란을 정리하기 위해서는 단호해질 필요가 있다. 잠깐 동안 약간의 고통이 더해질 수 있다. 주사를 맞을 때처럼 말이다.

---

2 **전이/역전이** 정신분석에서 분석가와 내담자 사이에 발생하는 감정의 무의식적 상호교환을 뜻한다. 상담하는 동안 내담자가 느끼는 (과거의 경험으로 인해 겪는 해결되지 못한) 감정을 전이, 내담자로 인해 발생하는 분석가의 감정을 역전이라 한다.

"채영 씨, 지금의 고통을 끝내기는커녕 또 다른 고통을 경험하게 될까 봐 많이 두려우시죠?"

"…네."

그녀는 울음을 머금고 있다. 하지만 나는 계속 나아가기로 했다.

"또 다른 고통은, 관계의 결말을 이미 감지하고 있기 때문에 느끼는 징후적인 감각 같은 것 아닐까요?"

채영 씨는 흠칫 놀랐다. 그러고는 화난 표정으로 나를 아주 짧게 쏘아보더니 이내 고개를 떨어뜨렸다. 뒤이어 깍지 낀 손을 비틀기도 하고 바들바들 떨기도 했다. 표정은 확인할 수 없었지만 흥분을 가라앉히기 위해 노력하는 것이 분명했다. 미안하지만 통쾌했다. 내가 정확히 뭔가를 맞추었기 때문이 아니라 문제를 돌파할 터닝 포인트를 찾았고 그것이 확인된 느낌이었다. 그녀의 '놀람'은 또 다른 성찰의 징후였다. 채영 씨를 위해서, 우리의 분석을 위해 의미 있는 순간이었다.

"잔인하시네요."

"제가요? 아님 채영 씨가요?"

침묵과 울음 끝에 채영 씨는 '잔인하다'고 말했다. 맥락상 나에게 한 말이지만, 나는 정말 그 말이 나를 향한 것인지 그녀 자신을 향한 것인지 분간하기 어려웠다. 반문으로 대체된 나의 대답이야말로 꽤 잔인한 것일 수도 있겠다.

"그래요… 제 인생이 잔인하네요."

채영 씨는 영민한 여성이었다. 알지만 받아들이지 못하는 고통이 클 것 같았다. 세션을 끝낼 시간이 다 되었다. 그날은 그렇게 마쳐야 했다.

우울, 자신을 향한 분노

나는 어쩌면 채영 씨가 분석을 포기할 수도 있을 거라고 생각했다. 그런 경우를 가끔 보았기 때문이다. 분명한 것은 분석이 계속 진행된다면 채영 씨의 삶은 변화될 가능성이 크다. 그러나 만약 나타나지 않는다면, 그녀의 결정에 따를 것인가?

어떤 사람이 중대한 병에 걸렸고 힘든 치료과정이 필요하다고 치자. 그 과정이 힘들다고 치료를 거부하는 환자에게 그건 당신의 선택이니 마음대로 하라고 놔두는 의사는 환자의 결정을 존중하는 것인가, 아니면 비윤리적이며 무책임한 것인가? 답은 너무나 분명하다. 나는 채영 씨에게 전화를 하든 이메일을 보내든 다시 나오라고 종용할 것이다. 이것이 나의 윤리이다. 그녀가 만약 분석에 나오지 않겠다고 한다면 나는 그럴 수는 없다고 말할 것이다. 분석을 계속 진행하면서 경험하게 될 고통이 분명 있다. 언뜻 생각하면 돈과 시간을 지불하면서까지 경험해야 할 필요가 있을까, 하는 의문이 들 정도로 불필요한 고통처럼 여겨질 수도 있다. 하지만 그것은 회복을 위한 과정이고, 내면의 성장과 통합을 위한 극복의 과정이다. 나는 그것을 요구할 것이고, 그것을 위해 내 권위를 사용할 생각이었다.

다음 시간이 되었다. 내 우려가 현실이 되지는 않았지만 채영 씨는 잔뜩 불편한 표정으로 나타났다. 묻는 말에는 짧게만 대답했다. 여차하면 "분석을 그만두고 싶어요." 하고 말할 것 같았다. 대화는 지지부진했고, 일상적인 이야기가 분석시간을 잠식했다. 나는 많이 불편해지기 시작했다. 다시 지난 시간 이야기를 꺼내야 했지만 나도 저항이 생겼다. 어떤 것 때문에 저항하고 있는 사람에게 그 어떤 것에 대한 말을 꺼내는 것은 쉽지 않다.

"지난 시간에는 잔뜩 화가 나셨던 것 같습니다. 제가 잘못 봤나요?"

"선생님한테 화가 난 건 아녜요."

"음… 저한테 화가 나셨다고 해도 이해가 됩니다. 제게 화가 났다면 말씀하셔도 됩니다. 그래도 아무도 다치지 않을 겁니다."

"다치지 않다뇨?"

"보통 우리는 상대를 다치게 하는 용도로 '화'를 사용하죠. 화는 불이니까 누군가를 향해 발사하면 그가 화상을 입잖아요. 그렇지 않고 화를 담고 있으면 내 속이 화상을 입겠죠. 하지만 불을 잘 쓰면 아주 좋은 도구가 되는 것처럼 화, 분노라는 감정도 잘 처리하면 아주 좋은 에너지가 되는 것 같습니다. 모든 감정이 그렇습니다만, 누구도 다치지 않게 화를 낼 수도 있습니다. 화가 났다면 먼저 '화가 났다.'고 말을 하십시오. 정말 화를 내지 마시고요. 그것이 화를 다루는 첫걸음입니다."

화를 내는 궁극적인 목적은 화나게 한 이유를 표현하기 위함이다. 많은 사람들이 화에 대해 잘못된 생각을 하는 것 같다. 화를 내면 자신이 화난 이유가 전달될 것이라고 생각한다. 하지만 화는 불과 같아서 누군가로부터 화가 쏟아지면 감정의 방패를 사용해서 그 화를 방어하기에 급급해진다. 당연히 화를 내는 이유도 그 방어벽에 막혀 전달되지 못한다. 화의 뜨거움만큼 화난 이유가 강력하게 전달될 것이라고 믿지만, 사실은 그 뜨거움만큼 상대의 방어벽도 강력해진다. 그래서 화낸 사람의 좌절도 커지고 방어하는 이의 마음도 단단하게 굳어 버린다.

"감정을 전달하기 위해, 날것의 감정 그대로를 드러내기보다는 그 감정을 가장 잘 표현해 낼 수 있는 언어를 사용합시다. 먼저, 오늘 마음이 꽤 불편해 보이셨거든요. 화가 난 것 같아요. 무엇 때문에 화가 났고 마음이 불편하다고 표현해 주시겠어요?"

"선생님이… 원망스러웠어요. 숨바꼭질할 때 잘 숨어 있는데 다른 애가 술래한테 '얘 여기 있어.' 하고 일러바치면 그 애가 얄밉잖아요. 제 문제가… 사실은 불안한 건데, 그걸 안 들키려고 발버둥 치고 있는데 선생님이 '너 이게 문제잖아.' 하고 콕 집으신 거죠. 선생님이 얄밉고, 저 자신은 무릎이 꺾이는 것 같았어요. '아, 그게 맞구나, 내가 불안해하던 그게 사실이구나.' 사실은 화가 잔뜩 났어요. 근데 그게 선생님한테 화를 낼 건 아닌 것 같아요."

"화가 났다는 사실을 표현해 주셔서 좋네요. 어떠세요, 말로 표현하고 나니까요?"

"사실… 말하면서 드는 생각이, 우리 집에서, 친정에서요, 화내는 사람은 항상 아버지였어요. 그다음은 오빠였죠. 아버지가 감정을 표현하는 건 화를 낼 때밖에 없었어요. 밖에서는 사람들한테 좋은 사람처럼 보였지만, 아버지가 화내는 걸 보면서 무섭고 두려워 몸을 벌벌 떨었어요. 나는 절대로 저렇게 화내지 말아야겠다고 생각했어요. 어렸을 때 그런 생각을 했던 게 기억나네요."

"그러셨군요. 어린아이가 감당하기에는 너무 두려운 상황이었겠습니다."

"거의 날마다 겪었던 일이에요. 최소한 제 기억에는 거의 매일매일."

"흠… 네, 전에도 그런 말씀하셨죠. 그런 상황이면 순간 이동하듯이 어디론가 획 사라지고 싶다고요."

"짐승… 같았어요. 술 취해서 이성을 잃고, 화가 나서 엄마를 괴롭히고, 때리고, 물건을 부수고 그러면 인간처럼 보이지 않았어요."

분석의 흐름은 이렇게 질정 없이 흘러갈 때가 많다. 하나의 주제가 해결될 틈도 없이 또 다른 주제로 연결되고, 다시 그다음 주제로 넘어간다. 방향감각을 잃고 헤매는 것과는 전혀 다르다. 가능한 한 모든 이야기가 나올 수 있도록, 그동안 억압해 두었던 감정들이 충분히 표현되어 나올 수 있도록 해야 한다. 흐름의 중심을 잡고, 주제가 유야무야 흐트러지지 않게 하는 것은 분석가의 책임이다.

애인과의 관계로 인한 불안감에 연결된 아버지의 분노와 채영 씨의 화, 그전에 아버지의 무책임과 가난으로부터 도피하기 위해 선택한 결혼과 남편의 천박함, 그리고 이 모든 상황에 대한 자책감. 고통의 한복판이 어디인지 파악이 될 듯 말듯 나를 약간 안달 나게 했다.

그날 세션이 끝나고 그동안의 세션을 정리한 노트를 열어 지금까지의 과정이 어떻게 흘러왔는지 흐름을 짚어 보았다. 맨 처음 채영 씨는 우울을 해결하고자 상담실을 찾았다. 5년 전부터 겪고 있는 우울증 때문에 나를 찾아온 것이 가장 분명한 이유였다. 그녀는 우울의 근원으로 '남편의 천박함'을 지목했다. 그것 때문에 자신이 얼마나 수치스럽고 분노하는지 이야기했다. (남편의 정서적 불감증이 얼마나 자신을 힘들게 했고 그것 때문에 경험한 좌절과 분노가 얼마나 컸는지도 얘기했다.) 그러나 사실 남편과의 관계 단절은 남편의 정서적 불감증을 알게 되기 훨씬 전부터였고, 그것이 남편과의 관계가 깨지는 분열의 지점이었다.

왜 남편과 결혼했냐고 묻자, 그녀는 자신의 부채감을 나를 통해 속죄하고 싶다는 말로 답을 대신했다. 학생운동을 끝으로 가족의 생계를 위해 직장을 잡았고 그 생활이 또 얼마나 자신을 힘들게 했는지, 얼마나 분노하고 지긋지긋했는지에 대해서도 말했다. 직장생활을 시작하고 몇 년 뒤 도피성 결혼을 했고, 그때 그녀는 사랑하는 관계를 맺으려 하기보다 지긋지긋한 인생을 한 방에 전환시켜 줄, 조건을 갖춘 '남편감'을 찾았다. 그렇게 선택한 남편은 천박하고 이기적이었다. 결국 천박한 남자와 결혼한 자신이 바로 천박한 사람이라는 자책으로 이어졌다.

남편과의 관계를 보상받기 위함인지, 채영 씨는 애인이 있다고 고백했고, 처음으로 연애 감정을 느낀다고, 그것이 참 낯설다고 털어놓았다. 그러나 이제 그 관계도 파국의 징후가 드러나면서 불안해졌고, 또다시 절망하는 것 같았다. 그러면서 분노를 느꼈다. 분석가의 도움으로 그녀는 날것 그대로 분노하는 대신 분노를 '표현'해 보았다.

나는 어떤 흐름을 분명히 감지할 수 있었다. 그녀는 우울로 힘들어했지만, 사실은 삶의 중요한 대목마다 분노로 힘들어했다. 자기 인생을 참혹하게 만든 사람들에 대한 분노. 그렇다. 분노가 자신을 향할 때 우울이 된다. 우울한 사람은 사실 분노하고 있는 것이다. 왜, 누구에게 분노하고 있는지 분명하게 납득하지 못한다면 우울은 해결되지 않는다. 그녀의 우울을 해결하기 위해선 분노를 해결하지 않으면 안 된다는 생각이 확연해졌다. 중요한 것은 그 분노가 어떻게 발생했는지, 사실은 누구에게 표현되어야 하는지 깨닫는 일이다. 그리고 무엇보다 중요한 것은 그렇게 도사리고 있는 평생의 분노를 해결하기 위해 어떻게 '교활'하게 행위해 왔는지 통렬하게 깨닫고 그것을 멈추겠다는 결심을 해야 한다는 것이다.

사랑의 촉감

이제 분석관계 안에서 곧 어떤 전기가 생겨야 할 것 같다는 것을 감각적으로 느끼고, 또 예감했다. 하지만 다음 시간,

그녀가 가져온 꿈은 내 예감을 묵살했다.

"선생님, 꿈을 꿨어요."

"그래요? 지난주 분석이 끝나고 나서 꾸셨나 봐요?"

"아뇨… 사실은 첫 분석을 받은 다음 날 새벽이었을 거예요."

"그래요?"

놀랐다. 왜 채영 씨는 석 달 전에 꾼 꿈을 그때 이야기하지 않았을까. 그리고 왜 그 꿈을 지금 이야기하려 하는가? 그 중요한 첫 꿈을 지금에서야 이야기하다니, 살짝 채영 씨가 원망스러웠다.

> 옛날 고향 집이었던 것 같다. 나는 우리 집 마루에 앉아 있었다. 집에는 아무도 없고 가족들은 어디 갔는지 모르겠다. 아마 이십 대 후반 정도였던 것 같은데, 고등학교 교복 같은 옷을 입고 있었다. 무슨 일 때문인지 시무룩하게 앉아서 울먹거리고 있었다. 그때 어떤 남자가 들어왔는데 선생님(분석가)이었다. 가만히 웃으며 들어와 옆에 앉더니 무릎에 내 머리를 눕혔다. 그러고는 내 머릿결을 곱게 쓰다듬어 주는 게 너무 편안했는데, 그 순간 울면서 꿈에서 깼다. 실제로도 나는 울고 있었다.

그 꿈은 내게 놀랍기도 하고 놀랍지 않기도 했다. 일반적으로 하나의 꿈을 해석하는 데는 늘 한 세션을 다 쓰고도 미진함이 남는다. 꿈을 듣고 바로 해석되는 경우는 거의 없다. 그 꿈이 무엇을 표현하고 있는지, 즉 꿈꾼 사람의 욕망이 무엇인지 이렇게 분명하게 알 수 있는 꿈도 흔치 않다. 아마도 지난 석 달간의 분석이 채영 씨의 이 꿈을 해석하는 과정이었는지도 모른다.

분석가의 밤은 바쁘다. 얼마나 많은 사람들의 꿈속에 등장해야 하는지 모른다. 특히 집단분석[3]을 하면, 참석자 중 여러 명이 꿈에 분석가가 나왔노라고 다음 날 상담에서 이야기한다. 내담자들의 꿈에 내가 나타나는 것은 놀랍지 않다. 어쨌건 나는 내담자들이 품고 있는 욕망의 한 부분을 투영해 내는 대상이다. 채영 씨는 무엇을 투영했는지 스스로 그것을 알고 있을 것이다. 최소한 그녀의 무의식은 분명히 알고 있을 것이다. 그녀의 무의식이 그 욕망을 꿈 형태로 제작하고 꿈이라는 스크린에 상영했기에 말이다.

내가 아는 것이 중요한 것이 아니라 그녀가 납득하고 수용하는 것이 중요하다. 이 과정을 효과적으로 잘 해내야만 충분히 괜찮은 분석가의 자격을 갖추는 것이다. 나는 적당한 힘으로 수술 메스를 움켜쥐고, 수술을 시작하는 외과 의사처럼 그녀에게 물었다.

"채영 씨 꿈에 제가 등장했네요. 출연료를 받아야겠는걸요."

"얼마를 드리면 또 나올 수 있으세요?"

우리는 농담을 주고받았지만 '농담', 그런 건 없다. 농담이야말로 가식 없는 진심이다. 정신분석은 농담을 인정하지 않는다. 오직 그것만이 진심이라고 확정한다. 나의 농담은 내 과도한 감정노동에 대한 보상을 요구하는 것일 수도 있다. 그녀의 농담은 욕망

---

[3] **집단분석** 한 명의 분석가가 여러 명의 내담자를 한 장소에서 동시에 분석하는 것을 말한다.

이다. 나는 그녀의 욕망에 대해 물었다.

"제가 또 출연하면 무엇을 해 달라고 하실래요?"

"지난 꿈과 똑같은 거요."

"무릎에 누여 머릿결을 쓰다듬는 거요?"

"네."

"왜 그걸 또 원하세요?"

"너무, 너무… 편안했어요."

"…."

"아마, 그런 편안함을 느껴 본 적은 없을 거예요."

그녀는 아마 그 꿈에서처럼, 울었다. 처연하게 울었다. 힘든 삶을 살다가 누군가에게 따뜻하게 위로받고 편안해질 수 있다면, 그런 사람이 인생에 한 명이라도 있다면 얼마나 삶이 든든할까. 채영 씨는 현실이 아닌 꿈에서나마 그 소망을 충족하려고 했다. 하지만 그것이 꿈이어서 더 서러운 것이다. 현실에서는 결코 벌어질 수 없는 일이기에 말이다.

분석이 다른 국면에 들어섰음은 자명해졌다. 석 달 전의 꿈을 지금 이야기한다는 것은 분명 상징적인 일이다. 심경의 중요한 변화가 있을 것 같았다.

"꿈 얘기를 하고 나니까 마음이 어떠세요?"

"아버지에 대한 기억 중에서 아마 유일한 추억일 거예요. 어릴 때 언젠가, 아마 초등학교 들어갈 무렵일 거예요. 마루에 엎드려서 놀고 있는데 아버지가 다가와서 뭐라고 하시면서 제 머리를 쓰다듬어 주셨어요. 무섭고 싫은 아버지인데, 왠지 그때는 아버지 손이 부드럽고 따뜻하다고 느꼈어요. 그게 아버지에게 느낀 유일한 따뜻함이에요. 징그럽게 밉고 싫은 사람인데, 그 기억이 가끔 떠오를 때마다 그걸 따뜻하게 기억하는 제가 너무 싫은 거예요. 그러면서도 그게 그립고…. 참담하네요, 그런 꿈까지 꾸다니…."

아버지의 따뜻함은 어머니의 그것과는 또 다른 감각이다. 머리를 쓰다듬어 주던 아버지의 손길을 평생 기억하는 것이 하나도 이상하게 여겨지지 않았다. 곧 환갑을 바라보는 내 큰누이가 아버지를 추억할 때면 어린 계집애였을 때부터 머리를 땋아 주던 아버지의 손길을 빠뜨리지 않는다. 그때 누이의 아스라한 표정은 내 가슴을 아리게 한다. 50년도 훨씬 더 된 그 순간의 감각을 오늘 겪은 듯 똑똑히 기억하는 내 누이의 그리움이 생각났다. 자식들에 대한 다정함이 각별했던 내 아버지는 우리 남매들 각각의 마음에 다른 추억과 애절한 그리움을 남겨 놓고 떠나셨다.

나는 그렇게 가없는 사랑을 받고도 아버지가 그리운데, 단 한 번의 사랑의 감각만 남겨 놓고 가 버린 아버지가 채영 씨는 얼마나 그리웠을까? 그러나 마음껏 그리워하기에는 너무나 미운 사람이다. 그녀는 아버지를 떠나기 위해 발버둥 쳤고, 또한 아버지를 찾기 위해 몸부림쳤다. 어찌 보면 그것이 그녀 평생의 여정인 것 같았다. 이제 그녀 스스로가 삶을 변화시켜야겠다고 결심할 때가 되었고, 나는 그 결심을 돕기 위해 더 깊이 들어가야겠다고 생각했다.

"아버지의 손길… 그립죠. 단 한 번이었다면 아스라해서 더 가슴이 저릴 것 같습니다. 그걸… 찾으려 하셨나요? 그 남자 분으로부터?"

"…."

"아, 비난하거나 부정적인 의미로 묻는 건 아닙니다. 혹시라도 오해 마세요."

"…아마 그런 것도 있었던 것 같아요. 없었다면 거짓말이겠지요."

"찾으셨나요?"

"…그랬다고 생각했어요."

"과거형이네요. 지금은 관계를 끊으실 생각인가요?"

"잘 모르겠어요. 그것까지는 잘 모르겠지만, 제가 원하던 것이 완전히 충족되는 느낌은 아니에요."

"원하는 것이 무엇일까요?"

"정서적인 교감이 될 거라고 생각했어요. 사실 어느 정도는 됐죠."

"그건 됐지만 다른 뭔가가 부족하다고 느끼는 것 같습니다."

"허망하다는 생각도 들어요. 도대체 뭘 찾아서 이렇게 헤매는지…."

대답 대신 채영 씨는 힘이 쭉 빠진 얼굴로 허망을 이야기했다. 기진해 보였다.

소각되지 않은 화

다음 시간에 채영 씨는 다른 꿈을 가져왔다. 분석을 받던 중에 꾼 꿈이라고 했다.

길을 걷고 있었다. 한 무리의 사람들이 파티인지 어떤 공식적인 모임인지를 위해 잘 차려입고 가고 있었다. 나도 아마 거기에 가야 하는 것 같았다. 하지만 내가 입은 옷, 운동복인지 작업복인지 잘 모르겠지만, 그 자리에는 전혀 어울리지 않았다. 너무 창피하고 초조한 마음으로 목적지를 향해 가고 있었다. 길가에 어떤 남자아이가 있었다. 아이는 좋은 옷을 입었지만, 왠지 잘 어울리지 않았다. 옷 색깔이 너무 원색이어서 그런가 하고 생각했다. 아이가 안돼 보였다. 아이가 내 품에 안기려고 하기에 안아 주었다. 이 아이를 돌봐야 할 것 같았다. 그 생각을 하자 꿈인데도 마음이 많이 무겁고 힘들었다. 아이의 얼굴에는 보조개가 있고 쌍꺼풀도 짙게 졌다.

"꿈꾸고 난 다음 마음이 어떠셨어요?"
"꿈에서는 마음이 무거웠어요. 옷도 적당하지 않고, 그 아이도 내가 돌봐야 할 것 같아서요. 꿈을 깨고 나서도 머리가 많이 아프고 기분이 안 좋았어요."
"아이가 왠지 어울리지 않는 옷을 입고 있다고 했죠. 어떤 느낌이었나요?"
"나이에 비해 너무 어른스러운 옷이랄까, 아이들이 입기엔 색상도 스타일도 좀 겉늙어 보이는 옷이요."

"보조개와 쌍꺼풀이 있다고 했는데, 누구 닮은 사람은 없나요?"

이 질문에 그녀는 갑자기 눈을 동그랗게 뜨고 놀란 표정으로 나를 잠시 쳐다보더니 한숨을 쉬며, 사귀는 남자도 보조개와 짙은 쌍꺼풀을 가졌다고 했다. 꿈의 의미는 확연해졌다. 채영 씨가 인식하는 그 남자는 돌봐야 할 어린아이였다. 어른이지만 아직 어른이 되지 못한, 원색의 감정을 제대로 어른스럽게 소화해 내지 못하는 아이였다. 그런 아이를 돌본다는 건 채영 씨 인생에 또 하나의 짐일 터이다. 그녀 자신도 부적절한 옷을 입고 있다. 그것은 사회적 자아가 항상 부적절하다고 느꼈기 때문일 것이다. 누구든 한 번쯤은 어느 자리에 있는 내가 왠지 어울리지 않고 그 자리에 있으면 안 될 것 같은 느낌을 경험한다. 채영 씨는 자신의 존재가 그렇게 부적절하다고 생각했을 수 있다. 그 상태에서 또 하나의 부담을 가져야 한다는 것은 머리 아프고 기분 나쁜 일일 것이다.

지친 듯 앉아 있는 그녀에게 질문했다.

"왜 저를 찾아오셨는지 알 것 같습니다. 좀 더 분명히 말입니다."

"저도 지금 그것이 점점 더 확연해지는 것 같아서 불안해요. 아니, 힘이 빠져요."

남편 때문에 경험하고 있는 고통은 사실 그녀가 선택한 것이다. 그녀 자신은 잘 알고 있었다. 남편을 선택할 때의 유일한 기준이 '아버지와는 다른 남자'였다는 것을 말이다. 하지만 남편에게 실망하고 다른 사람을 찾았을 때, 그녀의 애인은 남편 같지는 않앉지만 아버지 같은 남자였다.

　아버지의 부서질 듯한 감성과 파란 동맥같이 팔딱거리는 신경질이 싫어서 칼로 벤 듯, 이성적인 남성을 남편으로 골랐다. 그것이 또 다른 지옥임을 알게 되면서 남편과는 다른 성정의 남자를 만났다. 그러나 그 남자는 또 다른 아이였고, 좀 더 근사해 보였지만 아버지같이 성마르고 쉽게 시무룩해지고 갑자기 표변해서 신경질을 부리는 사람이었다. 처음에는 그의 감성이 부드럽고 배려가 세심하고 대화가 통하는 것 같아서 천국이 따로 없었다. 하지만 시간이 가고 서로의 성정이 좀 더 본색을 드러내면서 채영 씨는 그 남자에게서 아버지를 보기 시작했다. 그렇지만 자신의 이 선택마저 잘못된 것임을 인정하기 싫어서 억지로 구겨 넣어 마음 밖으로 드러나지 못하게 눌러두었다. 또 다른 구렁텅이였다. 참혹했다.

　이번 세션을 마치고 나서 나는 내 안에서 약간의 화를 느꼈다. 이 화는 어디에서 온 것일까? 채영 씨의 수동과 의존이 마음에 걸렸다. 자기 삶을 항상 다른 무언가를 통해, 정확히 말하면 남자를 통해 바꾸려 했던 의도가 거슬렸다. 남편을 통해, 애인을 통해 '구원'을 받으려 한 것은 아닌가? 그리고 그 꿈, 고향집에 찾아와 무릎에 머리를 누여 쓰다듬어 주던 그 남자, 분석가는 그녀에게 또 다른 구원자의 역할을 부여받은 것일까?

　분석가는 구원자가 분명 아니다. 분석이 구원에 이르게 하는 길도 아니다. 자기 삶의 구원자는 자기 안에 있다. 그러나 그녀는 이제 내게 구원을 요청한다. 그녀의 무의식은 그것을 빤히 알고 있다. 그렇지 않으면 그런 꿈을 꾸었을 리가 없다.

또 하나, 채영 씨의 어머니에게 생각이 미쳤다. 이상하게도 아버지 이야기에 비해 그녀의 어머니는 분석에 거의 등장하지 않았다. 그녀의 어머니는 오랫동안 정서적 앉은뱅이로 살아왔다. 그런 모습을 보며 그녀는 오래전부터 어머니처럼 살지 않겠다고 결심했다. 하지만 그녀 역시 앉은뱅이로, 누가 일으켜 주기를 바라며 살았다. 아니 어쩌면 업고 가 주기를 바랐는지도 모른다. 결국은 어머니와 별반 다를 바 없이 살아온 것이다.

내 화는 그것 때문인 것 같았다. 그녀의 어머니는 자기 삶을 바꾸려 하지 않고 허구한 날 "내가 너희들 때문에 너희 아비랑 살고 있다."는 저주를 퍼부으면서도 대문을 박차고 나갈 의사도 용기도 없었다. 남편과 자식이 없었으면 왕후장상처럼 살 것처럼 말하는 어머니와 다를 바 없는 채영 씨의 허위와 가식이 보였다. 철퍼덕 주저앉아 '난 너무 힘드니까 누가 와서 날 좀 업고 가 주세요. 이제 분석가, 당신 차례예요. 당신이 그렇게 해 주길 바라요.' 하는 그녀의 욕망이 확연히 보였다.

첫 세션에서 느꼈던 은밀한 불길함, 물릴 수 있다면 물리고 싶었던 내 거부감의 이유를 알게 되었다. 나는 다시 내 안의 화를 생각했다. 내게 전이된 화는 채영 씨 안에서 완전히 소각되지 않은 불길이 퍼져 온 것일 터이다. 분석가의 운명은 그렇다. 내담자가 스스로 감당하거나 처리해야 할 감정을 다하지 못했을 때 여지없이 그것은 분석가의 몫이 된다. 내담자의 혼이 아니라 내담자의 감정이 내 몸에 강림하는 것이다. 그래서 내가 느끼는 감정이 나의 것인지 내담자의 것인지 항상 면밀히 검토해야 한다. 때로 그것이 뒤섞이면 분석은 난항을 겪는다.

사실 그녀는 계속 분노하고 있었다. 어린 시절 넋 놓고 바라보던 핏빛 낙조만큼이나 뜨거운 분노가 그녀 안에서 소각되지 못한 채 일렁이는 불길을 재워 놓고 있었다. 그렇게 나는 다시 그녀의 우울의 원인을 생각했다. 그녀의 소각되지 않은 화는 그녀를 향하고 그것이 우울이 되었다. 그 분노를 진화하지 않으면 우울은 평생의 등짐이 될 것이다. 그녀는 정녕 무엇에 분노하고 있는 것일까? 이제 그 화마의 멱살을 틀어줠 때가 되었다.

그녀는 죽었고, 부활했다

위태로운 채영 씨가 들어왔다. 흔들리는 듯 불안했다.
"힘드시죠?"
"네… 이렇게까지 계속해야 하나 싶어요."
"네, 돈과 시간을 들여 구태여 이렇게 힘들게 해야 하나, 그런 생각이 들 것 같습니다."
"근데… 여기서 그만두면 정말 지옥일 것 같아요. 이젠 어떻게든 끝내고 싶어요. 열지 말아야 할 상자를 열어 못 볼 걸 봐 버린 느낌이에요."

"저라면 모르고 당하는 고통보다 알고 겪는 쪽을 택하겠습니다."

'모르는 게 약, 아는 게 병'이라는 우리 속담을 나는 싫어한다. 누리고 있는 행복을 모른 채 불평하며 사는 인생이나 당하고 있는 고통의 근원도 모른 채 겪어 내는 인생이나 똑같다. 나는 '죽을 때 죽더라도 다 알고 죽자.'라는 말을 가끔 한다. 그것이 온전한 삶을 사는 확실한 길이기 때문이다.

이제 끝이 보인다는 생각이 들었다. 고통에서 벗어나지 못하는 이유는 고통에 숨은 쾌락이 있기 때문이다. 고통이 순전히 고통만으로 채워졌을 때, 인간은 그것을 단호히 거절한다. 고통스러운 행위를 계속하는 것은 고통 속에 도사린 작은 쾌락이나 마약 같은 만족이 가끔 단맛을 주기 때문에 멈출 수 없는 것이다.

채영 씨는 자신의 구원에 대한 열망이 또 다른 고통을 가져올 것이라는 사실을 짐작하면서도 분석가를 통해 그 고통을 이어 나가려고 했다. 구원받으려는 그 행위가 고통으로 연결될 것임을 알면서도, 꿈처럼 허망하고 짧은 편안함을 얻기 위해 분석가를 찾아온 것이다. 고통 속에서 찾으려는 그 쾌락이나 만족조차도 사실은 헛되고 헛되고 또 헛된 것임을, 그것은 그저 고통임을 통렬히 깨달을 때, 그 고통스러운 행위의 사슬을 내려놓을 수 있다. 나는 낮고 느리고 단호하게 말했다.

"채영 씨… 이제 그만하세요."

"네?"

"이제 인정하실 때가 된 것 같습니다. 채영 씨는 자신의 구원자를 찾아 헤맸다는 것을요. 그리고 그 구원자에 대한 욕망은 분석가를 찾아온 것으로 끝내실 때가 되었다는 것도요."

그녀는 한참을 침묵했다. 울지도 않고 고개를 외로 꼬지도 않고 꼿꼿이 앉아 침묵에 잠겨 있었다. 한참 만에 그녀가 입을 뗐다.

"참, 허망하네요."

한참을 기다렸다가 나도 입을 열었다.

"그렇죠."

"제 인생은 어떻게 보상받죠?"

"<u>스스로</u> 하세요."

"아무도 해 줄 수 없는 거겠죠."

"그래서 슬픈 일이죠. 쓸쓸한 일이기도 하고요."

"어떻게 하죠?"

"뭘 보상받고 싶으세요?"

"제 인생이요."

"뭘 뺏겼는데요?"

"제 인생이요."

"누가 빼앗았습니까?"

"엄마, 아버지, 오빠, 남편… 그 사람들이 아닐까요?"

"그분들은 채영 씨에게 고통을 준 사람이지 인생을 빼앗은 사람은 아닙니다. 아시잖아요, 인생을 낭비할 수는 있지만, 인생은 뺏길 수 있는 게 아니라는 걸요."

"낭비… 낭비… 그럼, 저는 인생을 허비한 건가요."

"삶이 너무 힘들어서 좀 더 편하게 살고 싶었던 거죠. 다른 사람의 힘을 빌어서요."

또 한참의 침묵 끝에 그녀가 힘겹게 말했다.

"…부끄러워요. 아니, 미안하네요. 저 자신한테요."

"어머니를 보세요. 저주와 비난 외에는 아무것도 안 하고 그저 눌러앉아 계셨잖아요. 어머니와 다르게 살고 싶다고 해 놓고, 뭐가 다른가요? 죄송합니다. 불쾌할지도 모르겠습니다. 하지만 최소한 제가 보기에는 그렇습니다. 더 나은 아버지를 찾아 헤매지 맙시다. 이제 채영 씨의 삶을 삽시다."

"뭐부터 해야 할까요?"

"분노하게 한 것을 먼저 해결해야죠. 처음으로 돌아가 봅시다. 어릴 적 노을을 보면서 무슨 생각을 하셨어요?"

"내게는 왜 따뜻한 가정이 없나, 왜 그런 엄마 아빠가 없나. 그 생각을 하면 몸이 떨릴 정도로 화가 났어요. 이제 생각나요. 그때는 왜 열 몸살이 난 것처럼 몸이 부들거리는지 몰랐는데, 지금은 알겠어요. 화였어요. 내게는 따뜻한 가정이 없다는, 그거예요."

"그것이 불씨였다면, 이후 채영 씨가 선택한 것들은 그 분노에 기름을 붓는 격이 아니었을까요? 계속 분노하게 하는 기름이요."

말은 느렸지만 대화는 속도를 가늠하기 어렵게 빠른 진도로 나아갔다. 이 세션이 끝난 뒤에는 나도 기진했다. 채영 씨는 몇 배나 더 힘들었을 것이다. 이례적으로 나는 며칠 뒤 그녀에게 문자를 보냈다.

힘든 여정이지만 든든한 셰르파가 함께하고 있음을 기억하세요.

그녀에게서 답이 없다는 것이 오히려 안심되었다. 홀로 침잠하고 있음이 느껴졌다. 그녀가 이제 죽고 살아날 것이라는 예감이 들었다.

과연 채영 씨는 해쓱한 모습으로, 그러나 청연한 얼굴로, 감히 말하자면 해탈한 얼굴로 나타났다. 밝고 맑은 얼굴이었다. 행동은 침착했고 표정은 산과 같았다. 이런 얼굴은 본 적이 없었다. 그녀의 얼굴은 은혜로웠다.

몸살을 앓았다고 한다. 피 같은, 진액 같은 땀을 한 말은 흘렸다. 몸을 조금 추스른 뒤에는 산사에 가 삼천배를 올렸다. 밤새워 절을 하고, 죽음 같은 밤을 새워 또 절을 했다. 절하다 쓰러지면 입술이 터지도록 앙다물고 다시 일어났고, 과거와 송별하려고 애썼다. 보내야 할 것들을 보내야 채워야 할 것들을 채울 수 있으리라 생각했다. 이천 배를 넘기자 갑자기 선연히 절하고 있는 자신의 모습이 보였다. 자신과 분리된, 그러나 동떨어지지 않은 자기, 완전히 객관화되었지만 또한 온전히 느껴지는 자기가 보이자, 모든 것이 선연해지고 분명해지고 담담해졌다. 세상 속에 있는 자신이 보였다. 세상과 동떨어지고 분리된 존재가 아니라 모든 것과 연결되어 있음이 느껴졌다. 무엇을 해야 할지 어떻게 살아야 할지, 그런 것은 아직 몰랐지만 무엇보다 자신이 어떤 존재인지를 알게 되었다.

담담히 산사를 내려와 이틀간 죽음 같은 잠을 잤다. 그렇게 깨어난 뒤 내가 보낸 문자를 보았다고 한다. 채영 씨는 이미 그때 에베레스트보다 더 높은 산을 등반하고 내려온 것이다. 욕망을 채우기 위해 시작한 등반이 욕망을 해방시키는 과정이 되었다. 그녀는 죽었고, 부활했고, 이제 자신의 삶을 살 것이다.

나는 큰 산을 넘은 듯 불현듯 다리에 힘이 느껴졌다. 우리에게 무슨 말이 더 필요할까?

분석의 강을 넘어서면 언어는 버려도 되는 뗏목인 것이다. 나는, 인간을 믿기는 점점 어려워지지만 점점 더 인간을 사랑하게 될 것 같다고 생각했다.

세 번째 이야기

레슬러의 사랑

관계란 손안에 든 물과 같다.
놓치지 않으려 주먹을 꼭 쥘수록 물은 더 빨리 손에서 빠져나간다.
그렇게 관계를 잃고 나면 필사적으로 잡으려 했던 힘보다 더한 분노가 찾아온다.
그러나 사실 그 분노는 관계가 머물 수 있는 공간을 만들지 못한 자신을 향한 책망이다.

경계선이란 휴전선이나 국경처럼 넘어선 안 되는 어떤 금기를 말한다. 경계를 넘나드는 일은 모든 금기를 위반하는 일이 그러한 것처럼 위험과 고통이 뒤따른다. 눈에 보이는 경계선만이 문제는 아니다. 사람과 사람의 관계에도 엄연히 침범할 수 없는 경계는 존재한다. 눈에 보이지 않기에 실은 어떤 물리적인 경계보다 완고하고, 그 경계를 위협하는 일은 고통스러운 결과를 낳기도 한다.

그러나 소위 '경계선 성격장애'를 가진 사람들은 끊임없이 이 경계를 무너뜨리려 한다. 자신을 중심으로 사람들 사이의 경계를 가로지르고, 경계를 지켜야 할 곳에서는 경계를 무너뜨리고, 경계가 없던 곳에 선을 그어 갈등을 일으키는 사람이 있다면 경계선 성격장애를 가졌다고 할 만하다.

그런데 관계의 경계선을 적절하게 규정하고 인식하며 사는 일은 생각만큼 쉬운 일이 아니다. 경계의 시작과 끝, 그것을 견고하게 지킬 수 있다고 자신할 수 있는가? 관계의 적절한 경계를 고민하는 성찰을 회피함으로써 익숙한 고통을 지켜내는 삶의 방식은 얼마나 현란한가?

관계의 경계에 대해 누구보다 예민해야 할 분석가들도 종종 또 다른 경계를 지어 버리는 치명적인 실수를 저지른다. 그런 면에서 나는 적어도 그런 실수를 하지 않았다는 이유 하나만으로도 제니스에 대해 말할 자격이 있다고 생각한다.

그녀는 경계선 성격장애를 가진 내담자였다. 제니스는 관계의 경계가 조절되지 않는 자신의 욕구 때문에 고통스러워했다. 자신이 맺고 있는 관계와 자신을 보호하기 위한 경계마저도 그녀를 숨 막히게 했다. 그러나 나는 제니스의 고통을 단순히 병리적인 것으로 경계 지을 수 없었다. 분석가인 나 자신도 늘 욕망의 경계에서 혼란을 경험하는데, '분석의 윤리'라는 허울의 경계 뒤에 숨는 일이 과연 내담자를 정당하게 '보호'하는 것일까? 이 같은 의문은 항상 나를 의기소침하게 만들었다.

그러나 역설적이게도 이런 당황스러움과 소심함 때문에 나는 제니스를 한 인간으로 보려는 노력을 계속할 수 있었다. 그것은 경계로 인한 고통을, 내 아버지의 이산을 통해 그리고 내 삶의 분열을 통해 아득하게나마 감지하고 있었기에 가능했던 것 같다. 그것은 강요된 경계의 엄중함이 한 인간의 존엄을 충분히 망가뜨릴 수도 있다는 사실을 내 삶과 가족의 역사를 통해 알기에 가능했던 일이다.

처음 3분, 분석의 블랙홀

제니스, 그녀를 처음 만난 그 장면을 잊을 수 없다. 한 인간을 만난 광경이 이토록 생생한 이미지로 오랫동안 남아 있다는 것이 생경스러울 정도다. 그녀와의 첫 만남을 한마디로 표현하라면, 그것은 '거대한 죄책감'이다.

그녀는 첫 출산 이후 심각한 산후우울증을 앓았고, 그 후로도 오랫동안 심각한 우울증에 시달렸다. 잦은 자살기도(사실은 너무나도 잦은)를 했고, 심지어 어린 딸과의 동반자살 충동까지 느껴 우리 병원의 재활클리닉에 입원하기까지 10년 가까이 약물치료와 상담을 받아 왔다.

남편과는 첫 출산 후 3년 만에 이혼했고, 너무나 사랑하는 딸이지만 동반자살을 기도했다는 이유로 양육권은 박탈되었다. 뿐만 아니라 자유로운 만남까지 제한받아 정부에서 인정한 장소(병원, 할머니 집 등)나 사회복지사의 입회 없이는 딸과 만날 수 없었다. 법이 허락한 시간은 한 달에 두 번 정도였다. 그렇게 법이라는 이름으로 그어진 넘어설 수 없는 경계가 그녀의 삶 도처에 벽처럼 버티고 있었다. 그녀가 오직, 아마도 적법과 위법의 경계로 자신의 삶이 제약받지 않아도 되는 영역은 '관계'에서만 찾을 수 있을 것이라고 생각했다면 그것은 하나도 이상할 일이 아니었다.

첫 만남에서 느꼈던 죄책감에 대해 이야기하기 전에, 당시의 내 상황을 먼저 설명해야겠다. 당시 내 직장이었던 정신병 전문치료센터는 특별히 정신병 재활클리닉을 새롭게 시작해, 여러 명의 직원들이 막 새로 입사하고 대기자 명단에 올라 있던 환자들이 전원Referral되어 오는 등 어수선한 상황이었다.

뉴질랜드에서 심리치료사협회 정회원이 되기까지 아직 한 학기를 남겨 두고 있던 나는, 심리치료사가 아닌 정신건강보건사로 일하며 24시간 운영되는 재활클리닉의 정직원으로 일하고 있었다. 당시 나는 인턴수련을 위한 분석 외의 정식 분석작업을 할 수 없었기에 주 업무는 환자들의 일상을 지원하고 정신적 과부하를 최소화하도록 상시적인 심리상담 업무를 맡고 있었다.

새로운 환자가 입원하면 재활클리닉 매니저, 정신과 의사, 간호사, 사회복지사, 담당 분석가, 정신건강보건사 등 모든 직원들과 상견례가 있다. 보통은 환자와 그의 이전 기관 담당자, 그리고 우리 클리닉의 매니저와 담당 사회복지사가 먼저 자리를 잡고 앉는다. 그러고 나서 다른 직원들이 그 방으로 들어오는 식으로 환자와의 첫 만남이 이뤄진다. 이렇게 함으로써 환자로 하여금 손님이라는 생각이 들지 않게 하고, 오히려 주인으로서(의료적 돌봄을 받아야 할 사람에게 우선권이 있다는 의미에서) 직원들을 맞는 느낌을 주는 것이다.

그러나 제니스의 경우는 완전히 반대 상황이었다. 새 사업으로 어수선한 클리닉 사정 때문에 의사전달이 제대로 이뤄지지 않아 이미 열다섯 명 가까운 직원들이 둥그렇게 둘러앉아 회의하고 있었다. 그때 제니스가 이전 병원의 정신과의사와 함께 '입장'하는 장면이 연출되었다.

아, 그녀는 족히 130킬로그램은 넘고도 남았을 것이다. 선택의 여지가 없는 듯 아무런 라인도 잡혀 있지 않은, 잠옷같이 풍덩한 원피스를 입고 등장한 그녀는 흡사, 뭐랄까… 서커스의 싸움꾼, 레슬러 같은 느낌의, 그래서 그 가운 같은 원피스를 벗어 던지면 당장이라도 싸울 수 있는 태세의 레슬러 같았다. 자기 자신을 위해서가 아니라 주인을 위해 싸워야 하는, 그래서 한 무리의 노예사냥꾼에게 심사받기 위해 온 노예싸움꾼 같은 느낌. 전 주인에 의해 잘 길들여져 새로운 주인에게 선을 보이러 온 주눅 든, 그러나 또한 언제든 주인을 위해 분노할 준비가 되어 있는, 나의 가학성을 충동질하는 분위기. 이 모든 느낌은 그녀가 들어와서 앉을 자리를 찾는 불과 10에서 20초 사이에 일어나, 나 스스로를 압도했다.

아, 게다가 불행히도 그녀가 앉을 만큼 충분히 넓은 의자를 미처 준비하지 못해서(아무도 신경 쓰지 않았다.) 그녀는 엉덩이의 3분의 1도 걸치지 못한 채 앉아 있어야 했다. 그 모습은 그녀의 고도비만을 더욱 두드러지게 만들었고, 그녀를 포함해 자리에 있던 모두는 민망함을 삼키고 있었다.

이 말할 수 없이 당황스럽고 혼란한 광경 속에서 나는 내가 무슨 느낌에 사로잡혀 있는지 깨닫게 되었고, 용납할 수 없는 그 비윤리적인 생각 때문에 가슴이 요동칠 정도의 죄책감을 느꼈다. 그날 나는 이 느낌을 수련노트에 이렇게 적었다.

Enormous guilty(거대한 죄책감).

나는 그날 오후를 내내 우울하고 불안한 기분으로 보내야 했다. 그 광경에 대한 나의 인식과 곧 이은 죄책감은 그 충격만큼이나 자신에 대한 의문으로 변환되어 있었다.

거인의 밥

마침 다음 날은 (분석가 자신이 분석을 받는) 나의 교육분석[4]이 있는 날이었다. 내 분석가는 제니스를 알고 있었다. 이미 그녀는 꽤 '유명한' 환자였다. 물론 나는 내담자 보호를 위해 그녀의 이름을 이야기하지 않았지만 분석가는 내가 말하는 내담자가 누구인지 짐작하고 있었고, 우리는 오직 그녀와 나의 분석적 목적만을 위해 둘 사이에서 그녀의 이름을 공개하자고 동의했다. 분석가는 제니스의 치료와 관련해 어떤 종류의 자문을 했던 적이 있었다고만 말했다. 다행히도 우리는 이중관계로 엮이지 않았음을 안도했다.

어제 일로 나는 여전히 거대한 죄책감을 안고 있었고, 내 '비윤리적 감정'을 천천히 털어 냈다. 분석가는 제니스에 대한 자신의 생각을 말하지 않았지만, 내 감정에 충분히 공감해 주었다. 그 역시 그런 감정을 가졌던 것일까? 다만 그는 앞으로 제니스의 상황을 충분히 이해할 수 있을 것이고, 지금 느끼는 감정 역시 아주 터무니

---

[4] **교육분석** 분석가 또는 상담자가 되기 위해 수련의 한 과정으로서 받는 개인분석을 말한다.

없는 것은 아닐 거라고 나를 위로했다. 이후 몇 번의 분석을 통해 제니스에 대한 내 죄책감과 연관된 경험들을 상기해 낼 수 있었다.

어린 시절 내가 살던 동네에는, 사실 모든 시골과 작은 도시에는 1년에 두어 차례 서커스가 들어왔다. 트럼펫으로 연주하는 낡은 왈츠풍의 서커스 가락은 애환의 자락을 해거름녘 가을 공기에 올올이 풀어내어 마을의 온갖 살림살이 구석구석에까지 흘러들었다. 동춘 서커스가 가장 유명했던 것 같다. 서커스단은 원숭이를 앞세우고 난쟁이들 두어 명에 북과 아코디언으로 시선을 끌며 일주일간의 공연을 알렸다. 우리는 흡사《하멜른의 피리 부는 사나이》가 몰고 가 버린 동네 아이들처럼 넋을 잃고 그들을 따라 어둠을 흩어 내며 뛰어다녔다.

친구들 무리에서 떨어지지 않으려 짐짓 신난 척 아이들과 몰려다녔지만 나는 난쟁이도 원숭이도 모두 불쌍했고, 그들에 대한 나의 호기심과 일상을 깨트리는 이 흥분조차도 은근히 미안했다. 나를 형언할 수 없는 죄책감으로 몰아간 사람은 단연 '거인'이었다. 그는 족히 2미터가 넘어 보였고, 난쟁이보다도 더 기묘한 느낌으로 나를 압도했다.

인간에 대한 분노와 함께 그에 대한 나의 죄책감을 내 속에 꿍쳐 넣게 된 결정적인 사건은 엄마와 옆집 아줌마의 대화였다.

"서커스 그 거인, 참 크더라. 그이는 도대체 마누라나 자식들이 있을까? 그 자식 낳고 부모들은 키우느라 힘들었겠다. 서커스단에는 왜 들어갔을까?"

● 레슬러의 사랑

133

엄마의 궁금증을 풀어 주는 옆집 아줌마의 대답이 내 귀를 찔렀다.

"먹을 것 때문에 들어갔대. 한 끼에 밥 한 되를 먹는데, 키가 워낙 크다 보니 일자리도 못 얻고 그 큰 사람이 어떨 때는 국수 한 그릇으로 하루를 때우곤 했다네. 돈도 안 받고 밥만 먹여 주면 된대."

거지들이 떼로 몰려다니던 70년대 중반, 밥 굶는 일이 흔하던 그때는 깊은 한숨 한 번으로 이웃의 기아를 외면하던 시절이었다. 하지만 거인의 굶주림은 나를 완전히 혼란스럽고 우울하게 만들었다. 그 혼란스러운 감정을 말로 설명하기에 나는 그때 너무나 어렸고, 혼란과 우울의 기운을 제대로 처리하지 못한 채 내 몸 깊은 곳 어딘가에 저장해 버렸다.

세월의 힘을 빌려 지금 그때의 감정을 소환해 내 생각해 보니 삶의 비루함과 인간 존엄의 무경계, 밥 한 되의 굴욕과 삶의 교환이라는 아주 사소한 것과 아주 엄청난 것의 터무니없는 무경계가 어이없게 느껴졌던 것이다.

내 교육분석을 진행하는 동안, 내가 지난날의 서커스 거인과 지금의 제니스를 동일시한 것임을 알게 되었다. 밥 한 끼와 인간의 존엄을 맞바꾸고, 한 인간을 웃음거리로 여기며 희희낙락하는 사람들에 대한 나의 분노와 무기력은 거대한 죄책감이 되었음이 분명했다. 내 몸과 정신 어느 곳에 깊이 저장되어 있던 그때의 죄책감이 제니스의 서커스(직원들이 만든 둥근 원) 쇼에서 30년도 넘은 세월을 헤집고 올라와 나를 휘감았다.

제니스와 관련된 내 교육분석은 이런 기억의 재생을 통해 어느 정도는 진전을 보였다. 거대한 죄책감의 정체를 알게 됨으로써 제니스에 대한 내 과도한 친절을 제어할 수 있었고, 직원과 환자의 적절한 경계를 유지할 수 있었다. 직원들 모두 매니저와 재활클리닉의 수퍼바이저로부터 제니스와의 '경계'에 대해 여러 차례 교육과 주의를 받은 참이었다.

하지만 훗날 제니스를 분석하게 되면서 나의 유년기 기억과 제니스의 초기 경험이 얼마나 더 기묘하게 연관되어 있는지를 알게 되었고, 그 자각 과정에 압도되어 몇 번이나 분석을 중단할 방법을 궁리하곤 했다.

신혼의 종료

나는 일주일에 두 차례 하는 제니스와의 정례적인 짧은 만남과 일상적인 지원을 별 차질 없이 진행해 나갔다. 무엇보다 제니스의 담당자 Key worker는 내가 아니었고, 내가 담당하는 환자들을 돌보는 중간중간 그녀의 키워커인 로나를 지원하는 업무를 하고 있었다. 그렇게 제법 '평화로운' 날들이 유지되었다. 처음의 조용하고도 서로에게 예의 바른 그 시기를 우리는 '신혼 Honeymoon period'이라고 불렀다.

두 달이 지나고 뉴질랜드의 여름, 12월이 되었다. 12월에 맞이하는 크리스마스지만 남반구의 영국, 뉴질랜드 사람들은 모두 가족들을 찾아 떠나거나 멀리서 찾아오는 가족을 맞이하는 최대의 명절을 보낸다. 12월 중순이 되면 벌써 본격적인 휴가가 시작되고, 1월 셋째 주나 되어야 대부분의 직장들이 다시 정상업무에 들어간다. 멀리 영국이나 호주에서 오는 가족들을 맞이하느라 서울역보다 규모가 작은 오클랜드 공항은 북새통을 이룬다. 한국의 설과 추석이 가족상봉을 위해 존재하듯 뉴질랜드 사람들에게는 한여름의 크리스마스가 그런 의미다.

당연히 병원 직원들도 이 시기가 되면 모두들 휴가를 내고 가족들과 함께 시간을 보낸다. 그래서 휴가를 더 많이 사용하기 위한 눈치작전이 치열해지고, 매니저들은 근무와 휴가를 조절하는 데 골머리를 앓곤 한다. 반면 환자들은 대체로 크리스마스를 병원에서 보내는 경우가 많다. 가족과 함께하지 못하는 이유는 여러 가지인데, 이미 가정이 다 붕괴되고 뿔뿔이 흩어져서 돌아가 만날 가족이 없는 경우도 있고, 있어도 한나절 이상 같이 있는 것을 부담스러워해서 점심 정도만 먹고 돌아오는 환자가 많다. 심지어 환자들 스스로 가족과 시간 보내기를 거부하는 경우도 드물지 않다. 때문에 정신건강보건사, 심리치료사, 간호사들이 모두 자신들의 '진짜 가족'들과 함께하기 위해 떠나고 나면, 가족들의 환영을 받지 못하고 병원에 머물러야 하는 환자들은 또 한 번 버려졌다는 느낌을 받곤 했다.

제니스와의 허니문 종료는 크리스마스와 같이 시작되었다. 그녀의 경우 반겨 줄 가족이 없어서가 아니라 키워커와의 2주간의 이별이 문제였다. 그녀는 지난 두 달 동안 로나와의 경계를 마음

속에서 없애 버렸고, 로나가 키워커로서가 아니라 한 인간으로 자신을 사랑해 주기를 바라고 있었다. 성과에 과도한 집착을 하고 있던 로나 역시 제니스와의 치료적 관계와 인간적 경계를 희미하게 만들어 버림으로써 제니스가 자신에게 과도하게 의존하게 만들었다. 그 결과 제니스는 고분고분해졌고 심리적으로도 제법 안정적인 것처럼 보였다. 게다가 제니스는 로나의 도움만으로도 전문적 심리지원은 충분하다는 이유를 들어 병원에서 제공하는 심리치료조차 거부하고 있었다.

하지만 로나는 자신에게 전적으로 의존하는 제니스의 감정적 요구를 받아 내느라 에너지가 점차 고갈되어 가고 있었다. 그래서 로나에게 이번 크리스마스 휴가는 가족을 만난다는 즐거움보다는 제니스로부터의 자유였고, 제대로 쉬는 시간을 갖고 싶어했다. 반면 로나와의 2주일간의 이별은 제니스를 또다시 철저한 외로움으로 몰아넣었다.

그동안 누가 임시 키워커 역할을 맡으며, 일정은 어떻게 잡을 것인지 등에 대해 설명을 들은 날 밤, 제니스는 또 한 번의 자살을 시도했다. 너덜너덜하다는 말 외에는 달리 표현할 방법이 없을 만큼 칼로 그은 자국으로 빼곡한 손목을 또 한 번 난도질했다. 제니스는 피범벅이 되어 피가 뚝뚝 흐르는 왼팔을 보란 듯이 내밀며 직원실로 들어왔다. 당직 직원은 긴급히 응급실에 도움을 요청하고 매니저에게 연락했다. 하지만 제니스는 치료를 거부하고 오직 로나가 돌아와 휴가기간에도 자신을 찾아와 주기를 요구했다. 그러지 않으면 죽어 버리겠다고 또박또박 씹듯이 내뱉었다. 무엇보다 큰 문제는 그날 밤 피를 흘리며 위협하는 제니스를 맞이한 당직 직원이 바로 나였다는 것이다.

위기상황에 대처하는 원칙에 따라 나는 모든 조치를 취했고, 당직 간호사와 매니저가 달려와서 설득했지만 제니스는 몽니를 부리며 그 큰 덩치를 1인치도 움직이지 않았다. 피는 계속 흐르고, 급히 수건으로 지혈했지만 이미 수건으로 감당할 수 있는 한계를 넘어서고 있었다. 제니스는 로나가 오면 응급실로 가서 치료를 받겠다고 했다. 나는 말할 것도 없고, 경험이 많은 매니저도 당황하긴 마찬가지였다. 그녀의 기세에 눌려 수건을 적시며 퍼지는 붉은 핏방울처럼 마음의 공포가 퍼져 나갔다.

제니스의 자해는 신혼의 끝을 선포하는 것이었다. 그리고 나는 공교롭게도 이후로도 계속된 그녀의 자살시도 현장에서 치료적 개입 또는 협상을 담당해야만 했다.

그날 밤, 어떤 조치를 취하든 한 가지 원칙만은 분명했다. 로나를 부르면 안 된다는 것이었다. 그랬다간 앞으로 로나에 대한 의존이 더욱 강화될 것이고, 그런 상황은 치료적으로 최악을 향하는 것임이 분명했다. 간호사가 지혈하고 있었지만, 가능한 한 빨리 응급조치를 해야 했다. 시간은 계속 흐르고 있었다.

상황은 급박했다. 나는 진공상태의 공간에 들어와 있는 듯했다. 내가 지금 가장 크게 느끼는 감정이 무엇인가를 살펴보았다. 그것은 '공포'였다. 문득 이런 생각이 들었다.

'제니스가 연출해 낸 이 공포스러운 광경은 사실 그녀의 내면을 뒤흔들고 있는 감정이 외부로 드러난 것이 아닌가?'

모든 것이 선연해졌다.

'아, 결국 제니스는 공포스러워하고 있구나.'

그러자 그녀의 몸에서 흐르는 피가 손목이 아니라 심장에서 흐르고 있다는 생각도 들었다.

문득 내 입에서 어떤 말이 쏟아져 나왔다.

"Jenice, I am feeling what you may be feeling. You are so scared, aren't you? I can feel that you are fearful for losing what you really want to hold. (제니스, 당신이 지금 어떤 감정인지 느껴집니다. 너무나 두렵지요. 그렇죠? 너무나 간절하게 붙잡고 싶은 것을 잃을까 봐 두려워하는 게 느껴집니다.)"

순간 그녀의 놀란 듯한 눈이 내 얼굴에 박혔고, 당직실 안의 네 직원은 그 찰나의 정적 동안 어떤 공통의 감정을 느꼈던 것 같다. 제니스의 눈에서 봇물 터지듯 눈물이 흘렀다. 나는 덧붙였다.

"Jenice, it's bleeding not from your wrist but from your heart. Am I understanding it right? (제니스, 지금 당신이 흘리는 피는 손목에서 흘러나오는 것이 아니라 당신 심장에서 흘러나오고 있습니다. 제 말이 맞지요?)"

그녀는 이제 더 이상 잔뜩 화가 난 협박자가 아니었다.

"Let's move to the emergency and treat the wound first, and we will talk with you tomorrow. (응급실로 가서 상처부터

치료합시다. 이야기는 내일 하지요.)"

 그녀는 치료를 마쳤고, 적정량의 수면제를 복용하고 잠이 들었다.

 그날의 일은 내게 좋게도, 나쁘게도 작용했다. 그날 곁에서 모든 상황을 지켜본 매니저가 나를 제니스의 담당 심리치료사로 내정했고, 마침 나는 학위논문도 통과되어 정식 심리치료사로 승진을 기다리고 있었다. 사실 그날 밤의 대화는 나의 공포가 어디에서 온 것인지 알아냈기에 가능했던 것이지, 위기개입 상담능력이 뛰어나서는 결코 아니었다. 매니저에게 내 생각을 말했지만 매니저는 어쨌든 그것도 능력이라며 곧 심리치료사로 승진되면 제니스부터 맡으라고 명령했다. 그것은 앞으로 제니스뿐만 아니라 병원 내 자살 또는 자해시도 현장에서 위기상담을 거의 전담하게 되는 운명의 시작이었다.

 다음 날에는 한 달에 한 번 있는 부서 전체 직원회의가 열렸다. 40명이 넘는 직원이 모였다. 크리스마스를 앞둔 마지막 주간이었기에 전 직원이 모여 휴가기간 동안 근무시간과 긴급상황이 발생할 경우 누가 달려올 것인가On call staff 등에 대해 논의하기로 되어 있었다. 하지만 회의 초반부터 제니스의 자살기도 사건이 화제가 되더니 직원들의 입장에 따라 의견이 정확하게 반분되었다. 한편은 제니스의 입장에 호의적이며 동정적인 반면, 다른 한편은 치료적 경계를 무너뜨린 로나의 행동과 제니스의 과도한 요구에 비판적인 입장이었다.

격론이 이어졌고 양측의 주장은 누가 틀렸다고 말할 수 없이 옳았다. 나중에서야 수퍼비전(치료자문)[5] 통해 알게 되었지만, 이런 현상은 경계선 성격장애 환자들과 일해야 하는 직원들에게서 나타나는 일반적인 일이었다. 경계선 성격장애 환자들은 직원들로 하여금 분명한 경계를 긋고 그것에 따라 대별되는 입장을 갖게 만든다. 경계선 성격장애란 관계 사이의 경계가 없다는 뜻일 뿐만 아니라 관계의 역동力動에 불화를 불러일으키고 섞일 수 없이 경계를 그어 버리기도 한다는 뜻이다. 제니스를 두고 뚜렷이 대별되는 직원들의 태도는 놀라울 정도로 분명했다. 심지어 그들 모두 전문가인데도 말이다. 물론 크리스마스를 앞두고 다들 마음이 분주했고, 그녀 때문에 휴가기간에 직장에 마음을 빼앗기고 싶진 않았을 것이다.

지난밤의 소동 이후, 제니스는 순한 양처럼 변해 있었다. 경계선 성격장애 환자들이 공통적으로 보이는 행동이다. 6개월쯤 뒤에 장기 입원 클리닉에 제니스와 같은 진단을 받은, 그러나 그녀보다 상태가 훨씬 심각한 환자가 입원했는데, 그녀의 패턴 역시 제니스와 흡사했다. 한바탕 소동을 일으킨 후 그들은 놀랄 정도로 고분고분해지고 자신의 잘못을 깊이 뉘우치며 다시는 그런 행동을 하지 않겠다고 맹세한다. 이럴 때 직원은 환자에게 매우 온정적인 태도를 보일 수밖에 없다. 그러나 환자의 상태가 나쁠 때, 그

---

5 **수퍼비전(치료자문)** 상대적으로 경험이 적은 분석가나 상담자가 경험이 많은 분석가와 함께 내담자와의 분석과정을 검토하는 작업을 말한다.

녀를 감당해야 하는 직원들은 어려움을 토로하면서 더 엄격해져야 한다는 입장을 취했다.

제니스는 자해사건 이후로 고분고분한 일상을 보냈다. 평소 억척스럽게 일하는 제니스는 입원해 있는 동안에도 몇 푼이라도 더 벌려고 할 수 있는 아르바이트를 계속했다. (그녀의 돈에 대한 억척스러움은 좀 뒤에 이야기할 기회가 있을 것이다.) 다행히 로나가 휴가를 간 첫 일주일은 아무 일도 일어나지 않았다. 하지만 둘째 주는 우리 모두에게 힘든 시간이었다.

나중에 안 사실이지만 제니스와 로나의 사이가 한창 좋을 때, 이른바 허니문 기간에 로나가 복무규정을 위반하고 제니스에게 자신의 휴대폰 번호를 알려 주었다. 그 번호로 제니스가 문자를 보냈고, 답장이 없자 로나에게 전화하기 시작한 것이다. 로나는 휴가를 망쳤지만 직원들에게 연락해서 제니스가 자신에게 전화하지 못하도록 해 달라고 부탁할 수도 없는 입장이었다. 복무규정을 위반한 사실이 알려지면 여러 가지 힘겨운 상황이 발생할 것이 분명하기 때문이었다. 이런 사실을 잘 알고 있었던 제니스는 이를 이용하고 있었다.

휴가에서 돌아온 로나는 이 문제로 제니스와 상당히 격렬하게 논쟁했고(둘의 논쟁은 주로 은밀하게 이루어졌기에 무슨 이야기가 오가는지 직원들은 충분히 공유하지 못했다.), 1월 말 제니스는 다시 자살을 시도했다. 이번에는 와인 두 병을 들이켠 다음 다량의 약물을 복용했다. 상태가 좋지 않아서 입원기간이 길어졌다.

치료관계의 경계 속으로

그러는 동안 나는 심리치료사로 승진했고, 나만의 상담실이 생겼다. 이젠 재활클리닉의 정신건강보건사가 아니었기에 더 이상 일상적으로 환자들을 만나지 않아도 되었다. 당시 내게 배당된 환자는 모두 여덟 명이었는데, 그중에는 당연히 제니스도 포함되어 있었다. 나는 제니스를 거부할 수 없었다. 심리치료사들은 대개 자신이 관계를 형성하기에 좀 더 쉬운 환자를 선정하고 심리치료실장과 협의해서 이를 확정하는 식으로 담당자를 결정했다. 하지만 클리닉의 매니저가 심리치료실장에게 특별히 "제니스는 사이먼이 담당해야 한다."고 협의해 놓은 상태였기 때문에, 1월 말 자살기도 사건이 있기 며칠 전 이미 제니스와 첫 세션을 시작한 참이었다.

하지만 나와의 분석이 시작되고도 제니스는 계속해서 같은 주장을 반복하고 있었다. 자신은 로나만 있으면 되고, 다른 치료사를 만나면 그녀를 배신하는 것이며, 그녀를 실망시키는 심리치료는 필요 없다는 것이 요지였다. 이에 큰 부담을 느낀 로나는 어떻게 하면 제니스의 키워커 업무를 그만둘 수 있을지 고민하고 있었다. 결국 매니저가 개입해서 제니스에게 '심리치료는 우리 클리닉의 중요한 치료과정 중 하나고, 치료 의지를 보이지 않으면 클리닉에 더 이상 머물지 못할 수도 있다.'고 말했다. 따라서 사이먼과 적극적으로 치료해야만 한다고 구슬렸다.

제니스와의 첫 세션은 제니스의 자발성을 별로 찾아볼 수 없는, 나만 잔뜩 긴장한 상태로 시작되었다. 그리고 결국 불과 20분도 안 되어 끝났다. 실망이었다. 무엇보다 나의 능력에 대해 가볍지 않은 좌절감이 들었다. 불과 50분짜리 한 세션도 환자를 붙들어 두지 못하는, 치료사로서의 매력 부족, 능력 부족이 절절히 느껴졌다. 게다가 언제나처럼, 뉴질랜드에서 심리치료사로 일하는 동안 내내, 마지막 세션까지 나를 긴장하게 만든, 내 영어 실력에 대한 불안이 같이 뒤섞였다.

다만, 20분 세션 말미에 제니스가 한 말에서 어떤 희망을 붙잡을 수는 있었다. 나와 분석을 할 수 없다는 여러 가지 이유들을 말하던 중, 제니스는 유독 목소리를 낮추며 진심이 담긴 음색으로 말했다.

"I would tell you a lot more if I become your psychotherapy client, then you will get disappointed in me, in the real me. You know? (제가 당신 내담자가 되면 여러 이야기를 하겠죠. 그러면 당신은 저에 대해 실망할 거예요. 진짜 저를 알게 되면요.)"

사실 나는 인간적으로 그녀를 좋아했다. 앞서 묘사한 그로테스크한 자해행동들이 그녀의 인상을 부정적으로 만들었을지도 모르겠다. 하지만 제니스는 아플 때조차 다른 사람을 배려했고, 갈등에 휩싸이지 않은 시간 동안은 유머 있고 경우 바르며 예의를 차릴 줄 아는 온정적인 사람이었다. 가끔 구내식당에서 같이 밥을 먹을 때면 내가 밥을 타 올 때까지 기다려 주었고(이런 식사 매너는 서양인들에게 일상적이지 않다.), 사람을 부드럽고 편안하게 대하는 매력이 있었다. 옆집 이웃이 이런 사람이면 좋겠다는 생각이 들 정도였다. 게다가 우직할 정도로, 아니 때론 경이로울 정도로 성실했다. 언젠가 또 한 번의 자살시도로 80알이 넘는 신경계통 약을 복용하고 위세척을 받았는데, 바로 다음 날 아침 일찍 일어나 그날 아르바이트로 해야 할 일을 다 마쳤을 정도였다.

관계에 대한 집착과 그로 인한 분노, 자해, 절망적인 행동만 없다면 그녀는 훌륭한 친구가 될 수 있는 사람이었다. 그녀의 거구는 한편으로 편안함을 제공했고, 평안할 때의 그녀 얼굴은 사람의 긴장을 풀어 주는 묘한 매력도 있었다. 가끔 직원들과 병원 잔디밭에서 저녁을 먹으면서 담소하는 모습을 보노라면, 그녀의 저 평안함이 오히려 안쓰러워 보일 때도 있었다. 언젠가는 분노와 절망이 저 평안을 또다시 흔들어 놓을 것이 분명했기 때문이다.

첫 세션에서 확고한 거부 의사를 밝혔음에도 불구하고 그녀는 다음 세션에 나타났다. 키워커인 로나의 설득이 주효했다. 어쨌건 그때까지 제니스는 로나의 정서적 종복이었다. 하지만 두 번째 세션 역시 그리 적극적이지 않았고, 중요한 주제로 더 깊이 들어가려 하면 즉각 말을 돌리곤 했다.

나는 그녀에게 세션을 녹음해도 되겠냐고 조심스레 의사를 타진했다. 그녀의 답은 내 예상을 결코 빗나가지 않았다. 간단히 퇴짜를 맞았다. 나는 알았다고, 다시 묻지 않겠다고 확인시켜 주었다. 그러면서 속으로는 걱정이 되었다. 심리치료사협회 정회원 자격시험에서 그녀의 분석을 사례로 심사를 받고 싶었다. 그러자면서면동의를 받고 녹음이나 녹화를 해야 했다. 마음이 조금 조급해지고 실망스럽기도 했다. 다른 내담자들도 있지만 제니스의 사례가 가장 나를 열정적으로 만들었다. 아마도 그녀에 대한 인간적인 호감을 치료사로서 치료적 성과를 거둠으로써 되돌려 주고 싶었던 것 같다. 무엇보다 그녀를 '정상'으로 만들어 주고 싶었다. 물론 그때 나는 내가 '정상'이 무엇인지 잘 모르고 있다는 사실을 알지 못했다.

그 후 우리는 분석이라고 말하기엔 너무나 일상적인 주제, 커피숍에서 해도 무방한 이야기들로 시간을 잠식했다. 나는 조급했다. 무엇보다도 내 능력에 대한 회의와 햇병아리 치료사로서의 불안이 고조되었다. 나는 그녀의 치료적 호의를 기대하며 약간은 과도하게 친절히 대하기도 했고, 그것이 여의치 않을 때는 짜증이 나기도 했지만 대체로는 무기력하게 시간을 보냈다. 그럭저럭 일곱 번째 세션을 마쳤고, 날짜로는 두 달이 되어 갔다.

공생관계를 요구하며

제니스와 로나의 관계는 점점 악화되었다. 제니스의 자살 위협은 점점 더 험악해졌다. 이제 로나와 제니스의 관계는 돌이킬 수 없을 정도로 서로에게 상처를 주었고, 제니스와의 은밀한 협약으로 자신의 치료적 능력을 과시하고 다음 승진에 유리한 고지를 차지하려던 로나의 비윤리적 행동들이 드러나기도 했다.

로나는 제니스에게 자신의 전화번호를 알려 주고, 둘만 있을 때는 친구처럼 서로 이름을 부르기도 하고, 무엇보다 양성애자인 제니스가 오해할 여지가 있는 메시지들을 보내기도 했던 것 같다.

로나는 많은 직원들로부터 유언무언의 공격을 받았고, 심리치료실의 수퍼비전을 여러 차례 받은 결과 제니스의 키워커로서 적당치 않다는 결론이 내려졌다. 로나는 직원회의에서 공식적으로 제니스의 키워커를 그만두겠다고 선언했다. 그것은 이론의 여지 없이 모두에게 받아들여졌다. 제니스의 새 키워커는 그녀에게 가장 엄격한 원칙을 적용해야 한다는 입장의 대표주자 격인 직원이 자원해서 맡기로 했다. 물론 제니스도 그가 자신에 대해 어떤 입장을 갖고 있는지 너무나 잘 알고 있었다.

로나와 제니스의 공식적 관계가 끝났음이 확정되고 그것이 제니스에게 전달된 날, 제니스는 우리 센터 역사에 전무한 행동을 저질렀다. 자신의 차에 LPG 가스통을 싣고 와서 직원 사무실이 있는 건물로 들고 들어온 것이다. 한 손에는 라이터를 들고서 말이다.

그때 나는 가족들과 세상에서 가장 편안한 금요일 저녁을 즐기고 있었다. 공복에 마신 맥주가 일주일의 피로를 잊게 해 주던 그때, 클리닉에서 전화가 왔다. 당직 직원이 상황을 설명하면서 와 달라는 것이었다. 나는 오늘은 내가 긴급호출 직원On Call이 아닌데 왜 가야 하는지 물었다. 그의 대답은, 매니저에게 연락했더니 일단 사이몬을 부르라고 했다는 것이다.

● 레슬러의 사랑

"Damn it!"

나른한 휴식에 이미 몰입한 나는 이 부당한 처사를 받아들일 수 없었다. 매니저에게 전화해서 왜 내가 가야 하냐고 따졌다. 그러자 매니저가 사정 조로 말했다.

"당신이 제니스를 진정시킬 가장 적임자인 것 같아요. 이 급박한 상황에 따지게 생겼어요? 만약 정말 폭발사고라도 나면 우리 모두 무사하지 못할 거예요. 부탁해요."

나는 아내에게 운전을 부탁했다. 그리고 그런 현장에서 일하는 모습을 보이고 싶지 않아 클리닉에서 좀 떨어진 곳에서 내려 아내를 돌려보냈다. 상황은 가관이었다. LPG 가스통을 옆에 세워 놓고 한 손에는 라이터를 든 130킬로그램의 성난 인간 앞에서, 병원 직원들은 물론 출동한 경찰들도 소방관들도 속수무책이었다. 모두 멀찌감치 떨어진 채 그녀를 진정시키기 위해서 진땀을 빼고 있었고, 제니스는 말을 거는 누구에게든 상스럽고 모욕적인 말들을 퍼부어 댔다. 그때처럼 완벽하지 못한 내 영어가 고마운 적이 없었다. 원어민들이 쓰는 굉장한 비속어를 속사포처럼 쏘아 대는데, 그 정도까지 알아들을 만큼 영어가 능숙하지 못했기에 그녀가 하는 욕이 내겐 그리 충격을 주지 못했다. 내가 왔다는 것을 알았지만 그녀의 행동에는 크게 변화가 없었다. 거의 동시에 도착한 매니저는 나를 향해 어떻게 좀 해 보라는 은근한 눈짓을 보냈다.

나더러 어쩌란 말인가, 그녀가 하는 저 상스러운 말이 무슨 뜻인지도 잘 모르는데 무슨 말을 하라는 것인가. 난 몇 발짝 앞으로 나갔다. 사실 현장에 오는 동안 나는 깊은 자괴감에 빠졌다. 창피하기도 했다. 일곱 번의 세션을 했으면 뭔가 좀 나아져야 하는 것 아닌가, 키워커와의 관계 종결을 받아들일 수 있도록 눈에 띄게 기여했어야 하는 것 아닌가, 내가 과연 제니스의 심리치료사라고 할 수나 있을까. 이런 자책감이 나를 꽤 불편하게 만들었다. 아울러 로나의 비전문가적이고 비윤리적인 행동에 화가 치밀기도 했다.

나는 그런 내 감정을 제니스에게 이야기했다.

"이 사태에는 제 책임도 있을 것 같군요. 제가 치료사로서 능력이 부족했고, 그래서 당신의 아픔을 제대로 어루만지지 못한 것 같아요. 오늘 당신이 느끼는 분노의 일부에는 제게도 책임이 있어요. 조금이나마 저를 치료사로 인정한다면, 좀 더 가까이에서 이야기할 수 있도록 허락해 줄래요?"

그리고 마지막으로 이런 말을 덧붙였다.

"사실 제 영어가 짧아서 지금 제니스가 하는 그 욕들이 어떤 의미인지 전 잘 몰라요."

이 어이없는 마지막 멘트가 온정적인 그녀를 약간 움직였는지도 모르겠다. 어쨌든 나는 그녀 앞에서 최대한 솔직하려고 했다. 안 받아들여져도 어쩔 수 없었다. 나는 그녀에게 가까이 다가갔다. 그러자 그녀는 흠칫 뒤로 물러섰다. 그 바람에 LPG통은 굴러떨어졌고(아마 제니스도 그 난동을 끝내고 싶었을 것이고, 내가 다가서는 틈에 실수로 통을 놓친 듯했다.), 그녀에게 틈을 주지 않고 경찰과 소방대원들이 달려와 LPG통을 수거해 가 버렸다. 이렇게 나는 우리 병원의 위기협상 전문가(?)로 성장하고 있었다. 통곡할 만큼 고마운 일이 아닐 수 없었다.

다음 날, 나는 시간을 별도로 만들어 세션을 가졌다. 그녀의 첫 마디는 이제부터 녹음해도 좋다는 것이었다. 심지어 원한다면 녹화해도 좋다고 했다. 그녀는 이제 내게 복종하려는 것인가, 하는 생각이 문득 들었다. 로나와 관계가 끝났음을 이제 인정하고, 또 다른 공생관계를 만들려는 시도가 시작된 것 같았다. 복종(?)의 메시지로 녹음을 허용하는 혐의가 짙었다. 하지만 그 고마운 제안을 나는 덥석 물지 않았다. 나는 그녀를 조금 밀어냈다. 어떤 치밀한 복안이나 전문가로서의 정교하고 세련된 치료적 디자인에 따라서가 아니라 그녀가 곁을 내주는 것에 대한 불안 때문이었다. 내가 만약 로나의 대역이 되면 어쩔 것인가. 그런 상상이 나를 화들짝 놀라게 했다.

제니스에게 물었다.

"정확히 7주 전, 당신은 녹음을 허용하지 않았습니다. 그런데 이제 녹음을 허락하는 건 어떤 이유 때문인가요?"

제니스의 입을 통해 발화된 그녀의 무의식은 놀라웠다.

"저는 제가 좋아하는 사람들에게 제 전부를 주려고 했어요. 하지만 사람들은 제 의도를 모르는 것 같아요. 제가 무엇을 원하는지도 모르고요."

"사랑하는 사람들에게 100퍼센트를 주려고 하지만 그들은 제니스, 당신의 진심을 받아들이지 않는다는 말이네요."

"네, 네. 저는 항상 결국에는 튕겨져 나오지요."

제니스가 100퍼센트를 주는 대가로 상대방에게 무엇을 요구할지는 별로 궁금하지 않았다. 분명 그로부터 100퍼센트 다 받기를 원할 것이기 때문이었다. 그래도 나는 그녀에게 물어보았다.

"100퍼센트를 다 주면 상대로부터는 무엇을 바라나요?"

그녀의 대답은 놀라웠다.

"저도 제가 바라는 것이 있다고 생각했어요. 상대방도 제게 100퍼센트 주기를 기대하고 있다고. 하지만 최근 로나와의 일을 겪고 나서 어젯밤 이런 생각이 들었어요. 내가 완전히 받아들여져 본 적이 있던가, 누군가 내게 100퍼센트를 주는 경험은 고사하고 아무런 사심 없이, 편견 없이, 의도 없이 온전하게 나를 받아들여 준 사람이 있던가, 결국 나는 누군가의 목적에 의해서만 받아들여졌구나, 하는 생각이요. 그러니 제겐 100퍼센트를 줄 기회도 없었던 거예요. 어려서부터 저는 항상 그냥 보여지는 대상이기만 했던 것 같아요."

제니스는 심한 언청이로 태어났다. 그 정도가 너무 심해서 돌이 지나서부터 열다섯 살이 될 때까지 매년 한 번 수술을 받아야 했다. 그 이야기를 듣자 그녀를 처음 만났을 때 내가 왜 서커스의 거인을 떠올렸는지, 그 놀라운 동시적 경험에 솔직히 전율을 느꼈다.

그녀의 수술은 매번 병원의 전문의들뿐만 아니라 인턴, 레지던트들이 모두 참석하는 실습 본보기였다. 그녀는 그들의 풍부한 자료가 되었고, 병을 앓고 있는 작은 아이가 아니라 희귀한 실습 케이스를 제공하는 환자일 뿐이었다. 그녀가 그 서커스 쇼에 입장한 연례행사는 평생 13회가 넘는다고 한다. 그때마다 그녀는 병원의 여러 진료실과 검사실을 다니면서 갈라진 입술을 보여야 했고, 수술 후 마취에서 깨어날 때마다 침대를 둘러싸고 서 있는 한 무리의 의사들을 만나야 했다.

눈에 띄는 신체적 결함 때문에 친구들의 놀림거리가 될 때도 있었지만 그녀 스스로도 친구들에게 다가가지 못했다. 열 살 때 부모님이 이혼했고 이후 아버지는 어디론가 떠나 버렸다. 그녀는 가난한 집안에 보탬이 되고자 열두 살 무렵부터 옆집 잔디를 깎아 주거나 어린아이를 돌봐 주거나 광고지를 돌리는 일로 돈을 벌어야 했다. 아무리 아파도 집에는 돌봐 줄 사람이 없었고, 가족들은 모두 한 푼이라도 더 벌어 와야 했다. 열일곱 살에는 학교를 그만두고 집을 떠나 목장의 목부로 일을 시작했다.

이미 충분히 고통받고 있었지만 고통은 그들을 봐주지 않았다. 어머니는 알코올 중독자였다. 어머니의 히스테리와 감정의 롤러코스터는 제니스와 남매들의 저녁을 언제나 암울하게 만들었다. 제니스는 어머니조차 자신을 '불구로 태어난, 완전히 사랑할 수 없는 자식'으로 여긴다고 믿으며 살아왔다. 그 외에도 그녀의 인생에 벌어진 일들은 너무나 많았다.

여덟 번째 세션에서 그녀가 녹음을 허락하면서 스스로 말하기 시작한 삶의 역사는 내 심장을 여러 번 쿵쿵 떨어지게 만들었다. 그런 조건에서도 살아남은 그녀가 경이로웠다. 그녀의 가난한 식사는 내가 어릴 적 들은 서커스 거인의 식사와 다를 바 없이 생존과 직결된 것이었고, 나는 내 죄책감의 근원을 더욱 깊게 들여다볼 수 있었다.

관계의 공간 만들기

자기 삶에 대한 그녀의 고백과 치료적 분석은 그 후 1년 8개월 동안 지속되었다. 그동안 제니스는 몇 번의 경미한 자살시도를 했지만, 스스로도 그것을 일종의 습관성 행동으로 여겼다. 그녀의 분석 치료가 어떻게 결론 났는지 미리 말하자면, 그녀는 결국 자신이 바라는 '정상적'이고 일반적인 삶을 살게 되었다. 재활클리닉을 떠나 한국인들을 위한 개인 영어강사로, 낮에는 인쇄공으로, 그리고 우리 병원 전문가들의 도움을 받아 가며 책을 쓰기 위해 준비하면서 사랑하는 사람을 만나 평범한 삶을 살아가게 되었다.

이런 성공적인 종결은 내 분석 때문이 아니다. 아마도 분석은 이후 그녀의 삶에 10분의 1의 영향도 미치지 못한 것 같다. 그녀의 삶을 변화시킨 가장 큰 요인은 그녀에게 사랑하는 사람이 생겼다는 사실이다. 아니, 그녀를 사랑해 주는 사람이 생긴 것이다. 물론 내 입장에서는 그녀가 새로운 사랑을 할 수 있도록 자기 자신을 회복하는 데 도움이 되었다고 주장하고 싶다. 하지만 지금에 와서 돌이켜 생각해 보아도 그녀를 회복시킨 것은 자신의 무의식을 탐사하고 과거의 경험들을 자신의 힘으로 해석해 낸 제니스 자신의 지혜와 강인함 때문임이 분명하다.

사실 나는 그때 새내기 심리치료사에 불과했고, 정신분석과 경계선 성격장애의 치료적 상관관계를 체화하지 못해 수퍼비전을 받을 때마다 진땀을 흘리곤 했다. 그녀와의 분석에서 나는 종종 절망했고 의기소침해졌고, 결코 충분히 좋은 치료사가 될 수 없을 것 같은 불안감에 휩싸여 내 분석가에게 징징거리곤 했다. 하지만 내 수퍼바이저와 분석가는 언제나 제니스 이야기를 반겨 주었고 (뉴질랜드에서의 수련과 임상활동 기간 동안 가장 복 받았다고 생각하는 것이 바로 내가 만난 수퍼바이저들과 특히 내 분석가였다.), 언제나 나와 제니스를 함께 수용해 주었다. 내가 제니스를 수용하자 그녀 또한 나를 수용해 주는 느낌을 온몸으로 체감한 경험이었다.

어쨌든 나는 제니스에게 유능한 분석가는 아니었다. 사실 좀 더 객관적으로 이야기하자면, 그처럼 심각하고 위험한 증상을 오랫동안 가지고 있던 그녀에게 적합한 수준의 분석가는 아니었다.

아니, 겸손 떨지 말고 좀 더 솔직해 보자. 제니스와의 분석에 내가 어떻게 기여했는가에 대해서.

경계선 성격장애에 대한 치료적 효과를 입증했다는 주장들은 너무 많다. 마샤 리네한Marsha M. Linehan은 자신이 만들어 낸 변증법적 행동치료DBT, Dialectical Behavior Therapy를 근거로 경계선 성격장애 환자들은 자기 자신과 자신의 믿음이 저평가되거나 무시되는 상황에 오랫동안 노출되었기 때문에 작은 스트레스에도 과도한 긴장으로 대응하고, 그 상처로부터 회복되는 데 훨씬 오랜 기간이 필요하다고 설명한다.

대상관계 이론에서는 초기 애착관계에서 형성된 양가감정형 애착을 경계선 성격장애의 주원인으로 설명한다. 두 살에서 다섯 살 사이에 경험하는 어머니와의 분리 개별화 과정에서 주양육자와의 튼튼한 애착관계가 형성되지 않았다는 것이다. 이 과정에서 아이들은 감당할 수 없는 분노와 좌절을 내재화하고 이것이 성인이 되어 타인과의 애착관계를 형성할 때 재현된다는 이론이다. 그 외에도 다양한 이론들과 치료 방법들이 있고, 모두 효과가 있다는 것이 조사를 통해 입증되기도 한다.

하지만 나는 최소한 제니스와의 분석에서만큼은 내가 깨달은 방식의 분석이 치료적 효과를 발휘했다고 주장하고 싶다. 이 분석에서 가장 유효했던 나의 자원은 내 아버지가 겪은 이산의 경험이었고, 어린 시절 서커스 거인을 통해 얻게 된 존재의 존엄에 대한 엄중한 깨달음이었다.

내 아버지는 1.4후퇴 때, 14대가 대대로 살아오던 마을을 떠나 홀로 남한으로 내려왔다. 아버지의 삶에서 휴전선이라는 경계는 그의 삶을 경계 이남으로 몰아냈고 그의 소외는 생을 마감할 때까지 계속되었다. 아버지는 병상에 누워 마지막 혼미의 3일 동안 한마디도 하지 못했지만, "빨리 일어나 집에 가자."며 울부짖던 내 큰누이에게 "내 집은 함경도 단천군 단천읍 동호리…"라는 마지막 말을 남기고 떠나셨다. 아버지는 도무지 어찌해 볼 도리가 없는 폭력에 의해 경계 이남에 갇혀 버린 삶, 자신의 뿌리와 분신들을 통해 존재를 확인할 길이 막혀 버린 삶을 절망하며, 그 거대한 폭압에 저항하는 방식으로 대취大醉와 분노를 선택했고, 어떤 밤에는 북녘의 "어마이!"를 부르며 통곡하는 아들로 잠들곤 했다.

　제니스를 분석하는 동안, 나는 내 아버지 삶에서의 경계와 제니스 삶에서의 경계를 생각해 보았다. 경계 너머로 거부된 삶, 정치와 전쟁의 폭력 앞에 속수무책이었던 내 아버지의 삶. 알코올중독자인 엄마와 냉담했던, 게다가 어느 날 변변한 인사도 없이 훌쩍 떠나간 아버지, 매년 자신을 둘러싸고 생살여탈권을 휘두르던 한 떼의 의사 무리들 앞에서 속수무책이던 제니스의 삶. 이 둘이 본질적인 소외에서 얼마나 크게 다를 수 있을까? 받아들여지는 것이 거부된 삶, 강압된 경계를 넘어가지 못하는 고통에 분노하고 절망하는 존재들에 대한 내 연민은 아버지에 대해서나 제니스에 대해서나 유사한 부피와 밀도로 다가왔다.

　어느 날, 나는 제니스에게 내 아버지 이야기를 해 주기로 했다. 물론 나도 안다. 이것이 정신분석적 치료에서는 환영받지 못하는 방식임을. 나 역시 의심해 보았다. 이것이 행여 또 다른 형태의 Cross the boundary, 즉 치료적 경계를 무너뜨리는 행위가 아닌지. 하지만 아버지에 대한 나의 경험을 그녀에게 말하는 것은, 처절한 내 삶과 경험의 일부를 오직 그녀의 회복을 위해 드러내 보이는 것 외에 아무런 의도도 없었다. 또한 이것은 내가 어떻게 제니스의 고통을 이해할 수 있게 되었는지 분명히 설명하는 길이기도 했다.

나는 내 아버지의 삶과 죽음의 과정에 대해 담담하게 말해 주었다.

"아버지의 경계 너머 삶과 제니스 당신의 그것이 제게는 별다름 없이 느껴집니다. 저는 그런 축출이나 거부를 당해 본 적이 별로 없지만, 아버지가 겪은 고통을 통해서 당신의 고통을 어느 정도 이해할 수 있게 되었어요. 당신의 고통은 결국 받아들여지지 않음으로 인해 생겨난 것입니다. 경계선 성격장애라는 꼬리표를 달게 된 이후 아마도 당신에 대한 사람들의, 특히 이른바 전문가들의 경계는 더욱 강해지고 높아지고 무너뜨릴 수 없는 어떤 벽이 되었을 겁니다. 당신은 결국 그 경계를 무너뜨려야만 자신이 받아들여질 수 있다고 믿었을 거고 그럴수록 경계는 더 단단해졌겠죠. 그런 당신의 고통이 제게 고스란히 전해졌고, 저는 당신의 고통을 거의 온전히 이해하고 있습니다."

그날 제니스는 참 오랫동안 울었다. 아마 나도 그날 집에 돌아와 아버지를 생각하며 길게 울었던 것 같다.

세션을 일주일에 두 번씩 갖기 시작했다. 그때쯤 우리는 이미 1년 가까이 만나는 중이었다. 이제 나는 그녀에게 중요한 제안을 하고, 그것을 실행에 옮기자고 요구할 참이었다.

제니스에게 말했다.

"우리에게 필요한 것은 경계가 아니라 공간이 아닐까요? 경계는 오직 하나의 선이어서 바로 눈앞에 두고도 넘어갈 수 없게 하는 장벽, (투명한) 차단막입니다. 따라서 경계는 관계의 균열입니다.

하지만 관계 사이의 공간은 공명을 가능하게 하죠. 공간은 심리적이고 정서적인 (때로는 물리적인) 영역이고, 그것은 사생활의 존중이라는 방식으로, 또는 정서적 여유를 회복할 수 있는 시간적, 또는 특수한 환경으로서 공간의 제공이라는 형태로 나타납니다."

나는 이해를 돕기 위해 몇 세션에 걸쳐 여러 가지 방식으로 설명했다. 제니스는 이제 관계는 경계로 구획되는 것이 아니라, 관계 사이에는 공간이 존재해야 한다는 것을 이해하게 된 것 같았다. 물론 말로는 이해하고 수용한다고 했지만, 일상생활에서 금방 쉽게 체화되지는 않았다. 그녀의 오랜 습관은 쉽게 사라질 것이 아니었다.

우리는 어떻게 관계의 공간을 마련할 것인가? 평범한 사람 중에도 관계의 공간을 확보하는 데 서툰 이들이 너무나 많다. 이런 경우를 보자. 누군가 "서울 인구가 얼마나 되나요?"라고 물었다. 이때 "서울 인구는 천만 명이죠."라고 답하는 사람도 있고 "약 천이백만 명쯤 되는 걸로 알고 있습니다."라고 말하는 사람도 있을 것이다. 사실 둘 다 틀린 답이다. 이때 서울 인구를 정확히 알고 있는 사람이 있다고 해도 "천만 명이죠." 하고 선을 딱 그어 버린 사람의 정보를 교정해 주는 일은 결코 쉽지 않다. 그의 말투는 다른 사람의 의견을 허용하지 않고 있기 때문이다. 반면 "약 ~라고 알고 있습니다." 하고 말한 사람은 자신의 정보가 틀렸을 가능성을 염두에 두고, 자신의 정보를 교정할 수 있는 여유를 마련해 둔 것이다.

단정적인 말투는 갈등을 불러온다. 단정적인 태도 역시 갈등을 일으킨다. 대화의 행간에 여유가 있고, 관계에 공간이 넉넉하다면 부딪혀서 불꽃이 튀는 일은 없을 것이다. 자녀나 배우자나 친구들을 대하는 자신의 말투를 가만히 들여다보는 기회를 가지면 좋겠다. 어떤 상황에 어떻게 의견을 개진하는지, 그리고 그런 태도가 상대에게 어떻게 느껴질지 관찰해 보면 좋겠다.

자신의 감정을 강요하는 것도 같은 이치다. 내가 좋아하는 일을 상대도 좋아해야 한다고 강요한다면, 그것은 일종의 폭력이다. 상대의 행동이 마음에 들 때만 받아들이는 것도 유아적 폭력이라 부를 만하다. 자기 기분대로 상대의 행동을 판단한다면, 경계선 성격 성향을 가졌다고 말할 수 있다. 이것은 자신의 영향력을 팽창시켜 상대의 감정 턱밑에까지 들이대는 행위다. 얼마나 많은 부모들이, 배우자들이, 또는 친하다는 명분으로 주변 사람들에게 이런 행동을 하는지 모른다. 관계는 대체로 이럴 때 불화하고 고통을 겪는다.

말할 때나, 감정교류를 하고자 할 때 우리는 관계의 공간을 만들어야 한다. 그가 내게 들어올 수 있는 여지를 남겨 두고, 그의 감정이 자유롭게 전해질 수 있도록 채근하지 말아야 한다. 상대가 내 기분대로 해 주지 않아도 나 자신에게 실망하지 않을 자신감이 있어야 한다. 상대가 내 뜻대로 해 주지 않을 때, 사실 우리는 그 사람에게 실망하는 것이 아니라 내가 그럴 가치가 없는 사람이라는 자기 실망감 때문에 좌절한다. 그래서 좌절감을 느끼게 만든 그 사람을 증오하는 것이다. 하지만 많은 사람들이 이런 심리적 기제를 잘 모르기 때문에 자신이 왜 화가 나는지 알지 못한다.

제니스와 나는 이런 치료적 대화를 나누며 그녀의 삶에서 발생한 수많은 분노를 검토하고, 수많은 좌절을 탐색하며, 그녀의 삶에 필요한 것은 바로 공간과 여유임을 체득해 나갔다. 대화를 나누고 감정을 주고받으면서 그녀는 부단히 자신을 들여다보려고 했다. 이런 시도가 항상 성공적이지만은 않아서 힘들어하기도 했지만, 그런 시간들이 지나면서 제니스는 자기 실망감이야말로 자신의 가장 큰 적이라는 사실을 깨닫기 시작했다. 결국 자신의 고통이 대부분 자신의 무가치함이나 자신에 대한 실망감 때문임을 알게 된 것이다. 그것을 외면하기 위해 그녀는 사람들에게 찰싹 달라붙어서 자신의 존재를 확인시켜 달라고 응석을 부렸던 것이다.

존엄한 밥상

제니스와의 분석에서 장면 장면 어떤 치료적 개입을 했고, 2년 가까운 세월 동안 주고받은 대화와 일어난 사건들을 상세히 쓰자고 들면 책 한 권 분량은 충분히 나올 것이다. 하지만 나는 제니스의 증상을 치료해 나가는 과정보다는 그녀의 증상을 통해 그녀를 충분히 이해하는 방식을 보여 주려고 한다. 사실 증상은 제거해야 할 대상이 아니라 그 인간을 이해할 수 있는 통로인 것이다.

제니스의 증상을 통해 나는 제니스를 이해할 수 있었다. 그것은 시공을 초월한 피난민 출신, 이산가족 아버지의 경험을 온전히 받아들임으로써 가능했다. 이렇게 인간의 고통은 결국 몇 안 되는 본질적인 근원에 하나의 뿌리를 두고 있는 것 같다. 전혀 다른 고통의 현상을 하나의 본질에서 그 의미를 찾아내는 작업이야말로 정신분석의 요체라고, 세월이 지난 지금에 와서 다시 안도하는 마음으로 그때의 분석을 돌이켜본다.

분명 이 분석은 성공적이었다. 내가 자부하는 성공적인 사례 중 하나다. 그녀는 분석 중에 한 여성을 만나 사랑에 빠졌고, 멋지게 그 관계를 성공시켰다. 둘은 얼마간의 준비기간을 거쳐 제니스가 퇴원을 하면서 한집을 사용하게 되었다. 다행히도 제니스의 애인은 그녀를 많이 사랑해 주었고, 그 기간에도 제니스는 불안해했다. 애인을 잃을까 불안한 것이 아니라 예전의 습관을 되풀이해서 다시 집착의 병이 도질까 불안했던 것이다. 제니스와 나는 관계의 공간에 대한 현실적이고 실질적인 검토를 꾸준히 했고, 그녀는 멋지게 그 관계를 성공시켰다. 정말 멋지게.

제니스가 정말 멋지게 그 관계를 성공시켰다는 것은, 두 사람이 오랫동안 행복하게 잘 살아서가 아니다. 2년 뒤 그 둘은 헤어졌고 그럼에도 불구하고 제니스는 자살시도도, 자해도, 절망도 하지 않고, 다른 실연한 연인들처럼 우울과 슬픔 속에서 한동안 허우적거리기만 했다. 이 정도면 정말 훌륭하지 않은가.

이제 서커스의 거인에 대해 이야기를 해야 할 차례다. 열 살도 채 안 된 내가 어떻게 인간의 존엄에 대하여, 생존의 비루함에 대하여 명료하게 생각할 수 있었겠는가. 그런 생각이야 제니스를 만난 이후 나의 개인분석[6]을 통해서 분명하게 알아낼 수 있었던 것이었지, 어린 나에게는 말할 수 없을 만큼 묘한 굴욕감이 전부였다.

분석이 진행되고 10개월쯤 지난 어느 날, 일에 지친 제니스가 힘겨워하고 있었다. 그녀는 과도하게 일했고, 게으름을 스스로 채찍질하곤 했다. 자기 육체를 자기 삶의 노예로 삼는 것 같았다. 그녀는 일주일에 6일을 일하면서도 초과근무까지 했다. 돈을 버는 것은 그녀의 삶에서 아주 중요한 존재감의 확인 방식이었다. 돈을 벌어야 생존할 수 있고 자신의 육중한 몸과 식욕을 해소할 수 있다고 생각했다. 그녀는 수도 없이 다이어트를 시도했지만 항상 실패했고, 몸무게는 120킬로그램 밑으로 내려갈 기미가 없었다.

종종 우리는 음식과 관련된 굴욕감을 경험할 때가 있다. 어떤 물건을 나눠 받지 못하면 그냥 '치사하다'고 여기지만 음식을 나눠 받지 못하면 '굴욕감'이 든다. 가난한 제니스, 거구의 제니스가 스트레스를 해소할 수 있도록 다디단 치즈케이크 한 판을 다 먹을 수 있게 해 주는 것은 당연히 돈이었다. 식욕을 채우지 못하는 것은 그녀에게 굴욕이었고, 일하고 돈을 버는 행위는 굴욕을 경험하지 않는 유일한 방법이었다. 즉, 그녀는 일을 통해서 존재의 굴욕감을 방어하려고는 했지만 그것을 통해 존재의 만족감을 얻지

---

6 **개인분석** 분석가 한 명과 내담자 한 명 간에 이루어지는 분석을 말한다.

는 못했다. 내가 열 살 때 만났던 서커스의 거인과 내 앞의 제니스는 무엇이 다른가?

나는 그녀가 수동적으로 근근이 이어 온 지금까지의 삶의 방식을 바꾸어야 한다고 생각했다. 경제적인 부분을 포함해 삶을 주도적으로 바꿈으로써 존엄을 회복하길 바랐다. 그래서 그녀에게 다른 방식의 노동을 생각해 보자고 제안했다. 육체적 노동(그녀는 인쇄공으로 일하고 있었다.) 시간을 줄이고 조금은 더 지적인 노동을 해 보는 것이 어떻겠냐고. 그녀는 고등학교도 졸업하지 못한 자신이 어떻게 지적인 노동을 하겠냐고 되물었다. 나는 제니스에게 영어 개인강사 일을 권했다.

"영어가 모국어가 아닌 이민자들이 많은데, 교습비가 비싸고 학원은 사람이 많아서 효과적인 교습을 받을 수 없어요. 한국인들 중에도 일상적인 대화를 하면서 영어를 익히고 싶어하는 사람들이 꽤 있는데 제가 소개해 줄게요. 교재도 빌려줄 수 있고, 어떤 방식으로 수업하는 것이 좋을지 같이 연구해 봐요."

마침 우리 병원에 영문학을 전공하고 태국에서 영어교사로 일했던 직원이 있어서 그의 도움을 받을 수 있었다. 나는 재빨리 몇몇 경로를 통해서 제니스에게 적합한 수강생을 한 명 물색해 두었다. 처음에는 제니스의 부담을 줄여 주기 위해서 아주 싼 비용으로 교습을 시작했다. 경력도 없고 자격증도 없는 제니스에게 배우기로 한 수강생에게도 그것이 합리적이었다. 두어 달 동안 제니스는 수강생을 제법 잘 지도했다. 약간의 자신감이 붙었다.

● 레슬러의 사랑

얼마 후 나는 크리스마스 휴가를 맞아 3주 넘게 한국에 다녀왔다. 그사이 놀랍게도 제니스가 한국으로 치면 평생교육원 같은 곳에서 운영하는 기술대학의 영어교육 기초과정에 등록했다는 소식을 듣게 되었다. 최소한의 자격을 갖출 수 있게 된 것이다. 그녀는 이민자들을 위한 신문에 자신을 광고했고, 몇 명의 수강생을 더 모을 수 있었다. 같은 시간 동안 인쇄공으로 일하는 것보다 두 배 정도 많은 수입이 생기면서 노동시간은 줄고 그만큼 책을 읽거나 쉴 수 있는 시간은 더 늘어났다.

이제 제니스는 생존을 위한 밥상이 아니라 자신의 존엄을 보장하는 밥상을 차릴 수 있었다. 육체적 피로가 덜해지면서 스트레스도 경감되고 더 여유로워졌다. 한동안 여러 분야의 책을 탐독하기도 하고 강습자료를 찾기 위해 이런저런 잡지도 찾아보았다. 그러면서 도서관에서 성격장애에 관련된 책들을 제법 빌려다 읽곤 했는데, 궁금한 것이 있으면 세션에 가져와서 내게 물었다.

그러던 어느 날, 제니스가 말했다.

"저도 책을 한번 써 보고 싶어요."

나는 반색하며 대답했다.

"어떤 책을 쓰고 싶은데요?"

"저를 소재로 한 성격장애에 대한 글이요."

"책을 출판하면 돈도 벌 수 있겠네요."

"돈을 벌려고 책을 쓰려는 게 아니에요."

"그럼 왜죠?"

"제 딸이 저를 좀 더 이해해 주기를 바라기 때문이에요."

나는 이렇게 생각한다. 경계선 성격장애는 완전한 사랑을 받지 못해 발생하는 것이 아니라 올바른 사랑을 받지 못해 생겨난다고 말이다. 성격장애 아동의 어머니들은 자녀와의 최초 관계에서 절대 권력자인 자신의 사랑에 대한 태도를 아이에게 강요한다. 자신의 감정과 똑같은 사이클과 진폭의 감정을 느끼도록 강제하는 것이다. 결국 아이는 자신의 주체성을 인정받지 못하고, 자신이 원하는 방식이 아닌 엄마가 원하는 방식으로 사랑하게 된다. 그러므로 자신이 엄마에게 100퍼센트 받아들여지는 상황이 아니라 오히려 엄마를 100퍼센트 받아들여야 하는 구조가 만들어지는 것이다.

다시 관계의 공간을 이야기하자면 이렇다.

제니스가 딸이 자기를 이해해 주기를 바라는 마음으로 책을 쓰겠다는 것은, 딸의 입장에서 자신을 바라볼 수 있는, 그런 (경계가 아닌) 공간을 마련하려는 통찰이며 뼈를 깎는 노력이기도 했다. 딸과 자신 사이의 공간, 서로를 존중한다는 차원에서의 공간, 서로를 드러내 놓을 수 있는 공간으로서 글쓰기를 선택한 것이다.

생존만을 위한 노동이 아니라 의미를 위한 작업이 그녀에게도 필요했다. 그녀가 그것을 찾아내는 과정을 돕는 나의 방식이 정신분석적 치료와는 무관했을지 몰라도 한 인간의 삶을 의미로 채우려는 노력에는 큰 실수가 없었던 것 같다.

물론 우리는 제니스 삶의 많은 내용들을 분석했다. 때로는 나의 미숙한 분석이 그녀를 불쾌하게 만들기도 했고, 분석관계가 흔들릴 때도 있었다. 초기의 경험을 찾아내고, 그것을 다시 의식으로 불러내고, 그에 따르는 감정에 이름을 붙여 쏟아 내는 작업은 우리 둘 모두에게 쉬운 일이 아니었다.

나는 미숙했지만 최소한 솔직하려 애썼다. 나의 감정에 대해, 내가 느끼는 것들에 대해 나 자신을 속이지 않으려 했다. 그럼에도 불구하고 여전히 수퍼비전을 받을 때마다 지긋지긋할 정도로 내 허점을 마주해야 했고, 결코 유능한 분석가가 될 수 없을 것 같아 절망하기도 했다. 오랫동안 선배 상담자들에게 징징거렸고, 그들은 나의 미숙함과 응석을 용케도 참아 주었다. 그것은 제니스와의 고통스러운 분석을 극복할 수 있게 한 하나의 축이었다. 그 과정을 통해서 나는 좀 더 괜찮은 분석가로 성장해 나갔고, 제니스도 자신에게 좀 더 괜찮은 사람으로 변화해 나갔다.

또 하나 우리의 분석관계를 지탱하는 데 내가 기여한 것이 있다면, 그녀에 대한 나의 심각한 저항을 최소화하려 했다는 것이다. 나는 내 아버지의 경험과 서커스의 기억이라는 저항의 원천을 내담자를 이해하는 기제로 사용했다. 물론 이것은 나의 갈등과 좌절과 분노를 있는 그대로 받아 준 내 분석가와 수퍼바이저들이 있었기에 가능한 일이기도 했다.

제니스는 지금도 가끔 메일을 보내온다. 여전히 관계로 인해 고통받기는 하지만 이제 더 이상 경계 때문에 고통받지는 않는 것 같다. 고통을 다루는 데도 서툴지 않고 자기감정의 '주인'이 된 것이다.

130킬로그램, 거구의 서양 여인. 심각한 경계선 성격장애로 인한 고통, 태어날 때부터 갖고 있었던 신체적 결함, 불우했던 어린 시절. 그 어느 것 하나 평범한 것이 없다. 하지만 제니스는 그것들과 직면하기를 두려워하면서도 끝내 그 경험을 끄집어내 낱낱이 살펴보고 위로하고 수용하고 떠나보냈다.

나 역시 제니스를 떠나보내야 했다. 그녀는 충분히 호전되었고, 게다가 같이 살고 싶을 정도로 좋아하는 짝을 찾았고, 이제 자기 몸을 사랑할 수 있게 되면서 더 이상 자해도 하지 않았다. 그녀는 사랑하는 사람과 함께 살 집을 찾았고, 그곳으로 옮겨갔다. 그 후로도 분석을 어느 정도 진행했지만, 이제 제니스는 상담실에서 만나야 할 사람은 아니었다. 그녀와 나는 합의하에 분석을 종료했다. 그리고 만약 필요하다면 언제든지 분석을 받을 수 있다는 약속을 했다.

슬프지는 않았지만 애틋하기는 했다. 이제 더 이상 누구에게도 의존해서는 안 된다는 것을 제니스는 잘 알고 있었다. 힘든 세상을 외롭게 헤쳐 나가야 한다는 사실도, 외로움으로 인한 괴로움보다 의존함으로써 경험할 비루함의 고통이 더 크다는 사실도 충분히 알게 되었다. 자신의 존엄을 지키며 관계의 거룩한 본질을 수행하는 것이 어떤 의미인지 깨닫고 제니스는 누구보다 더 강인한 내면을 갖추고 자신의 삶을 독립시켰다.

제니스는 지금 뉴질랜드의 시골 마을에서 파트너와 함께 살며, 정신병 재활치료센터의 직원으로 일하고 있다. 그녀는 꽤 신망받는 직원이라고 한다.

네 번째 이야기

누락된 자의 슬픔

외로움으로 인한 상처는 대화할 사람이 없어서가 아니라
내가 누구로부터도 말 걸어지는 존재가 아니라는 체험에서 비롯된다.

강미영 씨. 그녀는 약 2년쯤 전, 내가 진행한 집단분석에 참여했다. 36시간의 집단분석에서 그녀는 꽤 강렬한 인상을 남겼다. 그녀를 주목하게 한 것은 그녀의 격정과 눈물이었다. 시민단체에서 일하는 남편의 경제적 무능과 무책임 때문에 가족이 겪은 고통은 그녀 안에 분노의 덩어리를 남겨 놓았다고 했다.

집단분석이 끝날 때 강미영 씨는 언젠가는 내게 개인분석을 받고 싶다고 얘기했다. 그 후 1년도 훨씬 더 지난 어느 날, 그녀가 전화를 해 분석을 요청했다. 분석은 9월 말부터 시작되었고, 12월 말경까지 총 10회기를 끝으로 1차 분석을 종료했다.

강미영 씨와의 분석은 정신분석의 전형을 보여 주는 좋은 사례였다. 그녀는 집단분석에서와 마찬가지로 개인분석에서도 매시간 열정적으로 몰입했다. 그녀의 몰입은 분석가와 피분석가(내담자) 모두의 저항을 최소화하면서 두 사람을 분석관계 안으로 입장시키는 동력이 되었다. 그녀의 삶에 필요한 열정의 연료는 충분했다. 하지만 자기 자신의 바닥까지 캐내어 쓰는 것이기에 그녀는 종종 고갈되었고, 자기 열정에 데어 마음 곳곳에 상처를 입기도 했다. 강미영 씨의 사례에서 알 수 있듯 정신분석이라는 접근이 반드시 장기간에 걸쳐 이뤄질 필요는 없다. 그녀와의 만남은 단 아홉 번이었지만, 그 과정을 미세하게 들여다보면 36년 삶의 결절과 옹이와 성장을 일별하고도 남음이 있었다. 물론 장기분석이 근원적인 만남을 가능하게 하겠지만, 단기작업은 어떤 특정한 주제의 갈등을 해결하는 데 효과적인 방법이 될 수 있다.

분석을 통해 내담자는 자신의 삶의 축을 형성한 경험을 스크린에 상영하듯 의식에 떠올리며 그 영향력을 통렬히 깨닫는 과정을 겪게 된다. 그러한 과정을 통찰이라 불러도 좋고, 무의식의 의식화라고 해도 좋고, 내적 통합의 증거라고 해도 무방하다. 단 한 번의 경험만으로도 자신의 삶에 드리운 어떤 장막들을 걷어 내고, 거짓 없이 자신을 들여다볼 수 있는 용기와 방법을 얻게 된다.

이번 장은 상담일지를 한 장씩 살펴보면서, 매 세션에서 일어난 분석가와 내담자의 역동과 무언의 메시지들까지 현미경으로 들여다보듯 기술하려 한다. '분석이란 이런 것이다.'라는 것을 보여 주려는 건방진 의도가 포함돼 있기도 하지만, 분석가는 어떻게 내담자의 경험 안으로 틈입해 들어가는지, 그것이 어떻게 내담자의 무의식에 균열을 만들고, 그 균열의 틈에서 분석가는 무엇을 하는지 보여 줄 수 있을 것 같다. 글을 읽는 분들도 이 미세한 과정에 비친 자신의 삶을 들여다보면서 오래된 아픔의 한 부분을 납득하고 그것을 흘려보낼 수 있기를 바란다.

9월 31일_ 떠맡은 분노

> 예전과 다름없는 모습이다. 기억이 난다. 1년은 훨씬 넘었고 2년은 안 되었지만, 그녀에게서 느껴지는 근면함과 몸에 밴 듯한 서두름은 익숙하다. 그리고 또 하나… 물러서지 않는다. 그녀는 뜨겁지만, 스스로 훨훨 타는 열정이 아니라 사그라지지 않으려고 안간힘을 쓰는 불길 같다.

그녀에 대한 나의 첫 노트는 이렇게 시작했다. 첫 세션에 그녀는 분노와 함께 왔다. 아마 나는 그녀의 분노와 친해져야 할 것 같았다.

남편이 직장에 사표를 썼다. 같은 직장 동료인 박모라는 반대파의 술수에 말려 직장을 그만두게 되었단다. 남편이 박모의 편의를 봐주기 위해 서류를 편법으로 작성한 적이 있었다. 그때 미영 씨는 남편에게 정당하지 않은 방식으로 일하는 것에 대해 문제를 제기했고, 그런 일에 말려드는 것을 강하게 만류했다. 그러나 마음 약한 남편은 편법으로 일을 처리해 주었다. 그 일이 감사에 걸리자 박모가 교묘하게 그 일을 이용해 미영 씨 남편을 사직시킨 것이다. 남편은 항상 뭔가를 기획하고 그 일을 성취하지만 결국 그 이득은 남에게 빼앗겨 버리는 일을 수차례 경험했다. 이번에도 같은 일을 당하고 또 혼자 삭히려고 애쓰는 모습을 옆에서 지켜보면서 미영 씨는 가슴이 터져 버릴 것 같았다. 그러나 남편은 "이건 내 문제고, 당사자인 나는 괜찮은데 당신이 왜 그러냐."며 오히려 미영 씨를 타박했다. 남편의 이런 태도가 미영 씨는 더욱 견디기 어려웠다.

"이 일은 누가 들어도 분노할 만한 일인 것 같습니다. 그런데도 분노하지 않는 남편의 미적지근한 태도에 미영 씨가 느낄 분노도 충분히 이해되고요."

"남편은 항상 그런 식이에요. 다른 사람 몫까지 떠맡아 해 놓곤 일이 잘못되면 책임까지 다 짊어져요. 그리고 그 마음고생을 절대 밖으로 드러내는 법이 없어요. 자기 혼자 삭히죠. 절대 대응하거나 화를 내는 법도 없고요."

"옆에서 지켜보는 아내 입장에서는 아주 속이 타실 것 같습니다. 대신 나서서 일을 처리해 줄 수도 없으니 그냥 무기력하게 당하는 셈이네요."

"제가 화가 날 만도 하죠. 이렇게 분노하다 보면 확 죽어 버리고 싶다는 생각이 들 정도예요. 제가 생각해도 이건 좀 아닌 것 같아요. 너무 분하기도 하고, 이런 세상이 지긋지긋해요."

충분히 분노할 만한 사건이었다. 미영 씨의 문제는 박모에 대한 엄청난 분노를 넘어서 자신이 이런 세상에서 목숨을 부지하며 살아가는 데 깊은 회의를 느끼고 있다는 것이었다. 심지어 그만 살고 싶다는 생각마저 들었고, 이런 부조리한 세상이 너무 싫어서 남편에게 시골로 낙향하자고 제안하기도 했다고 한다. 그런 한편, 그녀는 자신의 분노가 지나치다는 것도 자각하고 있었다.

차라리 세상을 등지고 싶을 정도로 분노하는 미영 씨. 그녀에게 자살의 충동을 느끼냐고 물어야 했다. 많은 연구들이 자살충동에 대해서는 가능한 한 자세하게 묻는 것이 충동을 약하게 하는 데 도움이 된다고 말한다. 그러나 나는 그녀의 자살충동에 관해 깊게 묻지 않았다. 적극적으로 목숨을 끊겠다는 것이 아니라 자기 마음대로 되지 않는 세상과 인간에 대한 분노의 극단적인 표현일 따름이라는 생각이 들었다. 이처럼 과도한 분노는 그녀 자신만의 것이 아니라 다른 사람의 분노까지 떠맡았을 가능성이 많다.

"네, 어찌할 바를 모를 정도로 너무 분하신 것 같네요. 그리고 그 분노가 과도하다는 느낌도 드시고요."

"내가 왜 죽고 싶다는 생각이 들어야 하는지, 어쩌다 내가 이렇게까지 됐는지 그게 또 화가 나죠."

"맞습니다. 내 감정을 조절할 수 없을 정도로까지 분노하게 되는 상황이 또 화가 나는 거죠. 그렇다고 해도 미영 씨의 분노가 여전히 과도하다는 느낌이 듭니다. 두 가지를 이야기해 봤으면 합니다. 먼저, 지금 그 분노에는 박모를 향한 것뿐만 아니라 남편에게 굉장히 실망하고 화난 것까지 포함된 것 아닌가요?"

"물론이죠, 남편에게도 화나 있는 건 맞아요. 이런 일이 한두 번이 아니었거든요. 남편은 항상 스스로 희생하고 모든 것을 쏟아부어서 조직을 만드는데, 그런 후에는 그걸 다른 사람들에게 빼앗겨 버려요."

"네, 알겠습니다. 그렇다면 미영 씨의 '과도한' 분노에 대해 이런 의문도 가져 볼 수 있겠는데요, 남편이 느껴야 할 분노까지 대신 느끼는 건 아닐까 하는 겁니다."

"…."

"상담에 대한 이해가 있는 분이니까, 우리의 감정은 어떻게든 전이된다는 걸 아시죠? 저 역시 분석을 하다 보면 내담자가 느껴야 할 분노나 슬픔을 대신 느낄 때가 많습니다. 그런 경우, 대체로 내담자 본인이 느껴야 할 몫을 충분히 다 접촉하지 못했을 때 제게로 그 몫들이 돌아오는 겁니다. 마찬가지로 남편 분이 느껴야 할 분노의 양이 엄청날 텐데 그걸 느끼지 않으려고 스스로 억압, 또는 회피하는 것 같고, 그만큼의 몫을 지금 미영 씨가 감당하고 있는 건 아닐까 하는 겁니다."

"네, 그럴 수도 있겠네요. 충분히 다 납득되지는 않지만 그럴 수도 있을 거라는 생각이 들어요."

그녀가 먼저 분노의 실체를 이해하고 납득하는 것이 중요할 것 같았다. 만약 나의 가설이 맞다면, 그녀는 자기 몫만큼의 분노만 감당하면 되었다. 어쨌건 이 분노는 단순한 역동은 아닌 듯했다. 남편에 대한 오랜 불만과 남편 몫의 분노까지 엉켜 있기도 했다. 게다가 미영 씨는 과거의 어느 한때처럼 지옥같이 힘든 갈등의 날들을 또다시 겪게 될까 봐 자신의 불만과 분노를 남편에게 충분히 표현하지 못하고 있었다.

박모라는 사람이 미영 씨 삶에서 어떤 상징인지도 궁금했다. 그녀의 경험세계에서 어떤 것들을 자극하는 사람인지 알고 싶었다. 하지만 이 모든 것을 다루기에는 첫 시간이 너무 짧았다. 첫날 그녀는 두 개의 꿈까지 가지고 왔다.

> 벽도 천장도 없는 기차를 타고 깎아지른 듯한 엄청나게 높은 절벽을 올라간다. 그러고는 밀림같이 나무가 빽빽한 산에서, 계곡이 흐르고 길도 없는 숲속을 기차를 타고 굉장히 불안하게 가고 있다.
>
> 벽도 천장도 없는 엘리베이터를 타고 가는데 바닥이 흔들거리고 층수 버튼을 눌러도 말을 듣지 않더니 결국 엘리베이터가 건물 천장을 솟구쳐 올라가 버린다.

이 두 개의 꿈을 연상하고 해석하는 작업에는 충분한 시간을 갖지 못했다. 그러나 꿈이 전하는, 간단하면서도 명료한 메시지는 이해할 수 있었다. 기차는 이번 상담의 또 다른 주제가 될 것이다. 그리고 우리는 상당한 심리적 고난을 겪으며 분석을 진행해 나갈 것이다. 그것이 그녀의 심리적 현실이니까. 더불어 천장을 솟구쳐 올라가려 하는 어떤 불안한 에너지(아마 분노)와도 대면해야 할 것이다. 분석과정은 항상 위태위태하며 보호장치도 없이 나아가야만 하는 탐험의 여정이다. 나는 앞으로 우리가 해야 할 분석이 간단하지 않으며, 고난의 시간을 경험해야 할 것이라는 설명을 하는 데 나머지 시간을 할애했다.

모든 세션에서 첫 시간에 가져오는 꿈은 분석의 방향과 내용을 암시하는 경우가 많다. 미영 씨의 경우도 첫날의 꿈들이 분석과정의 힘난함을 함축적으로 전달하고 있었고, 나는 그 상징적 메시지를 좀 더 풀어서 그녀의 의식에 되돌려 주었다.

10월 7일_꿈의 해석

황량한 길을 가고 있다. 길가에 있는 집들은 폐허라기보다는 사람들이 살지 않는 것 같다. 쓰레기들이 약간씩 바람에 날리고 뒤에 유령 같은 남자가 등에 업혀서 몸을 핥는다. 손을 뒤로 해서 때리면 개소리도 아니고 찍찍거리는 소리를 낸다. 몸서리칠 만큼 징그럽다. 육면체인지 팔면체인지 철퇴를 양손에 잡고 소리를 꽥 지르면서 남자를 후려치자 비명을 지르며 떨어진다. 이 꿈의 끝부분에서 11월 말의 추수가 끝난 들판이 선연하게 보인다. 이 꿈에서 가장 인상적인 영상이다.

깊은 개울물에서 헤엄을 치는데 손이 잘 저어지지 않는다. 물은 너무 맑고 '담수호'에서 흘러나와 매끈거렸다. 이 물로 씻어서 조카는 아토피도 없어졌다고 한다. 수영을 못해서 허우적거리는데 어머니와 큰고모님이 양손을 잡고 구해 준다.

미영 씨는 둘째 세션에도 두 개의 꿈을 가지고 왔다. 우리는 그 꿈들을 같이 연상했다. 먼저 꿈에 등장인물들이 있다면 그 인물들에 대한 연상이 중요하다. 그들이 내담자의 무의식에 어떤 상징으로 저장되어 있는지를 의식으로 떠올리는 것이 꿈 해석의 핵심적 요소이다. 꿈에 등장하는 두 등장인물에 대한 미영 씨의 느낌을 물었다. 큰고모님은 아버지의 큰누님이다. 아버지는 어려서 할아버지가 돌아가시자 큰고모님이 시집갈 때 따라가서 함께 살았다. 그 집에서 사는 동안 아버지는 열심히 일해서 장가들기 전까지 많은 돈을 모았다. 하지만 큰고모부가 노름으로 아버지의 돈까지 다 날려 버렸다. 이 일로 마음의 빚을 지게 된 큰고모님은 두고두고 아버지에게 잘했다고 한다. 지금도 잊지 않고 아버지 생신을 챙기신다. 그런 이유로 큰고모님은 미영 씨에게 도리를 아시는 분, 사람을 돌보는 심성을 가진 분이라는 느낌으로 남아 있다고 한다.

미영 씨가 어머니에게 느끼는 감정의 어떤 부분들은 남편에 대한 감정과 비슷하다고 한다. 어머니는 항상 모든 일을 '그럴 수도 있다.', '그렇게 (나쁜 식으로만) 생각할 건 아니다.'라는 식으로 바라보셨다. 이런 태도가 남편과 아주 흡사하다. 또 자신은 아버지를 굉장히 싫어했지만 사실은 아버지를 많이 닮았다고 한다. 아버지는 매사에 맺고 끊는 것이 분명하며 성실하고 근면한 분이었다. 이런 설명 끝에 미영 씨는 자신을 아버지와 동일시하고, 남편을 어머니와 동일시해서 생각할 때가 많은 것 같다고 말했다.

물에 빠져 허우적거리는 것은 현재 자신의 심리적 상태와 유사하다는 느낌이 들었다. 이렇게 허우적거리는 미영 씨를 구원해 줄 수 있는 것은, 큰고모님이 보여 준 돌봄과 도리인 것이다. 어려운 상황이나 갈등에 대처하는 어머니의 관점과 태도 역시 미영 씨를 구원할 수 있다. '꼭 그렇게 야박하게 생각할 것만이 아니라 다르게 생각할 수도 있다.'는 여유로운 태도가 분노하는 그녀를 편안하게 할 것이기 때문이다.

꿈은 현재 경험하는 우리의 심리적 고난을 표현할 때, 결코 뜬금없는 소재들을 사용하지 않는다. 과거의 고난에서 중요한 모티프를 가지고 와서 현재의 고난을 이야기한다. 남자들이 스트레스를 받을 때 재입대하는 꿈을 꾸듯 과거에 억압받거나 억압해야만 했던 경험이 현재의 고통을 설명하는 방식으로 종종 상영된다. 그렇다면 강물은 그녀에게 무엇일까? 이후에도 여러 번 꿈에 등장한 강, 물이라는 주제는 미영 씨 삶에서 중요한 뭔가를 말하려는 것 같았다.

생각이 흘러가는 대로 연상하다 보니 두 번째 꿈이 먼저 해석되었다. 첫 번째 꿈에 대한 연상과 해석에는 시간이 허락되지 않았다. 때론 한 세션에 꿈 하나를 해석하는 것도 쉽지 않다. 두 개를 해석하기에는 언제나 시간이 촉박하다. 어쨌건 짧은 시간이지만 우리는 연상과 그에 따른 분석을 시도했다.

첫 번째 꿈은 미영 씨보다 오히려 내가 더 생동감 있게 느꼈던 것 같다. 미영 씨가 느끼는 이 황량한 현실은 내 마음에서도 가끔씩 경험되는 것이기 때문이다. '쓰레기봉투가 스산하게 휘날리는 폐허의 골목길.' 미영 씨는 세상을 그렇게 인지하고 있는 것인가. 등에 달라붙은 골룸 같은(내게는 그런 이미지다.) 미분화된 남성 인격은, 그녀의 저급한 수준의 아니무스[7]겠지만, 그것을 지금은 받아들이기 어려울 것이다. 미영 씨는 그 비인격적인 존재를 상징화해 내는 데 어려움을 겪었다. 기다리기로 했다.

'11월 말의 추수 끝난 들판'은 미영 씨에게 뭔가 아주 중요한 이미지일 것 같다. 연상을 시도했지만 역시 그녀는 그 대목으로 가지 못한다. 꿈속에서 본 들판 앞에 그녀 자신을 세워 보라고 했지만 여전히 딴소리를 한다. 저항이다, 분명하다. 뭔가를 밀어내는 느낌이다. 나는 또 기다리기로 했다.

그러나 그녀는 상당히 몰입하고 있다. 그것이 희망이다. 몇 가지 압도된 주요 감정들로 인해 섬세하게 보고 있지 못한 것 같다. 강에서 허우적거리는 그녀를 큰고모님과 어머니가 구해 준다는 테마는 어느 정도 해석이 되고, 미영 씨도 그것을 받아들인다. 하지만 강에서, 과거의 강에서 그녀는 무슨 일을 겪었기에 현재에도

---

7 **아니무스** 융이 제시한 원형의 한 요소로 여성의 무의식에 존재하는 남성적 요소.

그 강이 재상영되는 것일까.

　이번에도 첫 번째 꿈은 충분히 분석하지 못했다. 두 번째 세션이지만 항상 시간이 '촉박'하다는 느낌이 자꾸 든다. 시간에 비해 과도한 양의 과제를 해결해야 한다는 느낌이다. 미영 씨의 요구, 아니 미영 씨의 삶을 장악하고 있는 무의식의 요구일 것이다. 문득 '아토피'가 '아이가 토한 피'의 압축이 아닐까 하는 연상으로 생각이 풀쩍 뛴다. 아닐까? 둘째 세션도 예정된 시간을 훌쩍 넘겨 끝이 났다.

10월 14일 무의식에 묻다

　　　　　　　미영 씨는 5분쯤 늦게 왔다. 남편과 말다툼하다가 늦게 출발했다고 한다. 자신이 요즘 계속 짜증이 난 상태라고 했다. 지난 월요일 통근버스가 버스회사 사정으로 운행을 안 했는데 자신은 연락을 받지 못했다. 모르고 그냥 나갔다가 통근버스가 오지 않아 아침부터 모든 일들이 엉켰다. 시내버스 안은 복잡했고, 출근시간에 늦은 터라 마음이 급했다. 게다가 얼마 전, 가방을 들다가 손가락에 통증을 느껴 병원에서 치료를 받았는데 이젠 손목까지 아팠다. 쉬고 싶지만 남편은 자꾸 일을 시킨다. 미영 씨의 일주일은 짜증의 연속이었던 것 같았다.

　나는 그녀의 짜증에 공감했다. 말로만 그런 것이 아니라 진정으로 공감했다. 자가용 없이 대중교통만 이용하는 나도 대중교통의 불친절함에 짜증이 날 때가 가끔 있다. 예측할 수 없는 배차간격과 콩나물시루 같은 버스, 전날 술이라도 마시고 숙취로 머리가 아프다면 그건 최악이다. 게다가 몇 가지 소소한 불운까지 겹치면 짜증지수는 100을 쉽게 넘어 버린다. 나는 진심으로 그녀에게 공감하고 위로했다.

잠시 후, 지난 세션에서 충분히 다루지 못했던 꿈이 생각났다.

"지난 세션에 가지고 온 11월 들판의 이미지가 갑자기 생각나네요. 추수가 끝난 들판은 휴식을 의미하는 게 아닐까요? 그때부터 농부들은 쉴 수 있으니까요. 지난 꿈이 휴식과 관련된 꿈은 아닐까 하는 생각을 해 봅니다."

미영 씨가 겪고 있는 짜증과 불편함에 공감하느라 시간은 이미 절반을 넘겼다. 나는 약간 조급해졌고 빨리 지난 시간에 미처 다 해석하지 못한 꿈을 다시 보고 싶었다. 더불어 휴식의 필요성에 대해서도 이야기해 보고 싶었다. 미영 씨는 육체적으로도 그렇지만 심리적으로도 피로도가 높아 보였다. 하지만 지난 꿈을 다시 보려던 계획은 그녀가 가져온 새로운 꿈에 우선권을 빼앗겨 버렸다.

매일매일 꾸는 각각의 꿈들은 결국 한 사람의 삶 전체라고도 볼 수 있는, 한편의 큰 꿈을 구성하는 작은 부분들이다. 그러므로 꿈 하나를 해석하지 못하고 넘어간다고 해서 안달할 필요는 없다. 새 꿈을 통해 앞의 꿈들을 이해할 수도 있다. 그러나 아… 뭔가 말끔하지는 않은 느낌이다.

통근버스를 타고 직장으로 향한다. 도중에 길옆으로 둑이 있는데 물이 찰랑찰랑 차올라 있다. 물 위에 만 원짜리가 떠 있다. 길 가는 두 남녀에게 주우라고 말했다. 여자가 돈을 주웠고, 나는 그녀에게 반씩 나누자고 했다. 여자가 싫다고 한다. 강을 보니 물이 다 빠져서 바닥이 드러나 있다. 강물이 차올랐다가 다시 빠져 바닥이 드러나기를 반복하는 것 같다. 물이 빠진 바닥을 보니 만 원짜리들이 듬성듬성 떨어져 있어서 주웠다. 그러다가 화장실에 가고 싶었다. 화장실을 찾았다. 덜 지은 건물이 있어서 들어갔더니 화장실은 4층에 있었다. 엘리베이터가 없어서 걸어서 3층까지 갔다. 힘들어서 짜증이 났고, 한 층을 앞두고 그냥 내려와 버렸다. 다른 방향으로 나왔는지 들어갈 때와는 길이 달랐다. 편의점에서 물을 사려 했지만 중학생들이 바글바글 있어서 물도 못 사고 그냥 나왔다.

꿈 이야기를 마친 뒤, 미영 씨는 자신이 물에 관한 꿈을 자주 꾸는데 물이 무엇을 상징하는지 내게 꼭 물어보려고 했다고 말했다. 나도 궁금했다. 그녀에게 물이 어떤 의미인지 말이다. 물론 물에는 모성, 여성성, 무의식, 숨 막힘, 편안함 등등의 원형적 상징들이 있지만, 그것만으로는 꿈의 의미를 절반도 밝혀내지 못한다. 나머지는 각자의 삶에서 연관성을 찾아보아야 한다. 그녀가 경험한 물과 내가 경험한 물은 다르다. 그러므로 물에 대한 원형적 설명만으로는 꿈의 의미를 해석할 수 없다. 나는 그녀가 경험한 물의 의미를 먼저 이해할 수 있어야 한다고 설명했다. 경험적 의미와 원형적 의미를 연결해 분석할 때 그 의미가 분명해지고 본인도 납득하고 수용할 수 있을 거라고 말했다.

그렇게 대화를 주고받던 중 내 머릿속에서는 미영 씨가 이날 가지고 온 꿈의 이미지가 성경의 한 모티프와 연결되었다. 강물이 오르락내리락하고 물이 다 말라서 바닥이 드러나고 다시 물이 차고 하는 이 꿈은 흡사 '홍해의 기적'의 축소판 같았다.

"꿈에서 물이 올라갔다 내려갔다 하고 강바닥이 드러난다는 말에 홍해의 기적이 떠올랐습니다. 미영 씨는 홍해의 기적을 어떤 의미로 받아들이나요."

"홍해의 기적은… 구습에서 벗어남, 노예 상태로부터 해방되는 과정이라고 생각해요."

기독교도인 그녀는 구약에서 가장 중요한 사건 중 하나인 홍해의 기적을 분명히 이해하고 있었다.

"제 연상에서 느껴지는 것은 이 꿈이 홍해의 기적과 비슷하다는 겁니다. 물이 갈라지고 올라가고 내려가고 하는 것은 홍해의 모티프를 재현하는 것 같습니다."

"그렇다면 왜 그곳에서 돈을 줍고 있었을까요?"

"음… 이 상황에서 가장 적절한 질문인 것 같습니다. 만약 애굽을 떠나 모세를 따르던 이스라엘 백성들이 갈라진 홍해를 빨리 건너지 않고 바닥에 떨어져 있는 신기한 조개 따위를 줍는다면 어떻게 될까요?"

"다시 합쳐지는 물에 빠져 건너지 못하겠죠, 당연히."

"구습을 벗어나지 못한다는 뜻이겠죠."

"꼭 그렇게만 봐야 할까요?"

"아, 꼭 그렇게만 볼 필요는 없습니다. 다른 측면도 있을 수 있고 그러기 위해서는 미영 씨의 연상이 아마 결정적으로 이 작업에 도움을 줄 겁니다. 하지만 그렇다고 해서 방금 살펴봤던 홍해의 모티프가 효력을 상실한다는 뜻은 아닙니다. 앞으로 밝혀질 것들과 연결해 봐야죠. 구습에서 벗어나지 못할 것 같아서 불안하세요?"

"건물에 들어갔다가 그냥 나온 건 뭐죠?"

"제게 물어볼 것이 아니라 미영 씨의 무의식에 물어봅시다."

우리의 분석과정은 쉽게 합일을 보지 못했다. 정신분석은 변증법적 과정을 거친다. 그래야만 한다. 분석가가 아는 답을 내담자에게 설명하고 납득시키는 것이 아니다. 가장 좋은 방식은 분석가와 내담자가 함께 내담자의 과거 경험을 연상하고 그 의미를 분명히 이해한 후 내담자가 그 경험을 수용해서 자기 삶의 자원으로 새롭게 재구성하는 것이다. 그 과정에서 분석가가 아는 것이 있다고 해도 그것은 분석가가 이미 알고 있던 것이 아니라 내담자가 분석가에게 알려 준 것이어야 한다. 따라서 그녀가 내게 자꾸 묻는 것은 올바른 방식이 아니다. 답을 구할 수 있는 곳은 오직 그녀의 무의식밖에 없다. 나는 다시 그녀의 무의식에 도움을 청했다.

"미영 씨가 혹시 유예하고 있는 것들이 있을 수도 있습니다. 예를 들면, 이렇게 물어봅시다. 건물에 들어갔다가 그냥 나온 이유를 알고 싶다면, 그 건물에 왜 들어갔는지를 먼저 여쭤볼게요. 꿈에서 그 건물에 들어간 이유가 뭐였죠?"

"화장실에 가기 위해서였죠."

"네, 그런데 화장실에 다녀오셨나요? 아니죠. 올라갔다가 엘리베이터가 작동을 안 하니까 화가 나서 그냥 나오셨죠. 그것도 딱 한 층만 더 올라가면 되는데, 세 개 층이나 올라가 놓고 그냥 나와 버렸잖습니까."

다른 내담자들과의 분석에서도 이런 모티프는 종종 등장한다. 신기하게도 대체로 4층에 가야 하는데 3층에서 되돌아 나오거나, 네 개를 모아야 하는데 세 개에서 멈춰 버린다거나 하는 식이다.

바닥이 드러난 강을 건너지 않고, 4층에 있는 화장실을 한 층만 남겨 놓고 내려와 버리고, 이런 유예의 이미지들이 말하고자 하는 바를 순순히 납득하기에는 어떤 저항이 그녀 안에 도사리고 있는 듯했다. 저항은 외부에서 깨는 것이 아니라 내부로부터 깨어져 나와야 한다. 이럴 때 내가 할 수 있는 것은 아주 미세한 작은 틈, 완고한 요새 같은 저항의 성벽에 바늘구멍 같은 작은 균열을 내는 것이다. 그러면 무의식의 에너지가 그 틈을 열고 저장되었던 경험들을 쏟아 낼 것이다.

내담자에게 오래된 습관이 있는지 물었다. 미영 씨는 대뜸 쉬면 불안하다고 했다. 휴식이 필요하다는 것을 알고 짧은 휴식을 가질 때도 있지만 쉬는 시간이 갑자기 주어지면 불안함이 커진단다.

내담자가 꿈의 상징들을 통해 자기 경험을 연상해 내지 못할 때 꿈에 등장하는 일반적인, 즉 원형적인 의미들이 자극이나 힌트가 된다. 화장실, 똥, 꽉 찬 변기 등은 대체로 감정의 배설이 이루어지지 않고 있음을 뜻할 때가 많다. 이것은 신기하게도, 변비가 있는 사람들이 실제로 자기감정을 잘 표현하지 못하는 경향을 보이는 것과도 그 맥을 같이한다. 배설행위는 입으로(외부로부터) 들어온 음식들을(감정적 자극들을) 내장기관들이(내면에서) 소화하고 양분을 흡수한 다음 불필요한 것들을 몸 밖으로 내보는 것이다. 감정의 배설도 그와 흡사한 과정을 거친다고 본다. 불필요한 영양분이 배설되지 못하면 몸속에 독소로 남는 것처럼, 감정도 그러하다.

꿈에서 그녀가 화장실을 끝내 가지 못한 것은, 갖고 있어서는 안 될 감정들을 다 배설해 내지 않았다는 의미일 수 있다. 배설하지 않기로 결정한 것은 물론 그녀의 선택이다. 그렇다면 그녀가 배설하고 싶은 주된 감정은 무엇일까?

"해결하고 싶은, 가슴에서 씻어 내고 싶은 가장 절실한, 부정적 감정은 뭔가요?"

"분노죠."

"누구에 대한 분노인가요?"

"남편인 것 같아요."

"네. 남편을 향한 분노가 생각보다 훨씬 깊은 것 같습니다."

"맞아요. 사실 남편에 대한 분노가 굉장히 뿌리 깊고 크다는 생각을 요즘 많이 하고 있어요."

나는 미영 씨가 결혼생활에 확신이 있을까 하는 의문이 들었다. 이렇게 깊고 큰 분노의 대상과 어떻게 짧지 않은 여생을 계속할 수 있을까, 그 자체가 부담이고 고통이 아닐까.

"결혼에 대한 확신이 있으세요?"

"사실 작년까지만 해도 없었어요. 근데 이제는 받아들여야 할 것 같아요."

뜻밖의 대답이었다. 분노가 해결되기는커녕 점점 더 커지는 상황에서 이 상황을 수용하기로 했다는 것이 쉽게 납득되지 않았다. 하지만 그녀가 나를 납득시킬 이유는 전혀 없다. 그녀의 의무는 오직 자기 자신을 납득시키는 것뿐이다.

남편과의 결혼생활을 받아들이기로 했다고 해서 그녀의 분노가 해결된 것도 아니었다. 우리는 계속해서 그 분노와 씨름해야 한다. 그녀는 과거에 남편의 무능력과 무책임함 때문에 경험했던 가족의 고통을 다시 이야기했다. 그리고 시간이 갈수록 문제가 더 복잡해지는 이유는, 그 일로 인한 자신의 분노를 남편이 온전하게 공감하지 못할뿐더러 다 잊어버린 일을 자꾸 되새김질한다고 나무라며 자신을 이해해 주지 않기 때문이라고 말했다.

"남편은 결코 제 정서를 이해하고 받아 준 적이 없어요. 말끝마다 '정말 이해할 수 없다. 이해가 안 된다.'라고 하죠. 심지어 그때는 자기도 힘들었다고, 그리고 제가 자기한테 했던 말이나 행동들은 이미 다 용서했대요. 하지만 제가 겪은 분노나 고통은 정말

10분의 1도 제대로 느끼지 못하는 것 같아요. 제가 가장 화나는 부분이 이거예요. 말로는 다 용서되고 이해된다고 하지만 실은 요만큼도 내 감정을 진심으로 느껴 보려고 하지 않아요."

그녀는 남편과의 결혼생활을 받아들이기로 마음먹은 한편, 남편에 대한 분노가 더 복잡하게 얽히고 감정이 격해지는 역설적인 경험을 하고 있었다. 나는 이런 아이러니가 이해되면서도 그녀의 고통에는 쉽게 공감할 수 없었다. 관계에 대한 확신과 그 관계로 인한 분노, 이것을 피학적 역동[8]으로 본다면 내가 너무 민감한 것인가? 이날도 마칠 시간을 살짝 넘겼다. 그녀와의 분석은 특히 시간을 정확히 지키기가 쉽지 않다. 시동을 꺼도 관성 때문에 좀 더 달려가서야 멈추는 전차와 같다.

10월 21일_첫사랑의 기억

미영 씨 꿈에 나오는 강물에 대해 생각하다가 문득 이런 생각이 들었다.

'강물은 그녀의 눈물이 모여서 흐르는 것이다.'

미영 씨가 또 늦었다. 약 10분 가까이. 저항인가? 아직은 좀 더 두고 볼 일이다.

첫 주제로 관계를 다루었다. 그녀는 자신의 성공보다는 다른

---

8 피학적 역동 고통을 느낌으로써 오히려 쾌감을 경험하려는 심리적 요구를 말한다.

사람, 자신이 돕고 싶은 사람의 성공에 더 큰 관심과 애정을 쏟는다고 했다. 그래서 남편을 성공시키고 싶었다. 자신의 도움과 노력으로 누군가가 가능성을 꽃피울 수 있다면 그보다 보람찬 일은 없을 거라고 말했다. 그래서 남편의 일을 많이 돕고 있지만 요즘 들어 남편이 자기가 일하는 시민단체의 교육 프로그램을 짜라고 하는 등 부쩍 많은 일을 맡기려 해서 힘들다고 했다.

"남편이 자기가 할 일을 미영 씨한테 떠넘기는 것으로 느껴지겠네요. 짜증이 날 것 같습니다."

"남편은 다 저를 키워 주려고 그러는 거래요. 하지만 저는 제 성공을 위해서 그 일들을 하는 게 아니거든요."

"남편 입장에서는 자신의 성공에는 관심이 없고 다른 사람들만 키워 주려고 하는 아내가 안타까워서 그럴 수도 있겠습니다만, 미영 씨 입장에서는 남편이 내 마음을 충분히 몰라준다는 생각이 들 수도 있을 것 같네요. 직장 일에, 육아에, 집안일 하기도 쉽지 않을 텐데 남편 회사 일까지 도우려면 아주 지치시겠습니다."

대화 중 문득, 정말 문득(너무나 종종 그렇듯) 내담자의 결혼 전 이성관계는 어땠을지 궁금증이 밀려왔다. 어려서부터 교회활동을 열심히 했고, 지금의 남편과는 이십 대 중반을 넘겨 결혼했으니 그전에 사귄 사람이 있을 법도 했다. 느닷없고 뜬금없는 의문이라고 치부하고 지나칠 수도 있지만, 나는 이런 종류의 '연상'이 아무런 맥락 없이 찾아오리라고는 생각지 않는다. 문득 든 의문과 미영 씨의 삶 사이에 연결고리를 찾아내 나 자신을 납득시키지는 못하더라도, 최소한 무의미한 질문은 아닐 것 같다는 느낌이 들었다.

언젠가 분석의 시점과 기술에 대해 궁금해하는 동료에게 "고수는 분석하지 않고 느끼는 거야."라고 농담처럼 말한 적이 있다. 느낌은 분석보다 더 강렬하고, 더 느닷없다. 그래서 더 효과적이다. 순전히 나의 주관적인 경험이기에 일반화시키기는 어렵지만, 이번에도 그 감각을 믿어 보기로 했다.

나의 질문에 미영 씨는 첫사랑의 기억을 말해 주었다. 중3 무렵 다니던 교회에는 얼굴도 못생기고 '지질해서' 전혀 주목받지 못하는 남자애가 하나 있었다. 미영 씨는 동네 토박이였지만 그 애는 타지에서 이사와 아무런 기반이 없었다. 쉽게 아이들과 어울리지 못하자 자신이 나서서 친구들 사이에 낄 수 있도록 도와주고, 교회활동에도 참여시켜 일원으로 자리 잡을 수 있도록 했다. 이때부터 그녀는 그 친구의 뒷바라지를 해 주었고, 그가 의대에 들어가고 스물다섯 살이 될 때까지 일편단심 그림자처럼 도와주었다. 미영 씨는 별 의심 없이 당연히 그 남자와 결혼할 거라고 생각했다고 한다.

하지만 어느 날, 그가 같은 교회에 다니던 다른 여자에게 끌리고 있다고 고백했고, 미영 씨는 그것을 결별선언으로 여겼다. 그 말을 듣고는 뒤도 돌아보지 않고 그 자리를 떠났다. 11월이었다. 그녀는 추수 끝난 들판 길을 걸어 친구 집으로 가서 밤새 소리 죽여 오열했다. 그로부터 두 달쯤 뒤에 서울로 올라와 버렸고, 그 후로 일절 연락 없이 살았다. 그리고 그에게 복수하는 심정으로 2년 뒤에 그 남자보다 먼저 결혼했다.

나는 안으로 전율했다. 두 번째 세션에 가지고 온 꿈의 이미지들이 선연하게 떠올랐다. 11월 추수가 끝난 들판, 그 광경 앞에 서서 연상하기를 두려워하던 미영 씨, 등 뒤에 매달려 찍찍 소리를 내던 충분히 인격화되지 못한 어떤 생명체. 그녀는 이제 그 남자를 보낼 때가 된 것인가.

그때까지 미영 씨는 담담하게 이야기를 이어 나갔다. 하지만 나의 다음 멘트에 당황스러울 정도로 급격히 무너졌다.

"미영 씨, 오늘 주제와 그 첫사랑 남자 분과의 관계를 한번 연결해서 얘기해 볼게요. 그 남자를 키우려고 했던 미영 씨의 의도는 결국, 죄송한 말씀이지만, 실패로 돌아갔죠. 최소한 미영 씨의 삶에서는 그 경험을 실패라고 인식하고 계시는 것 같습니다. 이럴 때, 즉 자신의 지극한 노력이 수포로 돌아갔을 때 그것을 보상받고 싶은 것이 사람의 마음입니다. 그를 대신할 다른 사람을 키워서라도 대리만족을 얻고, 그것으로 어떻게든 보상받으려는 것이죠. 그런 욕구 때문에 미영 씨가 지금껏 타인을 위해 과도하게 자기 인생을 몰아온 것은 아닌지 짐작해 봅니다."

내가 말하는 동안 그녀는 동요하는 듯 보였다. 급기야 마지막 부분에 이르러서는 조용히 눈물을 흘리기 시작했다. 애써 터져 나오려는 울음을 참는 것 같았다.

"울어도 됩니다. 편하게, 그와 헤어진 그날 밤처럼 삼키지 마시고, 편하게 우셔도 됩니다."

그러자 미영 씨는 걷잡을 수 없는 통곡을 시작했다. 상담실이 떠나가도록, 배 속 깊디깊은 곳에서 올라오는, 적어도 10년은 더 묵혀 온 통곡을 상담시간을 넘겨서까지 토해 냈다. 그것은 내가 상담하면서 들었던 내담자의 통곡 중 가장 큰 소리였다.

그녀는 울부짖으며 말했다.

"나는 남편을 사랑하지도 않으면서 그 남자보다 빨리 결혼하기 위해 남편을 선택했어요. 그와 헤어진 지 3년도 채 안 됐을 때였죠. 너무 화나고 자존심 상해서 연락을 완전히 끊어 버렸지만, 그와 다시 한 번 얘기해 봤어야 했다는 생각이 드네요. 혼자 속단하고 끝내 버린 게 잘한 건지 모르겠어요. 10년 넘게 나 자신을 속이며 살아온 것 같아요. 이제 내 인생은 어떡해야 할까요? 전 어쩌면 좋죠?"

미영 씨가 우는 동안, 나는 그녀가 외롭지 않게 울도록 잘 지켜보고 있었다. 혼자 울고 있다는 느낌이 들지 않도록, 방해하지 않으면서도 함께 있음을 느낄 수 있도록, 단 한 번도 눈길을 떼지 않고 그녀를 지켜보았다. 그러는 동안 몇 가지 생각이 머리를 스쳤다. 남편을 직장에서 몰아낸 야비한 박모에 대한 분노도 10년 전의 배신과 연결된 것이 아닐까, 미영 씨의 삶에 보상이 되어 주지 못하고 계속 실망만 안기는 남편을 향한 분노도 그 경험과 연관되어 배가된 것이 아닐까. 그러나 그녀가 깊게 통곡하는 동안, 내 안에서는 '아직 많이 멀었다.'는 말이 떠올랐다.

정해진 시간을 제법 넘겨서 그녀를 겨우 진정시키고, 상담센터의 거실로 먼저 나가서 행여 직원들이 있는지 살폈다. 누군가 있다면 미영 씨가 나가는 동안 마주치지 않게 각자 방으로 들어가 있으라고 부탁할 참이었다. 자신의 통곡을 들은, 낯모르는 타인과 마주치는 것은 분명 미영 씨에게 편하지 않을 터였다.

미영 씨를 보내고 나서 나는 공명통이 크게 흔들린 악기의 몸체처럼 그 여진을 가라앉히기 위해 침잠하는 시간을 가져야 했다. 문득 최근 다른 내담자들의 변화에 생각이 미쳤다. 혁혁한 변화와 무의식의 방어가 무너지는 경험이 근래 한두 주 동안 여러 명의 내담자에게서 폭발적으로 일어났다. 어떤 동시성일까, 나의 변화는 무엇이었나, 나 자신이 궁금해졌다.

"내게는 융Jung이 없다."고 탄식하던 융의 말이 그대로 이해되었다. 갑자기 내 분석가들의 카우치에 다시 눕고 싶었다.

10월 28일_ 다시, 고통의 뿌리를 찾아서

지난 세션 후에 나는 미영 씨가 어떤 모습으로 상담실에 들어올지 자못 궁금했다. 무슨 변화라도 있을까, 있다면 어떤 것일까. 그러면서 변화 쪽에 초점이 맞추어지는 내 짐작이 어설프다는 생각이 들기도 했다. 사실 뒤 이어지는 세 세션은 미영 씨의 방어와 열정, 나의 당황스러움, 피곤, 그리고 분석에 대한 희망과 불타는 전의戰意가 혼재되어 씨름한 시간이었다.

이날 미영 씨는 약간 의외라는 느낌이 들 만큼 말끔한 얼굴이었다. 그녀는 지난 일에 대해 별로 의미를 부여하지 않는 얘기들로 세션을 시작했다.

"지난주 분석에서 말씀드렸던 그 일은 제가 고통받는 분노의 근본적 뿌리가 아닌 것 같아요. 분명히 다른 사건들, 다른 경험들, 내가 지금 기억하지 못하는, 또는 기억하지만 충분히 인식하지 못하는 그런 근본적인 무엇인가가 있을 것 같아요."

나는 살짝 긴장되었고, 혼란스러우면서도 다행스럽기도 했다. 그녀는 결단코 끝장을 보자는 것이다. 감사하여라! 이런 뜨거움의 열정과 속도를 다루려면 나는 굉장히 세심하고 노련하며 당황하지 않는 숙련된 분석가여야 한다. 느슨하지도 팽팽하지도 않게 숙련된 긴장감이 유지되어야만 하고, 작은 움직임도 놓치지 않는 세심함이 있어야 한다. 그런 행위를 통해 그녀를 충분히 이해해야 하고, 최소한 그런 노력을 기울이고 있는 내 진심이 전달되어야 한다. 그렇지 않으면 그녀는 박차고 나가 버릴 것이다.

그러면서도 나는 혼란스러웠다. 지난 세션에서 보여 준 그 오래 묵은 통곡은 무엇이란 말인가, 일주일 만에 만나 그 통곡에 최소한의 의미만을 부여하는 저 회피의 모습은 무엇일까. 두려움, 불안, 이런 것일까. 잠깐… 이해가 된다. 그 경험을 강하게 인정할수록 지금의 결혼생활을 철저하게 부정하는 것이다. 자신의 결혼이 첫사랑과의 관계를 부정하기 위한 것이었음이 분명해질수록 남편과의 결혼 역시 부정당할 수밖에 없으리라. 그러니 미영 씨는 그 경험의 비중을 가볍게 다루어야 하리라. 그런 내 생각을 말해야 할지 잠시 고민했지만, 이런 평가가 담긴 말이 그녀를 더 구석으로 몰아갈 수도 있겠다 싶어 자제하기로 했다.

그녀는 계속해서 자신의 분노를 좀 더 탐색해야 하며 지난 시간에 찾은 것은 하나의 '추억'일 뿐이라고 말했다. 그러면서 최근에 일어난 남편과의 일들, 앞으로 자신의 진로 등에 대해 이야기했다.

미영 씨의 이런 태도에 내심 놀랐으나 그녀가 크게 의미를 부여하지 않는 것에 더 이상 붙들리지 않기로 했다. 맞다, 결혼의 이유가 정말 전 남자친구에게 복수하고 그 남자와의 기억으로부터 도피하기 위한 것이었다면, 그녀는 현재의 자신을 받아들일 수 없을 것이다. 그녀가 자신의 결혼, 자녀, 지난 10여 년의 세월을 수포로 돌릴 수도 있는 이 주제를 뒤로 미루기로 한 것은 잘한 것 같았다. 미영 씨 말대로 그녀에게 더 깊은 분노의 기원이 있을 수도 있다. 그것이 그녀의 이후 삶을 규정했다면, 이 중간의 경험(첫사랑) 역시 다르게 재구성할 수 있으리라.

사실 그녀는 이날도 늦었다. 계속해서 10분가량 늦는다. 그녀의 성실함에 비하면 납득이 쉽지 않았다. 게다가 지각문제에 대한 나의 불편함이 이날만큼은 제법 까슬하게 느껴졌다. 얘기를 해 봐야 했다.

"계속해서 세션에 늦으십니다. 멀리서 오시려니까 시간 맞추기가 쉽지 않죠?"

"전철 시간이 어중간해서 조금 일찍 나오면 너무 일찍 도착하고, 조금 늦게 나오면 10분 이상 지각하게 돼요."

"그러면 상담시간을 아예 10분 늦춰서 10시 40분에 만나는 걸로 할까요?"

"네, 그러면 좋겠네요."

"혹시 다른 것과 관련되진 않았을까요. 예를 들면 상담에 오는 것이 부담스러워서 조금씩 행동을 느리게 한다든지… 뭐 그런 거요"

"아뇨, 그건 아닌 것 같아요. 그러진 않아요."

미영 씨는 이 문제를 대수롭지 않게 생각했다. 그러나 나는 계속된 지각에는 다른 이유가 있으리라는 짐작을 포기할 수 없었다. 지각이라는 사소한 행동을 통해 어떤 것을 해결하지는 못해도, 적어도 어떤 것에 대해 말하려는 것, 뭔가를 설명하려는 것 같다는 생각이 들었다.

11월 4일_어린 시절의 공포

이날 미영 씨는 오히려 제 시간보다 좀 더 일찍 도착했다. 자리에 앉자마자 자신이 일주일 동안 생각했던 내용들을 말하기 시작했다. 자기 삶의 근원적인 경험을 탐색하는 데 이렇게 열정적인 내담자는 쉽게 보기 어렵다. 그녀의 열정과 몰입의 에너지가 정교하고 적절한 분석과정을 거치길 바랄 뿐이다. 자기 삶의 핵심을 밝혀내는 일에 모든 내담자가 이렇게만 한다면 얼마나 좋을까. 미영 씨에게 감사한 마음이다.

그러나 이어진 미영 씨의 이야기는 참혹했다. 그녀는 어린 시절의 한 경험을 떠올렸고, 그 경험을 내게 가감 없이 들려주었다. 대여섯 살 무렵, 친척 오빠에게 성추행당한 기억이었다. 그의 행위는 악독했다. 강 중간으로 어린아이를 데려가 몸을 만지고 추행한 것이다. 어린 마음에도 자기 몸을 만지는 것이 싫었던 아이는 그에게 싫다는 표현을 분명히 했다. 하지만 그럴 때마다 그는 깊은 강 한가운데로 가서 아이의 몸을 놓아 버렸다. 아이는 살기 위해 어쩔 수 없이 그의 몸을 필사적으로 안아야 했다. 그러면 그는 또다시 아이의 몸을 더듬고 만졌다. 그의 손에서 벗어났다가 다시 그에게 매달리는 상황이 여러 차례 반복되었다. 그의 행위는 정말 악독하다는 말로밖에는 표현할 방법이 없었다.

그때의 기억을 떠올리며 미영 씨는 얼굴 가득 서슬 퍼런 분노의 기운을 뿜어냈다. 하지만 이야기는 거기서 끝이 아니었다. 그 후로 그녀는 그가 죽게 해 달라고 하나님께 간절히 기도했다고 한다. 시간이 흘러 그녀가 초등학교 5,6학년이 되었을 무렵, 그가 병에 걸려 다 죽어 간다는 소식을 듣고 아버지를 따라 병문안을 가게 되었다. 병석에 누워 있는 그의 모습은 처참했다. 신부전증에 걸려 온몸이 거대한 풍선처럼 부풀었고, 얼굴 형체도 알아볼 수 없을 정도였다. 오로지 죽을 날만 기다리고 있는 그를 보고 미영 씨는 마당으로 나와 하늘을 쳐다보며 하나님의 존재를 확신하게 되었다고 한다.

그녀의 재생된 기억을 듣고, 그때의 감정을 해결하기 위해 한 세션을 거의 다 사용해야 했다. 미영 씨는 그 추행사건이 분노의 원인이 아닐까 생각한다고 말했다. 분노의 한 축을 형성하는 경험임에는 분명해 보였다. 그 사건이 분노의 핵심이라면, 그 끔찍한 경험과 현재의 분노 사이의 연결고리들을 찾아내 그녀가 해결하고자 했던 분노라는 감정의 뿌리가 무엇인지 납득하도록 도와야 했다.

"속단하긴 어렵지만, 이 경험이 악독한 남성들, 그런 남성들이 만든 세상에 대한 분노의 큰 원인이 될 수 있습니다. 하지만 또 다른 원인이 있을 수도 있다는 가능성을 열어 둬 봅시다."

나는 내담자의 참담한 경험 속으로 직접 입장하는 작업을 짧게라도 해야만 했다. 물에 빠져 죽느니 차라리 추행당하는 쪽을 택할 수밖에 없었던 절박함과 분노와 무기력을 내가 조금이라도 느껴야 했다.

수영이 아직 서툴던 어린 시절, 나는 강둑 바로 아래 물의 낙차로 인해 움푹 팬 곳에 멋도 모르고 뛰어든 적이 있었다. 방심하고 뛰어들었다가 발이 닿지 않아 죽을 뻔했다. 물을 끝없이 마시면서도 '이러다 죽을지도 모른다.'는 공포에서 벗어나기 위해 나는 필사적으로 허우적거렸다. 그때의 고통이 생생하게 떠올랐다. 같이 놀던 친구들이 구해 주지 않았다면 어떻게 되었을지 모를 일이다. 그때 나를 구해 주던 친구의 팔을 얼마나 꽉 잡았는지, 그의 팔에는 내 손 모양의 멍이 일주일도 넘게 시퍼렇게 남아 있었다.

나의 경험을 통과해서 입 밖으로 나오는 말들은 그렇지 않을 때와 비교해 진정성의 농도에서 확연한 차이를 보인다. 그것은 누구보다 나 자신이 가장 먼저 느끼고, 내담자들이 가장 예민하게 감지한다. 어린 그녀가 추행당할 때의 감정, 그 절박함과 무기력, 분노, 그리고 죽어 가는 그를 보면서 느꼈을 혐오감, 하나님에 대한 확신. 그 경험들에 대해 나는 가장 진실한 공감을 표하려 노력했다.

어린아이에게 그것은 엄청난 공포였을 것이고, 그만큼 절박하고 무기력하고 굴욕적이었을 것이다. 그래서 그녀는 하나님께 복수를 간청했고, 그녀의 기도를 하나님은 들어주었다. 최소한 그녀의 경험세계 안에서는 그렇게 해결된 것이다. 그는 처참하게 죽었고, 그것이 자신을 성추행한 데 대한 하나님의 정당한 징벌임을 미영 씨는 믿어 의심치 않았다.

분석 초반부에 가져온 몇몇 강물 꿈의 근원적 소재가 이렇게 밝혀졌다. 꿈속의 강물이 과거의 경험과 어떻게 맞닿아 있는지 그녀 안에서 정리가 된 것 같았다. 그런데 절박했던 그 강에서의 경험을 꿈에서 반복하는 것은 지금도 그렇게 절박한 무엇인가가 그녀를 짓누르고 있다는 것인가? 그렇다면 강에서 있었던 일은 그녀가 가진 분노의 가장 중요한 원인이 아닐 수도 있다. 분노의 대상이 죄에 따라 신의 벌을 받았다면, 분노를 일으킨 경험을 받아들일 수 있을 것이다. 그러나 그 경험이 꿈에서 반복된다는 것은 아직 그녀가 그 경험을 충분히 받아들이지 못하고 있음을 의미한다. 아직도 현실에서 무엇인가 해결할 것이 남아 있다는 뜻인가?

이날의 세션을 마치면서 그녀와 나는, 성추행당한 경험도 분노의 마그마는 아닐 것 같다는 데 의견을 같이했다. 나는 그녀에게 더 깊은, 또는 다른 경험을 탐색해야 한다는 메시지를 보냈다. 그녀는 분명히 스스로 또 다른 경험을 탐구해 올 것이다.

11월 11일_전이의 메시지

이날은 몇 가지 역전이가 분명하게 감지되었다. 일단 그런 감정을 느끼는 나 자신이 불편했다.

미영 씨는 남편의 바보 같은 행동들과 자신에 대한 남편의 억압이 자신에게 분노를 자아내는 경험이라는 말로 세션을 시작했다. 예를 들면, 남편은 권위자들 앞에서 부자연스럽게 느껴질 만큼 지나치게 조심한다. 그녀의 눈에는 그런 남편이 너무 가식적으로 보인다. 그런데 평소 권위자들을 두려워하지 않는 그녀가 그들을 자연스럽게 대하면 남편은 그것을 버릇없는 행동이라며 무척 싫어한다.

또 이런 일도 있었다. 오래전 남편이 일하던 시민단체 책임자가 미영 씨에게 일을 좀 도와 달라고 부탁해 왔다. 승낙하기 전에 자신이 할 일에 대한 보수를 요구하자, 남편은 그 일을 수치스러워하며 더 이상 그 단체에서 봉사하지 말라고 명령하듯 말했다.

게다가 그 책임자에게 지나치게 미안해하더니 결국 그곳에서 일하기 부끄럽다며 사표를 내고는 다른 지방으로 옮기기까지 했다. 오랫동안 닦아 온 터를 떠나면서 많은 일들이 꼬이기 시작했다. 그 단체에서 일하는 동안 얻게 된 훌륭한 사회적 네트워크도 더 이상 의미 없게 되었고, 경제적으로도 이만저만 손해가 아니었다.

그 일로 남편은 지금껏 그녀를 원망한다. 하지만 그녀는 여전히 정당한 보수를 요구한 것이 잘못이라고는 생각하지 않는다며 남편의 생각에 절대 동의할 수 없다고 말했다. 오히려 정당하게 자신의 권리를 챙기지 못하는 남편이 더 못마땅하고 싫단다.

나는 조금 난감함을 느꼈다. 미영 씨는 남편이 세상의 약자를 위해 봉사하고, 세속적이지 않은 삶을 살려고 노력하는 데 동의해서 결혼했다고 했다. 그런데 이제는 남편이 돈을 잘 벌어 오는 사람이 아니라며 무능하게 여기고, 경제적으로 이득을 챙기지 못하는 것을 비난한다.

미영 씨의 이런 모습이 내게는 모순으로 느껴졌다. 이럴 때 나는 내 직업적 윤리와 개인적 신념 사이에서 갈등을 느낀다. 나는 거의 무조건 그녀를 이해하기 위해 노력해야 한다. 그녀가 느끼는 불만을 전적으로 그녀의 입장에서 바라봐야 한다. 그러나 이날은 그렇게 하기 불편했다. 나는 앞뒤가 맞지 않는 그녀의 주장 어디쯤에 무언가 설명되지 않은 것이 있을 수 있다고 짐작했다. 나는 내 불편함을 최대한 감추면서 질문했다.

"남편이 시민단체 활동을 하지만 수입도 적절하게 벌어 오기를 바란다는 말씀인가요?"

"아뇨, 꼭 그것만은 아녜요. 돈이 문제가 아니라 그 사람의 태도 죠."

"태도라뇨?"

"남편은 저를 이해해 주지 않아요. 그 사람은 제가 어떤 감정 상태인지 도무지 진심으로 귀를 열고 들으려고도, 느끼려고도 하지 않아요. 그런 태도가 계속된다면 아마 돈을 많이 벌어 온다 해도 썩 기쁘지는 않을 거예요."

불만의 핵심은 공감받지 못하는 것, 정서적으로 소통하지 못하는 것으로 다시 귀결되었다. 이날 미영 씨와 주고받은 대화를 정리하면 이렇게 요약된다.

남편이 시민단체에서 일하기 때문에 수입이 많지 않아도 내 마음을 잘 알아주고 서로 이해하고 이해받는다면 돈이 문제가 되지는 않을 것 같다. 남편은 나를 인정해 주지도 않고, 그렇다고 돈을 잘 벌어 오는 것도 아니다. 게다가 사회운동가로서 성공적인 길을 걷는 것도 아니고, 존경할 만한 삶의 모습을 보여 주지도 않는다. 만약 서로의 감정을 오밀조밀 공감하고 상대로부터 깊이 존중받는다는 느낌으로 충만하다면, 아프리카 험한 오지에서 봉사활동을 하며 고생한다 해도 전혀 고생스럽게 여기지 않을 것이다.

아, 이 얼마나 어려운 과제인가, 우리 남자들에게는 말이다. 심지어 남자 분석가들조차도 자기 아내를 충분히 공감하지 못하고, 친밀한 정서적 관계를 맺지 못해 발생하는 웃지 못할 에피소드들을 가지고 있다. 나 역시 아내와 아이들, 그리고 다른 가족들을 충분히 공감하고 존중해 주지 못할 때가 있다. 그런데 미영 씨는 이런 면에서 완벽한 남편을 요구하고 있었다.

나는 혼란스러웠다. 문득 종종 죽비로 내 어깨를 후려치는 라캉[9]이 다시 그의 언어와 함께 찾아왔다.

"과잉은 곧 결핍이다."

그래, 미영 씨가 보이는 이 과도한 요구는 결핍으로부터 비롯된, 결핍의 대칭점에 있는 모습이다. 그렇다면 미영 씨의 삶은 그녀가 기대했던 타인의 충분한 관심과 몰입, 그들과 정서적으로 깊이 연결되는 경험이 결핍됨으로 인한 결핍과 과잉의 연속이란 말인가? 그 결핍의 세계를 어떻게 재생하고 재경험해 볼 수 있을까? 나는 약간 초조해졌다.

미영 씨는 분노의 뿌리를 찾기 위해 계속해서 이런저런 생각들을 해 보았다고 말했다. 그러면서 지금까지 연상하고 분석한 주제들이 자신의 분노에 영향을 끼치기는 했지만 진정한 분노의 뿌리는 아닌 것 같다고 했다. 그녀의 열정적인 이야기를 듣는 동안 나는 그녀로부터 비난받고 있는 듯한 느낌을 받았다. 아직까지 분노의 뿌리를 분석해 내지 못한 내가 무능하게 느껴지기도 했다.

내가 그렇게 느꼈다면 그녀도 그렇게 느낀 것이 분명하다. 그러나 이런 전이와 역전이는 나 개인을 향한 것이 아니라, 나의 권

---

[9] **라캉** 프로이트의 정신분석을 계승 발전시킨 프랑스 정신분석가다.

위를 향한 것임을 잘 안다. 분석가라는 권위자를 향한 비난이라면, 어떤 것일까…. '당신은 정말 내게 몰입하고 있는 건가요?'일까, '당신은 분석가로서 실력이 충분하긴 한 건가요?'일까, '내 고통을 도대체 언제까지 이대로 놔둘 건가요, 어떻게든 좀 해 보란 말이에요!'일까. 어쨌든 이 전이의 메시지를 통해 내가 놓치지 말아야 할 것이 무엇인지를 생각하느라 머리가 내내 무거웠다.

11월 18일_누락된 존재

출근을 하며 약간 마음이 무거웠다. 전철 안에서부터 미영 씨가 생각났다. 그녀를 떠올리자 그녀가 돌진해 오는 전차 같다는 느낌이 들었고, 왜 내 마음이 살짝 무거운지 이해되었다. 그녀가 이렇게 전차처럼 자신의 존재를 무겁게 밀고 들어오는 것에서 어떤 분석적 매개를 찾을 수 있을까? 내가 누군가에게 전차처럼 무섭게 돌진한 적이 있었던가? 만약 그렇게 한다면 어떨 때, 어떤 사람에게 그렇게 할 수 있을까? 내 성격상 그런 일은 절대로 일어나지 않을 것 같았다. 그래서 이해할 수 없는 영역이라 여기며 옆으로 미뤄 두려 했다. 하지만 이내 그것이 나의 저항임이 분명하다는 생각이 들었다. 이런저런 생각으로 전철에서의 달콤한 독서와 가물가물한 얕은 잠을 이날은 포기해야 했다. 나의 저항을 분쇄해야만 한다는 의무감과 어떻게 좀 쉽게 가 볼 수 없을까 하는 건들거림 사이에서 몸도 마음도 무겁게 가라앉음을 느꼈다.

이날은 카우치 분석을 했다. 미영 씨는 언제나 카우치에 누워서 하는 자유연상 분석에 순순히 동의한다. 카우치에 누우면 연상이 잘되는 분명한 장점이 있다. 그러나 서로 눈을 마주 보는 자세가 아니기 때문에 분석가와 내담자 사이의 역동을 형성하는 데는 비교적 느슨한 편이다. 그래서 나는 카우치 작업을 매시간 하지는 않고, 종종 중요한 지점에서 내담자들에게 권유하곤 한다. 미영 씨에게는 이날이 두 번째 카우치 분석이었다. 보통은 꿈을 분석할 때 사용하는 방식이지만, 이날은 꿈을 다루지 않는데도 카우치에 눕기를 권했다. 그녀는 순순히, 아무런 질문도 없이 내 제안을 받아들였다.

미영 씨가 자리에 누워 이완하는 동안, 나 역시 의자를 뒤로 젖히고 이완을 시작했다. 그리고 나서 그녀에게 떠오르는 모든 단어나 문장, 생각, 이미지, 기억들을 아무런 가감 없이 편하게 입 밖으로 꺼내라고 말했다. 잠깐의 침묵이 흐른 뒤, 그녀가 한숨을 내뱉는 듯한 목소리로 어떤 기억을 말하기 시작했다.

"뙤약볕이 내리쬐는 한여름이에요. 바깥에 태양이 불타듯 이글거리고, 길거리에는 사람들이 하나도 보이지 않아요. 이 기억이 떠오르면, 몸서리치게 싫어요. 아무도 없어요. 여름뿐만이 아니에요. 아지랑이가 피어오르는 걸 본 적이 있으세요?"

"네."

"그 광경이 떠올라도 저는 너무 끔찍해요. 봄이 되어서 온 대지가 깨어날 때 아지랑이가 아득하게 피어오르는 광경을 지켜보고 있어요, 저는. 이런 경험은 계절마다 다 있는 것 같아요. 모두 다 제게는 진저리 칠 만큼 싫고 고통스러운 느낌이에요. 지금도 이 기억을 떠올리는 것이 너무 힘들어요."

나는 순간 어안이 벙벙해졌다. 그렇게 아름다운 풍경들이 어째서 미영 씨에게는 이다지도 고통스러운 경험으로 인식되었을까. 내 경험에서는 어떤 접점도 찾을 수 없었다. 나는 그녀의 고통을 위로하면서 계속 연상해 보라고 부탁했다.

"연상을 좀 더 자유롭게 해 보세요. 힘들다고 하셨는데, 참을 수 없을 만큼 힘드시면 언제든 중단해도 됩니다."

"어린 시절, 집에서 동네 슈퍼를 운영했어요. 나는 가게에 혼자 앉아서 줄거나 밖을 내다보곤 했죠. 그럴 때면 항상 보이는 광경이 있어요. 길거리에도, 집에도 인적이 없어요. 봄이나 여름이면 어른들은 모두 논밭으로 일하러 가잖아요. 그럼 나는 덩그러니 집에 남아 있어요. 어린애가 할 일이라곤 혼자서 가게를 지키는 것뿐이죠. 그곳에서 내다보던 거리의 풍경이 떠오르면 너무 아파요. 아니, 고통스러워요. 봄날의 아지랑이, 한여름의 작열하는 태양, 그것을 바라보고 있는 어린 나. 이런 영상들이 주는 느낌은 뭐라 표현할 수 없는 고통이에요. 좀 더 자란 뒤에는 이런 기억도 있어요. 가을비가 내리잖아요, 태풍이 오거나 하면…. 그러면 나는 혼자 방에 앉아서 처마 끝에서 낙숫물 떨어지는 걸 봤어요. 겨울에는 눈이 많이 왔었죠. 이런 기억들이 문득문득 떠오르면 너무너무 불쾌해져요. 그 경험들이 어떤 느낌으로 인식되는지 아무리 표현하려 해도 적당한 말이 생각나지 않아요."

"적막함?"

"약간 그런 것 같기도 해요. 무엇보다도 그런 광경에는 뭔가 빠져 있다는 느낌이 들어요. 신기해요."

나는 여전히 이해되지 않았다. 그 기억들이 어째서 아득한 향수를 불러일으키는 것이 아니라 몸서리치는 고통으로 인식되는지 도무지 알 수가 없었다. 나 자신을 그녀의 경험세계 안으로 입장시켜야 한다는 것을 알았지만 어쩐지 이번에는 내 안에서 거부감이 확 올라왔다. 그처럼 강한 거부감은 거의 한 번도 경험해 본 적이 없었다. 나는 그 거부감의 정체를 들여다보았다. 아, 이건 두려움이다. 웬 두려움인가? 이 두려움을 잠시 접어 두고, 내 경험들 중에서 유사한 것들을 훑어보았다.

스멀스멀 버려진 느낌이 내 안에서 올라왔다. 그리고 하나의 기억이 떠올랐다. 어린 시절, 온 가족이 아버지 공장으로 일손을 거들러 가서 아무도 내게 관심을 두지 않았던 기간이 며칠 있었다. 집에 홀로 남은 나는 왠지 심술이 나서 책상 밑으로 들어가 가만히 웅크리고 있었다. 늦은 저녁, 먼저 집으로 돌아온 어머니가 나를 부르며 찾았다. 그러나 나는 책상 밑에서 나오지 않았다. 나를 발견한 어머니는 왜 그러느냐며 나를 달래서 데리고 나왔다. 그때 나는 잠시나마 가족으로부터 '누락'된 느낌이 들었던 것 같다.

다시 미영 씨의 경험 위에 내 경험을 대입해 보았다. 나는 '내'

(내담자 미영 씨) 존재가 사계절, 사시사철, 아무에게도 인식되지 못함의 연속이었고, 그런 경험을 지속적으로 해 왔다는 것을 느꼈다. 사실 그런 광경들은 아름다운 기억으로 남아 있어야 함에도 불구하고, 내담자의 묘사 속에서 나는(분석가) 내(미영 씨) 존재를 인식해 주는 사람이 아무도 없음을 느꼈다. 이 시점에서부터 내 안의 무엇들이 들고일어나 나를 마구 휘젓는 것 같았다. 문득 미영 씨가 조금 전 한 말이 생각났다.

'뭔가 빠져 있다는 느낌이 들어요.'

나는 미영 씨에게 물었다.

"뭔가 빠진 것은 다름 아닌 자기 자신이 아닐까요?"

내 질문에 미영 씨는 아무런 대답 없이 소리 없는 눈물을 흘리기 시작했다.

누락된 존재! 그래, 가족 안에서 그녀는 누락된 사람이었다. 아들이 아니었기에 아버지의 관심을 거의 받지 못했고, 농사일과 집안일로 너무나 바쁜 엄마는 그녀를 돌볼 틈이 없었다. 사계절 찬란한 그날에 그녀는 눈이 아플 정도로 찬란한 외로움 속에 누락된 채 내던져져 있었다. 나는 구태여 '누락'이라는 단어를 쓰고 싶었다. 이 단어 외에는 그 상황을 장악할 만한 더 적절한 표현은 없는 것 같았다.

"그 광경에서, 그 세상에서 미영 씨는 다른 무엇이 아니라 자기 자신이 '누락'됐다고 느꼈던 것 같습니다."

"쉽게 이해되지는 않지만 마음에 와닿는 무언가가 있어요. 머리로 잘 이해되지는 않지만, 폐부를 찌르는 느낌이요."

'뭔가 빠진 것'을 그녀는 다른 사람으로 이해했지만, 실은 다른 사람들에게서 그녀가 빠진 그 상황, 그리고 자신이 빠졌다는 것을 무의식적으로 감지한 그 상황이 그녀에게는 견딜 수 없는 고통이었으리라. 미영 씨는 전처럼 통곡하지는 않았지만 진액 같은 눈물을 하염없이 흘렸다. 이날의 분석을 마감할 시간도 어김없이 찾아왔다. 나는 그녀를 보내고 싶지 않았다. 가슴 가득 그녀의 존재를 한껏 인정해 주고 싶었다.

분석시간 말미에 나는 내 안에서 밀려 올라오는 어떤 통찰의 에너지로 인해 머리가 어지러울 정도였다. 어느 순간 번개와 같은 한 생각이 내 전체를 관통하고 지나갔다.

'외로움으로 인한 상처는 말 걸 사람이 없어서가 아니라 내가 누구로부터도 말 걸어지는 존재가 아니라는 것 때문에 발생한다.'

그녀의 경험세계 속으로 나를 밀어 넣으려 할 때 느꼈던 나의 두려움이 무엇인지도 이해가 되었다. 그 버려짐의 기억, 방치된 아이의 막막함, 아무에게도 인지되지 않은 비존재감의 영토, 그 속에 머물러야 하는 두려움이 나를 막아섰던 것이다.

나는 이제야 그녀의 분노가 제대로 이해되었다. 두려움은 분노를 불러일으킨다. 두려움만큼 분노의 직접적인 원인은 없다. 미영 씨의 '누락됨'의 경험은 어떻게 분노라는 감정을 생성해 냈을까. 그것이 자신을 향한 분노로 돌아온 것은 아닐까? 부모와 가족들 사이에서 자신의 존재감을 느낄 수 없을 때, 보통 사람들은 어떤

● 누락된 자의 슬픔

감정을 느낄까. 부모에게조차 존재를 인정받지 못해 자신이 가치 없게 느껴진다면, 그런 못난 자신에 대한 분노와 무기력함이 필연적으로 뒤따를 수밖에 없을 것이다.

미영 씨와 여덟 번째 세션을 마친 후, 많은 생각들을 정리하느라 에너지를 쏟아야 했다. 외로움에 관한 하나의 중요한 해답을 얻은 것 같았다. 우리에게 필요한 것은 그 경험을 납득하고, 받아들이는 일이다. 괴로움의 원인으로 돌아가, 그 자리에 붙박여 있던 자기 자신을 만나고 미뤄 왔던 삶의 과정을 다시 시작하는 것이다.

다음 세션까지 일주일 동안 나는 누락과 외로움의 트라우마에 대해, 그녀의 경험에 대해 깊이깊이 생각했다. 결국 내가 도달한 지점은, 궁극적으로 그녀를 누락시킨 것은 가족들뿐만이 아니라 그녀 자신이었다는 것이다. 물론 자발적인 것은 아니지만, 가족들의 욕망을 그녀 자신이 그대로 따른 것만은 분명하다.

그녀는 자신을 누락시키는 방식으로 자기 존재를 지키려 했다. 항상 누군가의 삶에 조연이기를 자처한 것이다. 힘든 어머니를 알아서 도왔고, 어려운 집안일도 스스로 처리해 왔다. 그 후로도 자신을 누락시키는 데 적극 앞장선 것은 다름 아닌 그녀 자신이었다. 그녀는 세상의 중심에서 자기 삶의 주연이 되려는 노력을 한 번도 하지 않았다. 남자친구를 '키우는 데' 만족하며 자신은 세상으로부터 물러났다. 다른 누군가를 키움으로써 세상에 봉사한다고 여겼지만 무의식 속 그녀의 진짜 의도는 주연의 명부에서 자신을 누락시키는 것이었다.

　그녀는 다르게 살 수도 있었다. 하지만 다르게 살기 위해서는 먼저, 왜 자신이 그런 방식으로 살아왔는지 알아내야 했다. 그녀가 자신을 세상의 전면에 내세우지 않으려는 것은 겸손도, 능력 부족도 아니다. 자기 존재를 드러내 본 적이 없었던 그녀에게 너무나 낯선 일이기 때문이다.

　남편을 도움으로써 자신을 누락시켜 온 그녀에게 남편의 성공을 위협하는 박모와 같은 사건이 생기면, 그녀는 아예 자신의 존재가 이 세상에서 없어지는 상상을 한다. 그래서 '차라리 죽어 버리는 것이 낫겠다.'는 충동을 느끼는 것이다. 그러나 그녀는 이 세상의 어떤 사람에게는 자신의 존재가 온전히 느껴지기를 간절히 바라고 있다. 그 사람이 바로 자신의 남편이기를 너무나 간절히 원하고 있다. 자신이 느끼는 감정의 모든 결과와 그 흐름을 예민하게 감지해 주기를 바라는 것이다. 그것이야말로 그녀의 존재가 가장 확실하게 수용받는 경험일 테니까 말이다. 그녀가 느끼는 남편에 대한 감정은 단순한 소통의 어려움과 실망이 아니다. 자신의 존재가 받아들여지지 않는, 한 올의 누락도 없이 온전하게 받아들여지지 못하는 데 대한 절망이다.

　우리는 결국 타자의 욕망에 전이된 삶을 사는 것이다. 가족들이 그녀에게 무의식적으로 요구했고, 그녀가 고통스럽게 수행한 욕망이 결국 그녀가 분노하는 지점이지만, 그래서 또한 스스로 책임져야 할 부분이기도 하다. 그녀는 타자의 욕망을 이제 알아야 하고, 타자의 욕망으로부터 주체의 욕망으로 회귀해야 한다. 나는 그녀와 해야 할 중요한 이야기가 남았다고 생각했다.

11월 25일_몸살을 앓다

한 달쯤 전에도 감기에 걸렸지만 기어코 분석시간에 왔던 미영 씨가 이번에는 쉬겠다고 문자가 왔다. 저항이 아니라는 느낌이 들었다. 지난 분석의 열기를 감당하기 위해 몸이 몸살을 앓는 것 같았다. 나는 그녀가 믿는 신께서 그녀를 지켜 주기를 소망했다.

12월 2일_나를 받아 주는 품

첫눈에도 미영 씨는 살이 빠지고 얼굴빛이 파리했다. 안쓰러움이 밀려왔다. 자신의 고통이 어디에서 비롯되었는지를 대면한 사람의 고통이 느껴졌다. 알고 싶기도 하고, 알고 싶지 않기도 한 그 시간과 공간. 그녀는 30년 전, 자신의 오래된 미래를 예견해 주는, 찬란하게 부서지는 여름 햇볕과 수만 마리의 실뱀 같은 봄날의 아지랑이, 거기에 내던져진 어린 자신의 얼굴을 보고 온 것이다. 왜 힘들지 않겠는가. 그것이 그녀의 슬픔과 분노의 시작이었는데 말이다.

미영 씨는 먼저 꽤 여러 주 전에 나누었던 자신의 지각 문제를 주제로 말문을 열었다.

"그때 선생님이 그 말을 해 주셔서 사실 너무 감사했어요. 저에 대한 선생님의 관심을 확인하는 것 같았거든요."

그녀는 10월 말까지 매주 10분 정도 늦었고, 나는 거기에 어떤 저항이 숨어 있는지 탐색한 적이 있었다. 그때 그녀는 전철 시간이 어중간해서 그런 것일 뿐이라고 얘기했다. 그녀는 계속해서 말을 이었다.

"제가 눈에 보이지 않아도 선생님은 제 존재를 알고 계신 거잖아요. 단순한 염려나 걱정이라고 할 수도 있겠지만, 제가 눈앞에 없더라도 선생님은 저를 인정해 주시는 거예요. 사실 그때 그런 생각이 들었어요. 아마 저는 그걸 확인하고 싶었는지도 모르겠어요."

사실 이것은 놀랄 일도 아니다. 분석현장에서 종종 하는 경험이니까. 그러나 이런 경험을 할 때마다 항상 모골이 송연해진다. 행여 내가 내담자에게 집중하지 않았더라면, 또는 나 자신의 저항 때문에 어떤 문제를 소홀히 다루었더라면 어땠을까? 눈에 보이지 않아도 자신의 존재를 인정해 주는 분석가 앞이기에 누락된 자기 존재를 드러낼 수 있었을 것이다. 이 사람(분석가)은 안전하다는 안도감이 내담자의 경계심을 지우고, 결국에는 분석가를 신뢰하게 만드는 것 같았다.

그녀는 다시 '누락'을 주제로 말문을 열었다.

"나는 아마도 그때부터 착한 아이로 살기로 했나 봐요. 부모님을 힘들게 하지 않겠다고 생각했어요. 부모님께 거슬리는 아이가 되지 않기 위해 안간힘을 썼던 것 같아요."

"미영 씨는 아마 외동딸로서 다른 형제들에 비해 어머니와 자신을 가장 많이 동일시한 자식이었을 것 같습니다. 그러니 어머니를 힘들게 하지 않아야 하고 할 수만 있다면 어머니의 고통을 덜어드려야겠다고 생각했을 겁니다. 말썽을 피우거나 '땡깡'을 부리거나 칭얼거려서는 안 된다고 마음먹었겠죠."

"맞아요."

여기서 나는 사실 이런 말을 하고 싶었다.

'지난 세션에서는 '내(미영 씨)가 누락된 것'이라고 했지만, 사실은 당신이 스스로를 '누락'시킨 것 같다. 그것이 당신 가족의 욕망이었던 것 같다. '너는 빠져 있어.'라는 가족들의 무언의 요구에 당신은 순응한 것이다.'

이렇게 미영 씨 스스로를 누락시킨 타인의 욕망에 대해 설명하고 싶었다. 그러나 지금은 그 말이 너무 부담될 수도 있을 것 같아 마음속에 담아 두기로 했다.

이날 세션에서 미영 씨는 유난히 손을 입에 많이 가져갔다. 카우치에 누워 있을 때를 빼고는 늘 허리를 꼿꼿이 펴고 앉아 독대하듯 분석을 받던 그녀였다. 그러나 이날은 유치원 아이가 수줍어하듯 어린애 같은 느낌을 주었다. 나는 살짝 미소를 띠면서 말했다.

"미영 씨가 오늘은 퇴행하는 것 같습니다. 여태껏 한 번도 손을 입으로 가져가는 모습을 본 적이 없는데, 오늘은 분석이 시작된

지 15분 정도가 흐른 지금까지 벌써 다섯 번 이상 손을 입에 갖다 대고 입 주변을 만지거나 입술에 손을 붙이고 있습니다."

"어머, 제가 그랬나요? 사실 저는 의식을 못했어요."

"네, 그러셨어요. 지난 세션 이후로 어떠셨어요?"

"맞아요, 사실 지난주 동안 남편에게 앙앙거렸어요. 전에는 남편에게 화를 낼 때면 속에서 분노를 끌어올려 발산하곤 했는데 이번에는 애가 칭얼거리듯이 그렇게 했어요."

"퇴행인 것 같습니다."

"그런 건가요?"

"사실 퇴행은 공간이 있을 때만 가능합니다. 어린 시절에 미영 씨를 받아 주던 사람을 그런 공간이라고 생각해 볼 수도 있습니다. 받아 주는 품을 말하는 겁니다. 그렇게 받아 주는 품이 있어야 어린아이가 되어서 어리광을 부릴 수 있지 않습니까? 그러나 오랫동안 그렇게 못해 오다가 이제 그렇게 해도 될 것 같은 곳, 그런 사람을 만나서 30년 묵은 어리광을 피우는 겁니다."

넘어지면 그 자리를 딛고 일어나야 한다. 다른 곳에서 일어나려다가는 온몸으로 흙바닥을 뒹구는 수밖에 없다. 퇴행은 바로 넘어진 그 자리에서 일어나겠다는 것, 결핍이 발생한 그 지점에서 다시 시작하겠다는 무의식적 행위다. 퇴행이 일어났다는 것은 이제 다시 시작했다는 뜻이다. 더욱 건강한 퇴행은 자신의 위치를 자각함으로써 시작된다.

퇴행에 관한 나의 부연 설명에 미영 씨는 의외의 이야기를 꺼냈다. 종종 자기 삶을 생각하면 '석탄이 떨어진 전차가 무섭게 달려가는 이미지'가 연상되곤 했다는 것이다. 이런 식의 이미지들은 정말 섬뜩할 정도로 한 사람의 삶을 한마디로 간파해 낼 때가 있다. 언젠가 집단분석에서 한 여성은 '별이라고 믿고 살아온 불가사리'라고 자신의 삶을 이미지로 표현했다. 짧은 문장에 함축된 그녀의 아픔과 혼란이 절절하게 전달되었다. 지금 미영 씨는 자신을 '연료가 떨어졌는데도 돌진해 나가는 전차'라고 형상화했다.

지난 18일, 아침 출근길에 나 역시 그녀를 생각하며 돌진해 오는 전차 이미지를 떠올렸다. 하지만 내가 연상한 그 이미지에 관해 그녀와 함께 고민할 기회는 없었다. 그런데 이날 그녀가 먼저 자신을 '전차'에 비유한 것이다. 나 역시 그런 느낌을 받은 적이 있다고 말했다. 그러자 그녀는 혼란스러운 표정으로 물었다.

"전차가 멈추면 안 되지 않나요?"

이제 그동안 유예해 온 말을 꺼내 놓아야 할 것 같았다. 아무래도 이야기가 길어질 것 같았다. 나는 미영 씨에게 조금 길게 이야기해도 되겠느냐고 양해를 구했다. 분석가가 길게 이야기하는 것은 그리 바람직하지는 않지만, 분석이 어느 정도 일단락되어 가는 이 시점에서 한번 정리하는 것이 좋겠다고 생각했다.

"미영 씨, 전차를 멈추는 것보다, 어딘가로 향하게 하는 것보다 더 중요한 것이 있습니다. 그 전차에 어떻게 시동이 걸리게 되었는지, 어떻게 시작되었는지를 먼저 알아야 합니다. 지금까지는 아무 영문도 모른 채 누군가에 의해 시동이 걸렸고, 무섭게 달려왔습니다. 물론 인간의 욕망은 어떤 식으로든 시동이 걸리게 되어 있습니다. 그러나 시동이 걸린 이유를 분명히 알고, 타자의 욕망으로 결정된 삶을 자신의 순수한 욕망으로 다시 회복해야 합니다. 우리는 이제 그 전차의 시동이 왜 걸렸는지 알아냈습니다.

미영 씨는 어머니의 슬픔과 힘겨움을 나누고, 아버지처럼 부지런히 일함으로써 가족 내에서 누락되지 않으려고 발버둥 쳤던 겁니다. 세상에서 누락되지 않으려고 미영 씨는 과도하게 일했습니다. 하지만 결국 누락된 자신을 발견하고 자기 존재를 회복하고 싶었지만 삶의 주인공으로 자신을 내세우지는 않았습니다. 아니, 그런 욕구는 너무나 생경하고 낯선 것이어서 자신을 결코 자기 삶의 주연으로 만들려 하지 못했습니다.

그러나 여전히 미영 씨는 사람들에게 자신의 존재를 확인해 줄 것을 요구했고, 타인을 통해 그것을 성취하려 했지만 세상은 나를 알아주지도 않았습니다. 오히려 과도하게 힘쓴 나머지 소진되고 탈진되어서 힘겨워했습니다. 그래서 아마 연료가 떨어진 전차라는 이미지가 떠올랐을 겁니다. 소진되고 소진되어 이제는 정말 그만두고 싶은 그 시점에 저를 찾아오신 것 같고요."

미영 씨는 한마디도 놓치지 않으려는 듯 몰입해서 내 이야기를 들어 주었다. 그리고 이렇게 화답했다.

"세상살이가 너무 힘들어서 분노했고, 나중에는 그 분노가 저 자신을 향했던 것 같아요. 이제는 그 과도함에서 벗어날 때가 된 것 같네요."

● 누락된 자의 슬픔

"과도하게 달리는 전차를 멈추어서 좀 쉬거나 아니면 속도를 조절하거나 방향을 틀어도 좋을 겁니다. 시동이 어떻게 걸렸는지는 알았습니다. 이제 다르게 운전을 해야겠죠. 타인의 눈치를 보지 말고, 쉴 때 쉬고 자기 내면의 요구에 따라 속도를 조절하고, 달려갈 곳을 제대로 정해서 가면 됩니다."

"두 달밖에 안 됐는데 참 오랫동안 분석을 해 온 느낌이에요. 그동안 제 분노의 원인을 찾아 깊이깊이 들어왔죠. 처음에는 박모인가 했다가 남편 때문인가도 생각했죠. 사실 남편이 내 인생에서, 최소한 성인기에 들어서는 가장 큰 분노의 원인인 것만은 맞아요. 하지만 그것도 이제 와 알고 보니 선생님도 아시다시피 내가 만든 구조에 내가 들어와서 분노한 것 같아요. 또 첫사랑, 성추행했던 그 친척 오빠도 모두 맞는 것 같아요. 그것이 오래된 내 분노에 큰 원인이 된 것은 맞지만 가장 큰 뿌리는 역시 어린 시절의 '유기', '방치', 선생님이 '누락'이라 표현한 그 경험이 아닌가 싶어요. '누락'이라는 단어가 여전히 완전하게 와닿지는 않지만, 처음 그 말을 들었을 때 뭔가에 푹 찔리는 느낌이었어요. 그 말이 온전히 받아들여지지 않는 건 동의하지 않아서가 아니라 너무 아파서 그런 걸 수도 있겠죠. 내가 내 삶을 항상 조연으로 규정해 놓았다는 말씀도 정말 와닿아요. 그건 곧 나를 주연의 자리에서 누락시켰다는 사실을 인정한다는 의미겠죠. 누가 시켜서가 아니라 나 자신이 말이에요."

나는 오늘 세션 초반에 '누락에 대한 자기 책임'을 이야기하지 않고 유예한 것에 안도했다. 이렇게 자연스럽게 그녀와 이야기할 수 있어서 너무 다행이라는 생각이 들었다. 그녀는 가장 중요한 지점을 성찰해 냈다. 자신을 뒷자리로 물러나게 만든 것이 바로 자기 자신이었다는 것을 말이다. 그것이 자신의 책임이라는 것을 그녀는 통렬하게 깨달았다.

 미영 씨의 일정과 내 개인 사정으로 우리는 그 다음 주를 끝으로 분석을 일단락해야 했다. 그리 길지는 않지만 당분간 분석을 쉰 뒤 내년에 다시 만나게 된다. 다행히 여덟 번째 세션에서 우리는 마침내 그녀의 분노의 뿌리를 캐내었고, 그 실체를 들여다보았다. 그리고 아홉 번째 세션에서 그것이 어떻게 그녀의 삶을 소진시켰는지를 밝혀냈다. 이제 마지막 세션이 어떻게 정리될지 궁금했다. 그것은 나의 몫이기도 하지만 그녀의 몫이기도 하므로, 결국 우리 둘의 몫이었다.

12월 9일_ 깊은 공감

 이날 그녀는 조금 늦었다. 정확히 8분 늦게 내 방으로 들어왔다. 인사를 하고 자리에 앉았다. 언제나처럼 내가 따뜻한 물 한 잔을 건넸다. 세션을 시작할 때면 나는 늘 내담자들에게 따뜻한 물 한 잔을 내 손으로 직접 건넨다. 물론 여름에는 시원한 물이다. 그사이 미영 씨는 깊은 생각에 잠겨 있었다. 그리고 이런 말로 대화를 시작했다.

"오늘은 분석시간에 늦었는데도 집에서 뭔가를 하면서도 전처럼 초조하고 불안하지 않았어요. 정말 마음이 많이 편해진 느낌이에요. 그동안 제가 얼마나 긴장하고 살아왔고, 잔잔한 화를 밑바닥에 깔고 살아왔는지… 그런 감정이 없어지고 나니까 오히려 그게 느껴져요."

"그래요, 적막한 깊은 산속에서는 새소리나 바람 소리 같은 배경음이 있어야 그 적막이 더 절절히 느껴지는 법이죠. 긴장과 분노가 사라지고 보니 얼마나 긴장하고 살아왔는지, 화로 가득 차 있었는지 깨닫게 된 거죠."

"음… 전 같으면 화낼 일인데도 별로 화가 나지 않아요. 이건 노력해서 되는 것이 아니라 저절로 그렇게 되는 감정이에요. 깊은 바다에 깔려 있는 뭔가를 걷어 낸 느낌이랄까요. 그러면서 선생님이 지난주에 해 주신 말씀의 의미가 더 분명하게 와닿아요. 이제부터 전차의 운전을 제 욕망대로 해야 한다는 말씀이요. 그게 무슨 말인지 이젠 알겠어요."

그녀는 내게 대단한 신뢰를 보였다. 그러나 이것은 당연히 경계해야 할 일이다. 그녀는 분석가의 욕망에 전이되어서는 안 된다. 전차의 연료를 분석가로부터 얻어서도 안 된다.

18일 세션에서 그녀는 획기적인 균열을 만들었고, 나는 그 균열의 틈에서 머뭇거리지 않고 나 자신을 그리로 밀어 넣었다. 그때 나는 사실 두려웠다. 언제나 그렇듯 타인의 경험 안으로 나를 밀어 넣을 때면 두려움이 밀려온다. 이번엔 특히나 더 두려웠다.

그녀 안에서 내가 길을 잃으면 어떡하나, 그녀의 경험은 너무나 강렬해서 그 감정에 내가 압도당하면 어떡하나… 나는 머뭇거리는 나를 보았다.

그러나 결국 나는 그녀가 묘사한 정물화 같은 활동사진 안으로 나를 집어넣었다. 그것이 자신을 온전히 사용하는 것에 저항해서는 안 된다는 분석가의 윤리였다. 나는 그녀가 되었고, 그제야 '뭔가 빠져 있다.'는 그녀의 말을 이해할 수 있었다. 우리는 결국 누락된 나(내담자)를 발견했다. '방치'나 '무관심'보다 '누락'이라는 단어만큼 미영 씨의 상황을 가장 잘 포착한 단어는 없을 것 같다. 그 말은 그녀의 심급心級 가장 깊은 곳으로 파고들어 분노의 뿌리를 캐내어 올렸다. 하나의 단어가 한 명의 인생일 수도 있다.

나는 그렇게 나 자신을 그녀의 경험세계 속으로 던져 넣음으로써 그녀의 외로움을 절절히 느낄 수 있었다. 낮은 차원의 공감을 넘어 이해와 수용을 포함한 깊은 공감을 할 수 있었다. 그러한 이해와 수용과 공감이 그녀에게는 가장 효과적인 치유의 경험이 될 것이다. 그리고 무엇보다 나는 그녀의 경험을 재경험함으로써 분석가로서의 희열, 인간의 외로움을 근원적으로 이해하는 통렬한 희열을 경험할 수 있었다. 인간의 외로움에 대한 중요한 사실을 하나 발견한 것이다.

많은 사람들이 외롭다고 느낀다. 하지만 대부분의 경우, 우리는 외로운 것이 아니라 심심한 것이다. 그 심심함이 반복되면 불만이 쌓인다. 그래서 남편에게, 자녀들에게 놀아 달라고 요구한다. 그것이 여의치 않으면 좀 더 멀리 있는 관계를 찾는다. 친구나 이웃, 동호회 사람들과 만나 심심함을 달랜다. 그 순간은 외로움을 느끼지 않는다. 하지만 깊은 외로움은 이런 식으로 해결될 수 있는 감정이 아니다. 수많은 사람들에게 둘러싸여 있어도, 그들과 아무리 수다를 떨어도 오히려 헛헛한 감정을 느낄 때가 있다. 외로움은 여러 사람들과 이야기한다고 해서 해결되지 않는다. 심심함과 외로움을 구분할 수 있어야 한다.

외로움이란, 내가 말할 대상이 없는 데서 비롯된 상처가 아니라, 내가 누구에게도 말 걸어지는 대상이 아니라는 데서 비롯된 것이라고 했다. 말 걸어지는 대상이라는 것은, 존재감의 확인이다. 우리에게는 말 걸어 주기를 진정 원하는 사람, 오직 한 사람, 또는 소수의 몇 명이 있다. 그들은 대체로 부모들이다. 그들의 말은 따뜻하고 부드럽고 수용적이어야 한다. 어루만지는 말이어야 한다. 그것이 최선이다.

많은 부모들은 따뜻하지도 부드럽지도 수용적이지도 않지만, 그래도 말을 걸어 준다. 이것은 차선이다. 말을 걸지 않는 것보다는 나으니까. 그러나 자신의 일부만이 받아들여지는 느낌은 어중간한 외로움을 만들어 낸다. 그래서 많은 이들의 외로움은 대체로 어정쩡하다. 절절히 외롭지도 않지만, 그렇다고 외롭지 않은 것도 아니다. 그래서 우리는 부드러운 말과 어루만지는 대화와 수용되는 느낌을 원하는 것이다. 우리는 우리가 사랑하는 사람들에게 그것을 주어야 한다. 그래야 받을 수도 있다.

미영 씨는 따뜻한 대화로부터도, 부정적인 대화로부터도 대체로 소외되어 있었다. 그녀는 그러한 자신의 경험이 어떤 의미를 지니는지 이해했다. 이제 남은 과제는 말 걸어지지 않았다고 해서 수용되지 않는 아이는 아니었음을 이해하는 것이다. 그것이 자기 자신에 대한 과도한 자기 연민을 벗어 버릴 수 있는 최선의 방법일 것이다.

다섯 번째 이야기

스스로를 없앤 청년

걸려 넘어진 돌을 딛고 일어서 오히려 디딤돌로 쓰는 사람들이 있다.
그런 사람들은 넘어지던 바로 그 순간에 어떤 실수를 했는가,
다시 잘 돌이켜본다.
실수에 대한 수치심을 무릅쓰고서라도.

애도, 그것은 다시 찾을 수 없는 것과 돌이킬 수 없는 것에 대한 슬픔을 받아들일 때 겪는 고통스러운 통과의례다. 우리가 애도하는 대상은 그만큼의 속도로 잃어버리는 시간 그 자체이기도 하고, 내 존재를 가능하게 한, 그러나 지금은 돌아가신 부모이기도 하고, 추억으로만 돌아와 아련하게 심장을 가라앉히는 옛 연인이기도 하다. 그것들은 이제는 볼 수도 찾을 수도 없는, 이미 실체가 없는 것들이다.

그러나 만약 애도의 대상이 항상 보이지 않는 모습으로 내 몸에 매달려 있다면, 상실의 공간이 항상 내 몸의 일부로 결착되어 있다면, 생각의 지시에 따라 의심의 여지없이 기능하던 몸의 일부가 어느 날부터 비자율의 공동空洞으로 변질된다면, 삶은 그 자체로 애도의 시간이 될 것이다.

● 스스로를 없앤 청년

몸의 한 기능이 마비되거나 신체의 한 부위가 절단되면, 그때부터 그 사람에게는 새로운 수식어가 붙어 다닌다. '장애우' 또는 '장애인', '장애가 있는 사람', 심지어 '불구자', 가장 나쁘게는 '병신'. 그 누구도 원치 않지만 때로는 그런 사회적 호칭으로 불려야 한다. 그것은 아마도 살아가는 동안 가장 겪고 싶지 않은 일 중 하나일 것이다. 병으로 인한 것이든 사고로 인한 것이든, 장애란 한 존재를 절망으로 떨어뜨리는 가장 커다란 사건임이 분명하다. 그러기에 갑작스럽게 신체의 일부 또는 그 기능을 잃게 될 수도 있다는 것은 살아가는 동안 느끼는 가장 큰 불안 중 하나다.

언젠가 사고로 한쪽 손을 잃은 중년 남성의 이야기를 들은 적이 있다. 그는 한쪽 손을 잃고 나서 몇 차례나 목숨을 끊으려 했다. 날마다 술을 마셨고 세상을 원망했다. 잘려 나간 한쪽 손을 보며 삶을 증오했다. 사람들은 자신이 가진 많은 것들 중 잃어버린 그 하나와 자기 자신을 동일시할 때가 너무나 많다. 성적이 떨어졌다고 죽는 사람, 투자한 돈을 날렸다고 죽는 사람, 세무조사가 들어온다고 죽는 사람, 일자리를 잃었다고 죽는 사람. 이들은 모두 잃어버린 그것과 자기 자신을 동일시했기에 삶의 의미도 함께 상실한 것이다. 하물며 기능공으로 삶을 꾸려 가던 그 남성에게 손이 어떤 의미였겠는가. 자신의 목숨만큼 중요했을 터이다.

그런데 죽지 못해 목숨을 이어 가던 어느 날, 그의 눈에 술병을 따고 있는 자신의 남은 한 손이 들어왔다. 불현듯 그는 '만약 이

손마저 잃는다면 어떻게 될까.' 하는 생각이 들었다. 그러자 남은 한쪽 손 역시 목숨처럼 소중한 자신의 일부가 아닌가 하는 깨달음이 밀려왔다. 그러고 보니 발 한쪽, 눈 한쪽… 신체 부위 하나하나가 자신의 생명이고, 잃어버린 손 못지않게 소중한 것들이 아직 너무나 많이 남아 있었다. 그는 자신의 신체를 강하게 단련하기 시작했다. 맨손으로 과일을 깨뜨리고 못을 박을 수 있을 만큼 남은 한 손의 힘을 길렀다. 그 결과 한 손만으로도 두 손이 해야 할 일들을 척척 해낼 수 있게 되었다. 무엇보다 그는 그 어떤 것과도 바꿀 수 없는 중요한 삶의 의미를 찾았다. 그는 이제 죽을 때까지 자기 몸을 사랑하면서 살겠다고 다짐했다. 신체 기관 하나하나를 자기 목숨처럼 건강하게 지키면서 살겠다고….

이렇듯 인간은 고통을 통해 삶의 의미를 절감하고 자기 존재에 가치를 부여할 수 있다. 하지만 그 과정을 겪어 내기란 결코 쉽지 않다. 특히 사고나 병으로 신체 기능을 일부 상실한 사람에게는 정말 죽을 만큼 고통스럽고 끝이 보이지 않는 아득한 고난이다.

예기치 않게 닥친 재난 앞에, 그로 인한 절망에 무릎 꿇지 않고 고통을 통해 '존재의 의미를 찾아가는 일'. 그것이 어떻게 우리 삶을 변화시킬 수 있을까?

《죽음의 수용소에서》라는 책의 저자 빅터 프랭클은 아우슈비츠에서 겪은 극한의 고통의 시간들 속에서 오직 작은 의미들이 자기를 살아남게 한 유일하면서도, 침해받지 않는 삶의 원동력이었다고 회고했다.

그는 전도유망한 정신과 의사였고, 아내와 아이들과 단란하고 따뜻한 가정이 있었고, 적당한 부와 좋은 친구들을 가지고 있었다. 하지만 유대인이라는 오직 그 이유 하나 때문에, 자신이 선택할 수 없는 태생적인 조건 때문에 가족을 모두 잃고 희망 없는 수용소에서 지옥 같은 나날을 견뎌야만 했다.

그럼에도 불구하고 그는 나치대원들과 유대인 감시원들이 수용자들을 학대하고 강간하고 짐승처럼 부릴 때에도 한 줌 햇볕에서 행복을 느꼈고, 작은 틈으로 들어오는 맑은 공기를 마시면서 감사했고, 고된 노동을 하면서도 머릿속으로는 아내와 아이들과 함께했던 단란한 한때를 떠올리면서 삶의 의미를 생성해 냈다. 그것은 나치대원들도, 심지어 히틀러도 침해할 수 없는 그만의 세계였다. 짐승 같은 대우를 받으면서도 그는 인간의 존엄을 잃지 않았다. 인간으로서 겪을 수 있는 최악의 굴종, 최악의 환경, 극한의 육체적 고통, 어떤 희망의 불빛도 찾을 수 없는 상황에서도 삶의 의미를 찾으려 몸부림쳤고, 그 결과 자신이 속한 캠프에서 유일한 생존자가 되었다.

사고로 한쪽 손을 잃은 남성에게도, 전도유망한 정신과 의사에서 하루아침에 아우슈비츠의 수용소로 내몰린 프랭클에게도, 그것은 재앙이었다. 한 번도 상상해 보지 않았고 예상할 수도 없었던 일이었다. 우리 삶에도 예기치 못한 크고 작은 재난들이 끊이지 않고 찾아온다. 그럴 때, 우리는 그 재앙으로부터 어떻게 의미를 찾을 것인가?

여기, 젊디젊은 나이에 사고로 하반신 기능을 잃은 한 청년이 있다. 자신에게 주어진 고통의 의미를 찾는 과정을 처음부터 끝까지 오롯이 함께한 나의 경험을 지금부터 이야기하려 한다.

한국인, 내 안의 못난 인종

뉴질랜드의 병원에서 근무하던 때의 어느 날, 재활센터 물리치료실 복도에서 한 청년이 탄 휠체어가 내 앞을 스쳐 지나갔다. 얼핏 보았지만 휠체어를 밀고 가는 나이 든 여성과 그 청년은 한국인이 틀림없었다. 서양인들의 눈에는 한국인이나 중국인, 일본인이 별 차이가 없어 보인다고 한다. 우리가 보기에 프랑스인이나 독일인이나 영국인이 비슷해 보이는 것처럼 말이다. 하지만 외국에 살다 보면 동양인들은 한국인, 일본인, 중국인을 뒷모습만 봐도 구별해 낼 수 있다. 두 사람은 분명 한국인이었다. 인종의 식별이 이루어지는 찰나의 틈을 두고 나의 촉수는 더욱 민감해졌고, 잇달아 두 사람의 얼굴빛과 분위기가 흠칫 전해져 왔다. 어머니로 보이는 시름이 가득한 얼굴의 중년 여성과 야구 모자를 깊이 눌러쓰고도 얼굴이 덜 가려졌다고 생각하는 듯 고개를 땅과 수평을 이룬 채 지나가는 청년. 그들 사이에 흐르는 무거운 분위기는 누구와도 말을 섞지 않겠다는 듯 주변을 밀어내고 있었다.

그 무렵, 나는 정신적인 어려움을 겪는 교포들이 같은 한국인에게 도움받기를 더욱 꺼린다는 사실을 경험하고 있던 터였다. 소소한 어려움을 해결하기 위해서는 한국인 분석가를 쉽게 찾아오지만 전문가의 도움이 필요한 중대한 사안인 경우에는 오히려 이를 수치스럽다고 여겨 털어놓고 싶어하지 않는 사람들이 많았다.

이런 일도 있었다. 뉴질랜드에서 유일한 한국인 심리치료사였던 나는 뉴질랜드 전역의 병원이나 정신질환 관련 기관에서 동아시아 이민자나 유학생들의 다양한 케이스에 치료 자문을 해 주거나 때로는 출장상담을 했다. 어느 날, 알고 지내던 다른 지역의 정신과 의사로부터 도움을 청하는 전화 한 통이 걸려 왔다. 한국인 환자가 있는데 소통이 잘 안 되고, 환자들 부모도 치료진과 원활하게 대화가 안 된다는 것이었다. 처방한 약을 잘 복용하고 있는지도 의심스럽고, 환자들이 적절한 치료를 받지도 못하는 것 같다고 했다. 그의 설명을 듣고 의문이 들었다.

"환자들이라니?"

그의 대답이 나를 더욱 놀라게 했다.

"응, 형제들이야. 두 형제가 모두 조현병 중증이야."

순간 내 속에서 뭔가 쿵 떨어지는 소리가 들렸다. 나는 일정을 조정해서 가능한 한 가장 빠른 날을 잡아 그 의사와 함께 환자의 집을 방문했다. 집에 들어서면서 잠깐 마주친 형제는 전형적인 조현병 환자의 모습을 하고 있었다. 위생에 전혀 신경을 쓰지 않았고, 눈을 잘 맞추지 않았으며, 어두운 방에 무기력하게 누운 채로 우리를 외면하고 있었다. 이날의 만남에서 나는 의사의 질문과 치료적 지시를 환자들 부모에게 설명해 주거나 부모의 대답에 한국의 문화적 특수성을 덧붙여 의사에게 통역하는 역할을 맡았다. 그런데 이야기를 시작한 지 30분이 지나도록 환자들의 부모는 단답형에 피상적인 답변만을 내놓으며 왠지 불성실한 태도를 보였다. 의사의 질문에 충족되는 자세한 설명을 여러 번 부탁했지만, 특히 아버지는 그 자리를 회피한다는 인상을 주기에 충분할 정도로 방어적이었다.

아무래도 환자들의 부모가 그 자리를 불편해하는 것 같았다.

"혹시 이 자리가 불편하다면 말씀해 주십시오. 좀 더 편안한 분위기에서 이야기하실 수 있도록 시정하겠습니다."

그러자 내게는 상당히 충격적인 아버지의 대답이 돌아왔다.

"사실 사이몬 선생님이 어떤 분인지 잘 알고 있습니다. 교민신문에 오랫동안 정신건강 관련 칼럼을 쓰셨죠? 아이들 문제가 심각해진 후로 도움을 받아 보려고 선생님에 대해서 좀 알아봤습니다. 그런데 불교신자시더군요. 저는 독실한 기독교인입니다. 그래서 선생님이 계신 자리에서는 아이들 문제와 관련해서 아무런 말도 하고 싶지 않습니다. (이교도인) 선생님과 이야기하는 것이 제 신앙적 신념으로는 편하지 않습니다."

아아… 나는 내 귀를 의심했다. 한국도 아니고 외국에서 같은 한국인으로부터 이런 말을 들을 줄을 꿈에도, 상상으로도 해 본적이 없었다. 무엇보다도 나의 난감함은 그 말을 내 입으로 통역해서 외국인 의사에게 전해야 한다는 것이었다. 상담을 하면

● 스스로를 없앤 청년

서 종교적 신념은 한마디도 피력한 적이 없었고, 그 어떤 종교적 편견이나 치우침을 가지고 치료적 접근을 시도하겠다는 상상조차 해 본 적이 없었다. 이 상황을 내 입으로 통역해서 전해야 하는 그 순간이 비현실적으로 느껴졌다. 사실 나는 어떠한 신에게도 관심이 없는 무신론자다. 하지만 이런 사람들에게 종교에 대한 나의 생각과 사적인 삶의 영역에 대해 설명하는 것이 무슨 소용이 있겠나 싶었고, 더 이상 같은 자리에 있고 싶지 않았다. 물론 그들이 나의 내담자였다면 당연히 다르게 처신했겠지만, 치료적 도우미이자 통역자로 동행한 내가 그들에게 더 많은 책임을 질 필요는 없었다.

나는 떠듬떠듬 의사에게 상황을 설명했다. 그는 내 표정과 통역된 내용에서 나의 열패감을, 무기력과 당황스러움을 충분히 읽은 것 같았다. 두말하지 않고 "알았다. 다음 약속은 따로 연락하겠다고 전해 달라."고 말하고는 나더러 빨리 나가자며 뒤도 돌아보지 않고 그 자리에서 일어섰다. 나도 황망하게 작별인사를 하고 환자들은 제대로 보지도 못한 채 그 집을 나섰다. 집 밖에서 나를 기다리던 의사가 웃으면서 말했다.

"그러면 저 부모는 어떻게 나한테 치료를 받지? 난 무슬림인데."

그러고 보니 그는 중동 출신의 외모를 가지고 있었는데, 언뜻 이탈리아 사람 같은 느낌이 들기도 했다. 내가 웃으면서 "무슬림이라고 말해 봐. 그러면 치료 안 받으려고 할지도 모르지."라고 농담을 던지자, 그가 한마디 덧붙이는 말이 더 가관이었다.

"그래, 기왕이면 내가 동성애자라는 말도 해줘야겠군. (농담이 아니라 그는 진짜 동성애자였다.)"

나를 위로해 주려던 그의 말에 그와 나는 박장대소했지만 내게 남은 씁쓸한 열패감은 지울 수가 없었다. 그 경험은 두고두고 많은 생각을 하게 만들었다. 그 의사는 단지 내가 불교신자여서 보수적인 기독교인에게 거부당했다고 생각했을 것이다. 그러나 저 아버지는 나를 불교신자로 오인해서가 아니라 '한국인' 불교신자로 오인해서 거부했다는 사실을 나는 너무나 잘 알고 있었다.

이 웃지 못할 에피소드는 뜻밖에도 훗날 휠체어를 탄 이 청년과의 분석에 큰 도움이 되었다. 1년 넘게 이어진 분석 중 지리멸렬했던 어떤 지점에서 중요한 전기를 마련해 주었다. 그것은 한국인에게 내재된 인종적 열등감이 자신들에게로 향할 때, 그리고 그 열등감이 어떤 외적인 요인과 결부될 때 스스로를 한없이 못난 인간으로 만들어 버린다는 사실이다.

상담 따위를 받는다는 것

한마디 붙여 볼 엄두도 내지 못하고 지나쳤던 두 모자를 그 후로도 물리치료실 복도에서 가끔 마주쳤다. 그들은 여전히 주변을 압도하는 음울한 분위기로 내 곁을 스쳐 지나갔다. 그때마다 말을 걸어 볼까 하는 생각이 들었지만 정식으로 소개된 내담자도 아닌데다 앞의 경험도 있고 해서 주저할 수밖에 없었다.

그러던 어느 날, 물리치료 재활센터 직원으로부터 한국인 환자를 상담해 줄 수 있겠냐는 전화가 걸려 왔다. 간단한 소개를 듣는데 분명히 복도에서 가끔씩 마주쳤던 그 청년인 것 같은 직감이 들었다. 다행히 내담자가 시간적인 여유가 많아서 내 쪽에서 가장 빠르고 가능한 시간에 약속을 잡을 수 있었다.

첫 세션이 있던 날, 나는 내가 꽤 긴장하고 있음을 느꼈다. 아침부터 식욕이 별로 느껴지지 않았고, 중요한 시험을 치르는 날과 비슷한 느낌으로 출근했다. 오전에 한 세션을 마치고 나자 그를 만날 1시까지 남은 시간이 제법 길게 느껴졌다. 약속을 5분 정도 앞두고 노크 소리가 났다. 예상과 달리 그는 어머니 없이 데스크의 안내를 받아 혼자서 휠체어를 밀고 들어왔다. 여전히 그의 이마는 발끝을 향하고 있었고, 내가 건넨 한국말 인사에도 작은 소리와 함께 보일 듯 말 듯한 고갯짓으로 대답했다.

"하아…."

자리에 앉자마자 나도 모르게 신음에 가까운 한숨이 흘러나왔다. 그 소리가 신경 쓰였던지 그가 흘끗 나를 올려다보고는 이내 다시 고개를 숙였다. '아차, 실수했구나.' 싫었지만 어쩔 수 없었다. 나는 그 한숨이 나의 어떤 감정을 담고 올라왔는지 생각해 보았다. 그러면서 동시에 의례적인 내 소개, 분석의 원칙, 분석가가 지켜야 할 비밀엄수와 중요한 윤리규정, 그리고 내담자의 권리와 불만사항을 접수하는 방법에 대해 가능한 한 친절하고 간결하게 설명했다. 그는 미동도 하지 않았고, 눈도 맞추지 않았기에 내 말을 어느 정도까지 이해했는지 알 도리가 없었다.

나는 데스크에서 넘겨받은 간단한 신상명세서에서 그의 나이와 이름을 확인했다. 맙소사, 이제 겨우 스물한 살이다. 이름은 은철. 설명을 모두 마친 다음 질문이 있으면 해도 좋다고 말했다.

그러자 그는 "상담이 어떤 거죠?"라는 질문을 던졌다. 상담을 공부하거나 직업으로 가진 사람이라면 한 번 이상 받아 보았을, 그러나 항상 대답하기 난감한 질문이다. 질문 자체가 너무 포괄적이고 질문한 사람의 의도가 무엇인지 모르기에 그저 원론적이고 사전적인 대답밖에 할 수가 없다. 이런 질문을 하는 사람들은 상담 경험이 없는 경우가 대부분이고, 물론 상담에도 문외한이다. 종종 상담에 경계심이 있는 경우에 이런 질문을 하곤 한다.

"상담받아 본 경험이 없으신가 봅니다. 상담이 어떤 건지 잘 모르시는 걸로 봐서는요."

"네, 상담을 받아 본 적은 없어요."

이 평범한 문장에서 유독 조사 '을'이 귀에 들어왔다. 그 '을'자가 왠지 '따위를'로 들리는 느낌이었다.

"상담에서는 어떤 얘기를 해야 하고 상담하는 목적은 무엇인가요?"

그의 말에서 이번 상담이 꽤 비자발적으로 이루어진 것 같다는 생각이 들었다. 그의 우울한 정서가 염려되어 물리치료실 쪽에서 여러 차례 상담을 권유했었다는 설명을 데스크로부터 듣기는 했다. 하지만 짐작보다 상담받겠다는 의지가 훨씬 더 약해 보였다.

● 스스로를 없앤 청년

"네, 상담이 처음이니까 그런 의문이 드는 게 당연합니다. 먼저 한 가지 여쭤보고 싶은 것은, 상담받는 것을 얼마나 자발적으로 결정했는지 알고 싶습니다."

"…"

그의 침묵이 조금 길어졌다. 집단분석에서의 침묵과 달리 개인분석에서의 침묵은 그 농도가 몇 배나 더 진하고 강력하다. 들어올 때처럼 다시 고개를 푹 숙인 그의 침묵은 무거웠다. 사실 겨우 1,2분 경과했을 뿐인데 흡사 10분 이상의 침묵을 견디는 것처럼 느껴졌다. 하지만 그에게 침묵은 꽤 익숙하고 자연스러워 보였다. 침묵 끝에 그는 슬며시 고개를 들었다.

"제가 왜 상담인지 심리치료인지를 받아야 되는지, 이걸 꼭 받아야 되는지 잘 모르겠어요."

길게 느껴진 침묵 끝에 내뱉은, 상담이 시작되고 고작 세 번째 문장인 이 말에 대한 내 대답이 어쩌면 이 상담을 지속해 나가거나, 아니면 오늘로 상담을 끝내거나 할 수 있는 중대한 기로가 되겠다는 생각이 들었다.

많은 내담자들이 무의식적 의도를 가지고 분석가를 시험하고 자기의 패턴 안으로 복속시키려는 행위를 한다. 이런 일은 상담 초기에, 특히 첫 세션에서 너무나 자주 (사실은 거의 대부분) 일어난다. 그의 말은 '내가 왜 이런 것을 해야 하는지, 무엇 때문에 여기 앉아 있어야 하는지 당신(분석가)이 납득시켜 달라.'는 요구로 들렸다. 그의 말에 숨은 암묵적 의미는 무엇일까. 대답을 궁굴리는 길지 않은 몇 초 동안 내 머리는 여러 가지 생각들로 복잡했다.

'상담이 자신한테 꼭 필요한 것인지, 이게 어떤 의미가 있는지 분명하지 않으신 것 같습니다.'라고 이른바 인간중심적인 상담기법[10]으로 응답해야 할지, '어떤 강한 권유 때문에 이 자리에 온 게 불편한 건가요?'라는 반문으로 정서를 탐색해야 할지, '혹시 상담이나 심리치료를 부정적으로 생각하나요?'라며 상담에 대한 그의 인식을 알아볼 기회를 가져야 할지, 상담 지속 여부의 기로로 생각되는 이 지점에서 나는 가장 좋은 대답을 찾느라 쉽게 말문을 열지 못하고 있었다. 결국 주의를 조금 다른 곳으로 돌리기로 했다.

"아까 제 한숨에 저를 살짝 보셨는데, 그 숨소리가 불편하게 느껴졌나요?"

이렇게 응답하는 것은 사실 정면 승부를 피하는 방법으로 여겨질 수도 있다. 내담자의 말에 직접 대응하지 않음으로써 긴장의 끈을 느슨하게 만들고, 우회하면서 시간을 벌려는 의도이기도 했다. 하지만 한곳에서 답이 나오지 않으면 다른 경로를 통해 답을 찾는 시도를 해 볼 수 있지 않을까. 가장 좋은 답을 찾기 위해 헤매다가 그 회로에 갇혀 버리느니 골고루 주의를 기울이는 것도 한 방법이다.

특히나 내담자가 보인 가장 최초의 반응이 바로 힐끗 쳐다보는

---

10 **인간중심적인 상담기법** 칼 로저스에 의해 창시된 심리치료 학파. 무조건적 공감, 수용, 지지 등을 통해 내담자의 존재론적 확신을 돕고, 자기를 실현할 수 있도록 고무하는 치료기법이다.

것이었고, 그 눈길이 꽤 인상적이었다. 그는 다시 침묵에 들어갔다. 이번에는 뭔가 결심한 듯 입술 근육을 긴장시켜 약간 앙다문 채로 말을 꺼냈다.

"수술실… 에서 깨어난 뒤 아버지가 그렇게 한숨을 쉬셨어요."
"하아…."

나도 모르게 또 한 번 한숨이 쏟아져 나왔다. 그러나 이번에는 그가 눈치채지 못할 정도로 그것을 삼키는 데 성공했다. 나는 더 난감해졌다. 나도 모르는 사이 내가 그의 아버지를 재현했던 것이다. 2년 전 수술 후 깨어난 그를 보며 한숨을 쉬었던 아버지가 세월을 뛰어넘어 공간의 구분도 없이 다시 분석가를 통해 재현된 것이다. 이미 우리는 복도에서 마주쳤을 때부터 한마디 말없이도 수많은 감정을 교류했다는 것이 너무나 분명해졌다. 그리고 그 감정의 결정체는 '분석가 아버지'의 신음과도 같은 한숨, 그의 아버지와 똑같은 한숨이 되어 구강을 비집고 스며 나왔고, 그는 그것을 정확하게 기억하고 있었다.

"…."

이번의 침묵은 내 몫이었다. 나는 힘겹게 마음을 추스르고 말했다.

"아버지의 한숨을 기억하고 계시는군요."

사고 직후 수술실에서 깨어난 아들을 보는 아버지, 마취에서 깨어난 후 처음 대면한 아버지의 한숨, 그 장면이 다시 살아나 그때의 고통이 상담실을 가득 채우는 듯한 느낌이었다. 마치 우리가 그 수술실에 있는 것 같았다.

2년 전, 그는 여행하다가 운전 미숙으로 사고를 냈고, 그 사고로 두 다리의 기능을 잃었다. 이제 막 세상으로 나와 한껏 젊음을 만끽하고, 세상이 좁다는 듯 활개 치며 돌아다닐 나이에 두 다리로 자유롭게 움직일 수 있는 자유를 상실해 버린 것이다. 그는 기능은 잃었으나 버릴 수 없는 그 신체의 일부와 함께 삶을 끌고 나가야 했다. 그리고 사고로 인한 트라우마만큼이나 고통스러운 아버지의 한숨이라는 트라우마를 갖게 되었다. 내가 배운 다양한 상담기법과 분석적 대화들이 이때처럼 하잘것없고 무기력하게 느껴진 적도 없었다. 도대체 무슨 말을 해야 할지, 나는 그의 침묵만큼이나 깊이 침묵할 수밖에 없었다. 그의 고통을, 그의 가족의 고통을 존중해 주고 싶었다. 상담적 공감이나 위로는 그의 고통에 비해 너무나 경박하고 하잘것없이 느껴졌다.

"너무 감당하기 힘든 고통을 겪으셨습니다. 은철 씨도, 가족도."

"상담을 받으면 이 고통이 사라지나요?"

아, 그는 또 어려운 질문을 한다. 그에게 고통은 이미 일상화되어 있고, 이제 그것을 직면해야 할 사람은 그가 아니라 나 자신이었다. '상담을 받아서 고통을 사라지게 하고 싶으시군요.'라는 이른바 공감적 반영[11]을 한다고 생각해 보았다. 이내 내 안에서

---

11 **공감적 반영** 분노로 인해 울고 있는 내담자에게 "주체할 수 없을 정도의 분노 때문에 오히려 울고 계신 거군요."라는 식의, 내담자의 감정을 정확히 이해하고 이를 언어화하는 기법을 말한다.

'fucking shit!'이라는 응답이 돌아왔다. 이번에 나는 우회하지 않기로 했다.

"상담을 받아도 고통이 사라지지 않을 수 있습니다. 은철 씨의 두 다리와 함께 그 고통은 계속 같이 갈 수도 있어요. 하지만 고통의 정체를 알아내고, 고통을 통제하는 능력을 기를 수는 있을 겁니다. 이제 더 이상 한숨 쉬지 않겠습니다."

마지막의 '한숨 쉬지 않겠다.'는 말은 나 자신에게 하는 말이기도 했고, '나는 더 이상 절망한 당신의 아버지를 재현하지 않겠다.'는 메시지를 담고 있기도 했다. 이런 암묵적 메시지는 신기하게도 내담자에게 스며들어 작용하곤 한다.

그는 다시 침묵에 들어갔다. 상담시간은 이미 3분의 2를 넘겼다. 우리에게 남은 시간은 고작 15분 정도였다. 그러나 나는 다시 기다리기로 했다. 그의 아버지처럼 절망하지 않고 초조해하지도 않으며 오직 의연하게 그를 위해 버티기로 했다. 아니, 그래야만 했다. 우리는 은철 씨의 자발적인 상담의지를 생성해 내야 했다. 그것이 그가 발 없는 몸으로 첫발을 떼는 순간이 될 것이기 때문이었다. 나는 그에게 끝이 보이지 않는 긴 여정을 말하고 싶지 않았다. 발 없이 걸어야 하는 그에게 그것은 너무 아득해서, 시작도 하지 못하고 멈추어 버릴 것만 같았다.

"이렇게 해 봅시다. 먼저 열 번의 세션을 합시다. 그동안 어떤 변화가 일어나든, 일어나지 않든 열 번의 세션을 다 해 보는 겁니다. 그리고 나서 다음 계획을 잡아 보도록 하죠. 상담을 그만둘지,

아니면 계속할지."

짧은 침묵 끝에 그는 고개를 들고 여전히 혼란스러운 표정으로, 그러나 처음으로 나와 눈을 맞추면서 말했다.

"매일 와야 하나요?"

그의 말은 동의의 과정을 생략한 채, 생각의 몇 단계를 건너뛰어서 나오는 것 같았다. 혼자 오랜 시간 누워 지내며 그는 꼭 해야 할 말만 하기로 작정한 것 같았고, 생각을 압축시켜 저만큼 전진해서 이야기하는 식이었다. 나는 그 뒤로도 종종 이런 그의 어법에 깜짝깜짝 놀랐다.

우리는 일주일에 두 번 만나기로 했다. 내 일정상 시간을 더 내기도 어려웠고, 그의 몸 상태를 고려할 때 그 이상은 무리였다. 복도에서 기다리고 있던 그의 어머니를 잠깐 만나서 앞으로의 일정을 설명하고 우리는 헤어졌다.

첫 세션이 끝난 후, 나는 점심 먹을 생각도 않고 한참 동안 생각에 잠겼다. 그에 대한 이미지가 하나 떠올랐다. 이제 막 비상을 시작한 씩씩한 독수리 한 마리가 첫 비행에서 날개를 다쳤다. 몸과 마음에 모두 깊은 상처를 입은 독수리는 어두운 구석에서 홀로 웅크린 채 어찌할 바를 모르는 분노와 절망과 자책을 앓으며 움직임 없는 몸부림을 치고 있었다. 나는 그와의 분석이 어디로 향해야 할지, 그처럼 깊이 침묵하며 생각했다.

치료팀에 전화해서 그의 상태에 대해 물어볼까 하는 마음이 들었다. 재활 가능성은 있는지, 아버지가 될 가능성은 어느 정도인지, 그리고 그가 겪는 실질적인 신체적 고통은 어느 만큼인지 알아보는 것이 좋지 않을까 싶었다. 하지만 이내 그 생각을 접었다. 그렇게 하는 것이 우리의 분석관계에 어떤 도움이 될지 확신이 서지 않았다. 그리고 치료팀의 의학적 소견이 그를 이해하는 데 어떤 의미가 있을지에 생각이 미치자 부질없다는 생각이 들었다. 나는 모든 것을 그의 입을 통해 듣기로 했다. 그것만이 가장 의미 있는 과정이 되리라 믿었다.

내 안의 차별, 내 안의 저항

분석가들이 꺼리는 내담자의 유형은 다양하지만, 말 없는 내담자와 분석을 해 나가는 것만큼 힘든 경우도 없다. 두 사람 사이에 이야깃거리가 끊어지면 내담자와 달리 분석가는 대체로 불안해진다. 내담자가 자신의 내면을 자각하는 데 도움이 될 만한 질문을 찾아 헤매지만 종종 그것이 여의치 않아서 두 사람 사이에 심심하고 밋밋하고 어색한 침묵이 가로놓일 때가 있다. 그런 경우 분석가는 자신이 능력 없는 사람으로 전락하는 것 같아서 여간 난처한 것이 아니다. 당시의 나 역시 분석시간에 발생하는 침묵을 즐기지 못하는 편이었다.

하지만 은철 씨와의 침묵은 달랐다. 그의 침묵은, 뭐랄까… 몸부림치는 기운을 느끼게 했다. 말하지 않지만 전해지는 것이 있었고, 때때로 나 역시 듣지 않고도 들을 수 있었다. 아무런 사유의 노력도 없이 자기성찰은 거부한 채 분석가가 답을 주기만을 바라며 눈만 껌뻑이는 그런 내담자들의 침묵과는 그 밀도도, 기운도 달랐다. 그러나 문제는 은철 씨와의 분석에서 침묵은 서로에게 때로는 너무 버겁고 힘겹게 여겨진다는 것이었다.

두어 번의 세션을 우리는 거의 침묵으로 절반을 채우다시피 했다. 침묵의 시간은 다 합해서 10분이 채 되지 않았지만 현장에서 느끼기로는 최소한 절반은 침묵하는 것 같았다. 나는 종종 "지금 어떤 기분에 잠겨 있나요?"라든지 "어떤 생각에 묻혀 있는지 알고 싶습니다." 또는 "침묵이 길어지는데 그 생각을 같이 좀 나눌 수 있을까요?"라는 말로 그를 일깨워야 했다.

대체로 그의 하루가 어떻게 채워지는지, 무엇이 가장 불편한지, 가족들과의 대화나 친구들과의 만남을 얼마나 갖는지 등 일상적이고 비교적 가벼운 이야기로 세션을 이어 나갔다. 그러다가 조금 무거운 주제로 옮겨가면 그의 침묵은 주제의 무게에 비례해서 길어졌고, 특히나 학교, 친구, 운동, 부모님과 가족, 한국의 할머니 할아버지, 그의 옛날 희망(그가 희망이라는 단어를 쓸 때면 '장래'라는 수식어 대신 '옛날'이라는 단어가 항상 앞자리를 차지했다.)에 이야기가 접근하면 그는 부동不動의 몸부림과 함께 깊은 침묵의 상태로 돌입했다.

몇 세션이 지나도록 우리는 언저리를 선회했다. 약간만이라도 무거운 주제로 옮겨가려 하면 그는 여지없이 침묵으로 일관하기 시작했다. 그것은 흡사 흐르지도 않고 울지도 않는 팍팍한 모래 강과 같았다. 그와 나 사이를 구획하고, 도무지 도강을 허락하지 않는 모래 강 같았다.

어느 날, 여느 때와 같은 또 한 번의 침묵 시간에 나는 유학 초기에 경험했던 한 에피소드를 떠올렸다. 내가 살던 그 도시에는 언덕길이 많았다. 어느 토요일 오후, 도서관에서 공부하다가 바람을 쐬기 위해 짧은 산책을 하러 나갔다. 한산한 캠퍼스를 걸으며 여유를 즐기는데 한 남학생이 휠체어를 타고 언덕을 올라가는 것이 보였다. 사실 그 길은 언덕이라기보다는 짧은 오르막으로, 전동 휠체어로도 올라가기 버거운 경사였다. 손으로 굴리는 수동 휠체어를 탄 그로서는 당연히 오르기 힘든 길이었다.

그와의 거리가 불과 10미터도 되지 않았기에 마음만 먹으면 몇 초 안에 달려가 도움을 줄 수도 있었다. 하지만 나는 망설였다. 귀찮아서가 아니라 그의 자존심을 상하게 할까 봐 두려웠다. 내가 망설이는 사이 그는 벌써 여러 차례 실패했고, 나는 여전히 주저하면서 쳐다보고만 있었다. 그는 힘겨워하면서도 다시 오르기 위해 계속해서 도움닫기를 시도하는 중이었다.

그때 마침 길을 가던 다른 남학생이 아무 일도 아니라는 듯이 그에게 다가가 물었다.

"도와줄까?"

그가 선선히 대답했다.

"그래 주면 고맙지."

길 가던 남학생의 도움으로 그는 곧 오르막을 벗어났고, 두 사람은 인사를 나눈 뒤 아무 일 없다는 듯 헤어졌다. 하지만 길 가던 그 남학생은 나를 스쳐 지나가며 아주 희미한 비난의 눈길을 보낸 것이 분명했다. 나는 한적한 토요일 오후의 산책을 깊은 자책감으로 마무리해야 했다. 자리로 돌아왔지만 공부가 되지 않았다. 도대체 무엇이 문제였을까, 무엇이 나를 망설이게 했을까?

결국 내가 찾은 답은 그 순간에도 나는 오르막을 오르려 애쓰던 그 남학생을 먼저 생각한 것이 아니라 나를 먼저 방어했다는 것이었다. 만약 도움을 주려고 했는데 그가 거절한다면 나는 얼마나 무안하고 불쾌해질까, 나의 호의를 그가 거북해한다면 나는 또 얼마나 나의 경솔함을 자책할 것인가. 이런 이기적인 두려움이 그 자리에서 나를 바보로 만들어 버렸다는 생각이 들었다. 도움을 준 그 남학생은 휠체어 탄 학생을 장애인이라는 편견 없이 그저 도움이 필요한 사람, 그 이상도 이하도 아닌 마음으로 도와주었다. 마치 길 잃은 할머니에게 친절히 길을 가르쳐 주듯이 말이다. 나는 그때 '장애'와 '장애인'에 대해 내가 얼마나 깊은 편견을 가졌는지를 깨닫고 한참 동안 부끄러움을 느껴야 했다.

네 번째 세션에서 떠오른 이 기억은 은철 씨와 나의 관계에 어떤 통로를 보여 주는 것 같았다. 우리의 대화가 언저리만 선회하는 것은 그때 내가 얼어붙은 듯 망설이던 것과 다를 바 없으며, 오직 나 자신을 보호하려는 이기심 때문일 수 있다는 생각이 들었다. '도와줄까?' 하고 물었다가 거절당하면 어떡하나 하는 두려움처럼, 그의 (장애라는 말 대신 좀 더 적나라한 단어를 쓰자면) '불구'

에 대해 말하는 것을 두려워하는 것은 오히려 나 자신일 수 있었다. 그리고 지금, 역시 '이 사람'을 보는 것이 아니라, '장애를 가진 이 사람'을 보고 있다는 반성을 하게 되었다.

'상처받는 것을 두려워 말자. 만약 그에게 상처가 된다면 솔직하고 진중하게 사과하면 된다.'

"은철 씨, 사고가 나기 전에 장애인에 대해서 어떤 생각을 갖고 있었나요?"

그는 고개를 번쩍 들고 나를 쳐다봤다. 나는 재차 물었다.

"한국에서나 이 나라에서 장애인을 보셨을 것 아닙니까? 사고가 나기 전에 그런 사람들을 보면 어떤 생각이 들었나요?"

은철 씨는 이전과는 다른 표정이 되었다. 자신이 겪고 있는 장애가 아니라 자신이 그전부터 가지고 있던 장애에 대한 생각과 접촉하게 하는 질문에 맞닥뜨린 것이다. 그는 곧 장애 이전의 기억으로 넘어가기 시작했다. 장애를 얻은 후로, 이전의 삶은 애써 지워 버리려 했을 것이다. 그래서 장애 이전의 삶을 반추해야만 답할 수 있는 질문을 받으면 그는 여지없이 온몸으로 그것을 거부해 왔다.

우리는 장애 이전과 이후로 나뉜 그의 삶을 연결해야 했다. 그러기 위해서는 장애가 만든 인식의 모래 강을 건너다녀야 한다. 두 지점을 잇는 다리는 장애에 대한 그의 예전 생각일 것 같았다.

네 번의 세션을 거치는 동안 그도 내가 함께하고 있음을, 내가 자신에게 한 번의 도움닫기는 되어 줄 사람임을 감지하고 있는 것 같았다. 나의 기억이 그 시점에 떠올랐다는 것도 나의 질문이 터무니없고 느닷없고 갑작스러운 것이 아니라는 사실을 증명해 주고 있었다.

은철 씨는 이 질문이 불쾌하지는 않지만 당황스럽기는 한 모양이었다. 침묵이 아니라 머뭇거리는 표정이었다. 잠시 후 그는 분석을 시작한 이래 가장 긴 문장으로, 아니 거의 10분 가까이 혼자서 말을 이어 나갔다. 그는 초등학교 때 한동네에 살던 장애인 아저씨(뇌성마비인 듯했다.)와 그를 돌보던 노모를 기억해 냈고, 소아마비로 체육시간이나 운동장 조회에 항상 열외로 교실을 지키던 중학교 동창의 부끄러움과 창백함을 기억해 냈고, 나날이 커가는 아들을 매일같이 업어서 등하교시키던 그 친구 어머니의 힘겨움을 기억해 냈고, 작은 실수에도 "벼~엉신!"이라는 말을 입버릇처럼 사용하던 한국의 친구들을 기억해 냈다.

장애에 관한 기억의 일부를 이야기하는 것만으로도 그는 숨 가빠했다. 사고 이후 가장 많은 말을 한 것이 분명해 보였다. 분석과정에서 내담자들이 진술을 하는 동시에 스스로를 성찰하는 모습을 자주 목격한다. 나는 지금 이 순간, 은철 씨가 그런 경험을 하고 있기를 바랐다.

말을 마친 그는 약간 멍해 보였다. 어지럼증을 느끼는 사람처럼, 항상 뭔가로 꽉 차 있던 그의 눈은 이제 풀어진 동공으로 허공과 나를 동시에 응시하고 있었다. 그는 오랫동안 떠나 있었던 옛날 마을을 다녀온 듯 아련한 표정으로 나를 쳐다보았다. 이제 세션을 마쳐야 할 시간이었다. 어떻게 마무리하면 좋을지 잠시 망설이다가 그가 이 여운을 다음 세션에서 그대로 이어 가길 바라며 한마디만 하기로 했다.

"옛날 마을을 오랜만에 다녀오셨군요. 그곳에서 겪은 일들과 생각들이 지금의 은철 씨에게 어떤 영향을 주고 있는지 한번 생각해 볼까요?"

그는 언뜻 미련이 남은 얼굴로 인사를 하곤 돌아 나갔다. 나는 언제나 모든 내담자들에게 하듯이 손수 문을 열고 그를 배웅했다. 그를 안아 주고 싶었지만 '아직은 아냐.'라는 내 안의 소리를 듣고 멈추었다. 은철 씨 어머니가 내게 목례를 하고 그에게 다가가 휠체어를 밀려 하자, 그는 예전과 달리 스스로 휠체어를 밀고 가기 시작했다. 그의 어머니는 약간은 의아한 듯 당황스러워하는 모습으로 나를 한 번 돌아다보고는 아들의 뒤를 따라 걸어갔다.

그날 나는 뭔가를 내려놓은 기분이었다. 장애에 대한 편견과 불안, 불편함에 대해서 우리는 처음으로 말문을 튼 것이다. 그리고 그것은 나의 도전에서 비롯되었다. 분석가가 마음을 여는 만큼 내담자도 연다. 분석가가 발을 내디딘 만큼 내담자도 걷는다. 분석가의 인격을 넘어 내담자가 성장할 수는 없다. 실은 내담자가 주저하는 것이 아니라 분석가가 머뭇거리는 것이다. 라캉의 말이 떠올랐다.

"분석관계에서의 유일한 저항은 분석가 자신의 저항밖에 없다."

나를 속박한 것은 다름 아닌 나의 저항이었던 것이다. 불편함과 직면하지 않겠다는 나의 저항. 나는 가슴을 쳤다.

비존재, 실재하지만 실존하지 않는

다음 세션 날짜가 다가오자 나는 약간 긴장하고 불안해지기 시작했다. 3일 동안 은철 씨는 어떤 생각을 했을까, 행여나 상담을 그만두겠다고 하면 어떡하나, 더 깊은 침묵으로 들어가 버리는 것은 아닐까. 이런 불안으로 인해 상담시간이 다가올수록 나의 감각은 더욱 예민해졌다. 하지만 그는 별일 없었다는 듯, 내 우려가 기우에 불과하다는 것을 알려 주듯 스스로 휠체어를 밀고 상담실로 들어왔다.

음산한 겨울 우기가 시작된 뉴질랜드의 날씨는 뼛골을 으스스하게 만들었다. 나는 히터를 좀 더 높이고 담요를 건네며 무릎을 덮겠냐고 물었다. 여태까지 한 번도 그에게 담요를 건넬 생각을 하지 못했다. 그에게 필요할 수도 있을 텐데 말이다.

"어떻게 지내셨어요?"

담요를 덮으며 그는 너무나 일상적으로 응답했다.

"뭐, 그냥 그렇죠. 날씨가 많이 추워졌네요."

그의 응답에 부응하고자 나도 약간은 개인적이고 일상적인 근황을 이야기했다. 그리고 바닥 난방이 안 되는 뉴질랜드의 난방시스템에 대해 살짝 불평하며 그의 집은 어떤지, 난방은 무엇으로 하는지 물었다. 그는 2층집에 살고 있으며, 자신의 방이 있는 2층에서는 바다가 보이지만 외풍 때문에 공기를 덥히는 난방을 해야 한다고 말했다. 2층집이라는 말에 내가 물었다.

"은철 씨 집에도 ACC에서 엘리베이터를 설치해 줬죠?"

그는 그렇다고 대답했다. 뉴질랜드의 복지정책은 장애에 대해 뼛속 깊은 편견을 가진 많은 한국인들에게는 경이로울 정도다. 어떠한 종류의 사고든, 심지어 자기 집 지붕에서 떨어져 다친 사고라도, 장애가 발생하면 ACC라는 국가기관에서 최대한의 지원을 한다. 그중 하나가 장애로 이동이 불편한 사람의 집에 엘리베이터를 설치해 주는 것이다. 뉴질랜드의 가옥은 대부분 단독주택으로, 2층 또는 특이한 구조를 가진 경우 심지어 5층 단독주택도 있다. 은철 씨의 집도 2층이라 ACC에서 1층과 2층을 편하게 오갈 수 있는 엘리베이터를 설치해 준 것이다.

"한국과 뉴질랜드의 장애인에 대한 인식이 참 많이 다르죠?"

나는 지난 세션의 마지막 장면과 연결할 수 있는 좋은 소재를 놓치지 않았다.

"다른 정도가 아니죠. 정말… 한국에서 이런 일을 당했더라면 어땠을까….'

은철 씨는 지난 며칠간 달라진 모습이었다. 고개를 들고 나를 보면서 이야기했고, 귀를 쫑긋 세우고 들어야만 했던 예전과 달리 목소리의 볼륨도 살아났다.

"한국에서 이런 일 겪었으면 어땠을지 상상만 해도 힘드신 것 같습니다."

"네. 지난번에 선생님 질문을 받고 집에 가서도 생각해 봤는데요, 제가 참 나쁜 놈이라는 생각이 들었어요."

'나쁜 놈'이라는 표현이 귀에 확 다가오며 의아스러웠다. 은철 씨는 장애에 대해 자신이 가지고 있던 생각들을 곱씹어 보며 힘들었노라고 말했다. '난 장애에 대해 아무런 편견도 없어.'라고 생각하며 살았는데, 사실은 '난 장애에 대해 아무런 관심도 없어.'가 더 정확한 표현이라는 사실을 알게 되었다는 것이다.

"동정심 같은 건 눈곱만큼도 없었어요. 생각해 보니 제가 얼마나 남들에게 무관심했는지, 정말… 수치스럽더군요. 지금도 그 감정은 여전하고요."

"지난 시간 이후로 뭔가 변화가… 아니, 지난 시간이 어떠셨습니까?"

그의 변화는 나중에 물어도 될 일이다. 그보다는 지난 시간이 어땠는지 궁금했다.

"지난 시간에 사고 전의 장애에 대한 생각을 물어보셨을 때, 정말 한 방, 아니 번개가 머리를 관통하고 지나가는 것 같았어요. 머리에 틈이 생긴 듯이 나도 모르게 말이 새어 나와서 중얼거렸던 것 같은데… 정말 생각이 홍수처럼 덮치는 느낌이랄까요."

"며칠간 혼란스럽고, 생각 때문에 버겁기도 했을 것 같습니다."

"무엇보다 아까 말했던 것 있잖아요, 제가 장애인에게 무관심했다는 거요. 인도 귀족들이 불가촉천민을 보듯이, 뭐 그런 거랄까, 아니 차라리 그보다는 그냥 장애가 있는 사람들의 존재를…

나폴레옹이 '내 사전에는 불가능이란 없다.'라고 한 것처럼 나는 '내 사전에는 장애란 없다.' 이랬던 거죠. 그리고 사고를 당한 뒤에 제가 스스로를 어떻게 생각했는지…."

은철 씨의 목소리는 깊었고, 눈물은 눈망울에 고이기도 전에 주르륵 흘러내렸다. 음울했지만 눈물을 보이지는 않았던 은철 씨가 울고 있었다.

변덕스럽기 짝이 없는 이 섬나라의 날씨는 어느새 개어 있었고, 북쪽으로 난 상담실 창으로 햇볕은 따사롭게 쏟아져 들어왔다. 남반구의 남쪽은 북쪽이다. 적도 이북에 살고 있는 사람들은 북쪽 창으로 빛나는 해가 쏟아져 들어오리라곤 상상도 하지 않는다. 몸은 남반구에 있지만 인식은 북반구에 두었다면 북쪽 창의 햇볕은 감각을 혼란하게 할 것이다. 지난 2년간 은철 씨는 난감한 혼란의 침묵 속으로 들어가 있었다. 별안간 인식의 적도를 넘은 그는 불구의 몸이 되었지만, 그의 생각 속에는 불구가 존재하지 않았다. 남반구에 살고 있는 북반구 사람이었다.

은철 씨의 생각은 짐작보다 더 깊이 들어가 있었다. 2년 가까운 침묵의 세월 동안 생각의 어두운 창고에 수도 없이 많은 상념과 기억들을 재우고 재워 그의 말은 오래 숙성된 울림을 내고 있었다.

사고를 당하기 전까지 장애인은 그와는 무관한 사람들이었다. 이 세상에는 존재하지만 그의 세상에는 존재하지 않는 사람들. 많은 장애인들이 눈앞을 스쳐 지나갔지만 그의 눈에는 들어오지 않았고, 그의 인생에 아무런 영향을 주지 않았던 만큼 그 역시 어떤 관심도 가질 이유가 없었다. 여기에서 은철 씨의 갈등이 발견된다. '내 사전에 장애란 없다.'는 그의 인식대로라면 두 다리가 기능을 잃은 후로 그는 그의 삶에서 없어져야 할 사람이었다. 20년 가까이 장애인에 대해 가졌던 자신의 태도대로라면 스스로에게 아무런 관심도 가져서는 안 되는 것이었다.

그러나 그것이 과연 가능한 일인가. 인간의 불안을 가장 크게 자극하는 비존재로의 전락을 스스로 자행한다는 것이 가능하기나 한가. 은철 씨는 이런 혼란을 스스로 감당할 수 없었을 것이다. 그래서 그는 자신을 침묵의 무덤 속으로 매장했다. 2년 가까운 세월 동안 피 끓는 청춘의 그 미친 시간들을 지울 수도, 지우지 않을 수도 없는 자기 자신을 감당할 수 없었다. 비존재에 대한 두려움이 오히려 자신을 실존하지 않는 존재로 만들어 버린 상황이었다.

생각의 가닥이 실타래처럼 얽힐 때가 있다. 그것을 올올이 풀어 나가는 과정이 때로는 분석의 중요한 작업이 된다. 지금이 그럴 때라고 나는 생각했다. 그의 눈물은 고일 틈도 없이 흘러내렸다. 2년간 맺혀 있던 눈물일 것이다. 나는 그제야 그의 아픔과 연결될 수 있었다. 그의 고통을 감촉할 수 있었다. 혼란스러웠던 그의 생각 속으로 들어가 그를 이해할 수 있었다.

"자신의 생각으로 인해 스스로를 없는 존재로 만든 은철 씨 자신을 용서해야 될 때라는 생각이 혹시 드시나요?"

나의 어법도 그를 닮아가는 것 같았다. 압축되고 전제가 생략된 질문이었다.

실재하지만 실존하지 않았던 것은, 스스로 자기 존재를 무화無化시킨 것은 장애에 대한 은철 씨 자신의 생각 때문이었다는 것을 전제로 한 질문이었다. 그리고 그 생각으로 인해 침묵의 무덤에 스스로를 순장시킨 자신을 용서해야 할 때가 아닌가 하는 질문이었다.

능동과 피동, 움직임과 정지, 이것들은 무엇인가? 아니, 이것들을 결정하고 그 결정에 따르는 기제는 무엇인가? 나는 알 수 없었다. 기능을 잃은 다리와 함께 순장된 존재, 존재가 기능을 따르는 주객이 전도된 이 삶, 자기 자신을 순장한 사람과 그런 자신을 용서할 수 있는 사람, 피동과 부동의 세계에서 자신을 살아나게 할 수 있는 사람은 오로지 은철 씨 자신뿐이었다. 용서가 받아들임의 다른 이름이라면 현재 자신의 삶을 받아들여야만 스스로를 용서할 수 있을 터였다. 더 정확히 자신의 장애를 받아들여야만 용서가 가능했다.

그는 그의 식대로 대답했다.

"다시 달릴 수는 없겠죠?"

애도, 원래 없었던 것과 나중에 잃은 것

은철 씨의 분석이 끝나고 몇 년 뒤, 한 남성을 분석한 적이 있었다. 그는 태어나서 걸음마를 배우기도 전에 소아마비를 앓았다. 그에게 이런 질문을 한 적이 있다.

"달리고 싶다고 생각해 본 적은 없으세요?"

"한 번도 달려 본 적이 없어서 달린다는 것이 어떤 감각인지 알지 못해요. 그러니 그런 생각은 해 본 적이 없죠."

그의 대답은 내 기억 속의 은철 씨를 소환해 냈다. 달리는 감각을 한 번도 느껴 보지 못한 사람과 달리는 감각을 또렷이 기억하는 사람이 달리지 못할 때, 그 고통은 어느 쪽이 더 클까? 정말 하릴없고 부질없는 일이지만, 그 의문의 의미는 장애에 대한 나의 감각을 섬뜩하게 일깨웠다. 그때 나는 은철 씨와의 분석에서도 이 감각을 알았다면 얼마나 좋았을까 하고 생각했다.

'나는 달릴 수 없을 것'이라는 은철 씨의 대답이 그답다는 생각이 들었다.

"달릴 수 없을 가능성이 더 크겠죠. 전처럼 길거리 농구를 할 수도 없을 거고요. 애도… 할… 해야… 애도… 합시다."

'애도'라는 단어의 적절한 어미를 찾지 못해 나는 버벅거렸다. 애도라는 단어를 그에게 잘 전달하고 싶었다. 애도는 상실을 생생히 감촉함으로써 그것을 받아들이는 과정이 아닌가. 나는 집요하게 받아들임과 용서라는 주제를 이야기하고 있었다. (받아들임과 용서. 혹시 나는 이것에 집착하고 있나, 라는 생각을 잠깐 했다.)

시간이 다 되었다. 그는 또 침묵했고, '애도'는 당분간 계속 다루어야 할 주제인 것 같다는 말과 함께 우리는 헤어졌다.

그 후로 애도와 다른 주제들을 함께 다루면서 몇 세션을 더 거쳤고, 은철 씨는 자신의 장애에 대해 말하고 느끼고 설명하는 것을 더 이상 외면하지 않았다. 장애로 인해 생긴 불편함에 대해 불평하지 않으면서 진술했고, 다시 복학할 것인지를 나와 상의하기도 했다. 그렇게 여덟 번째 세션을 마치자 앞으로 남은 두 번의 세션을 잘 활용한다면 처음에 기약한 열 번의 세션으로 분석을 종료할 수도 있을 것 같았다. 단기분석[12]이기는 하지만 그는 상당히 달라져 있었고, 지금까지의 변화만으로도 그의 삶을 재구성할 수 있지 않을까 하는 생각이 들었다.

하지만 나는 내 생각에 의심을 품었다. 이 시점에서 분석을 끝내려고 하는 나의 숨은 욕망은 무엇인가? 이쯤에서 만족해서는 안 되었다. 반면 이쯤에서 만족하고 싶기도 했다. 단 10회기 만에 날개를 다쳐 절망에 빠진 한 젊은 독수리를 다시 날게 만드는 능력 있는 분석가라는 만족을 얻고 싶은 것인가? 스스로에게 훈장을 수여하고 싶은 것인가? 이런 의심에 빠지자 한 번 더 내가, 아니 우리가 어디로 향해야 하는지 숙고하지 않을 수 없었다.

나는 엄격한 실존주의자며, 분석현장에서는 굴절 없이 명징한 거울로서의 분석가라는 정체성을 언제나 놓치고 싶지 않다. 그래서 자신이 낸 사고로 장애를 얻게 된 은철 씨의 욕망을 분석해야만 했다. 보다 정확하게 이야기하자면 은철 씨 스스로 자신을 불구로 만든 자신의 욕망을 분석하게 해야 했다. 좀 잔인하게 이야기하자면 그를 불구로 만든 것은 그 자신이었다. 그 책임이 얼마

---

12 **단기/장기분석** 일반적으로 6개월 또는 1년 미만의 기간을 단기분석이라고 한다.

든 그 부분을 밝혀내는 것이 은철 씨의 분석에서 가장 중요한 핵심이었다. 그러기 위해선 라캉이 요구한 대로 분석가의 탐욕스러운 욕망을 드러내지 않으면서 드러내야만 했다.

가장 중요한 순간은 가장 구체적인 순간이다. 그것을 나는 분석가 자신이 분석을 받는 교육분석을 통해서 배웠다. 언젠가 내 분석가가 내게 조국을 떠나 타국으로 이주한 경험과 그 상실감에 대해 질문한 적이 있다. 그때 나는 내게 조국은 중요하지 않다고 대답했다. 사실 나는 무정부주의자고, 국가의 이름으로 소환되는 수많은 국민적 행위를 달갑지 않게 생각하기에 국가에 대한 느낌이 없다고도 말했다. 내 분석가는 다시 물었다. 한국을 떠난 것을 묻는 게 아니라 한국이라는 나라에서 겪은 일상의 감각을 떠난 것에 대해 묻는 거라고. 익숙함을 떠나올 때의 감상에 대한 질문이라고 다시 설명했다. 나는 대답하지 못했다. 그 감상을 길게는 말할 수 있었지만 정확히는 대답할 수 없었다.

내 분석가는 다시 물었다. 한국을 떠나 뉴질랜드에 도착할 때까지 어떤 순간이 가장 기억에 남느냐고. 그러면서 출국심사대에서 여권에 도장이 찍힐 때, 또는 비행기 안전벨트를 채울 때, 뉴질랜드 공항에 착륙한다는 안내방송을 들을 때와 같은 구체적이면서도 아주 짧은 순간들을 예로 들었다. 그의 예시를 듣자 내 귀에 '철컥' 하는 환청이 들려왔다.

출국 직전 부모님과 통화를 마치고 나서도, 환송 나온 몇몇 친구들과 작별인사를 나누며 여유 있게 출국장 안으로 들어갈 때도,

입국심사대에서 심사관의 질문에 답하면서도 나는 괜찮았다. 하지만 비행기에 앉아 안전벨트를 채우는 순간, '철컥' 하는 버클 잠금 소리가 내게는 '이젠 정말 다시는 안락한 옛날로 돌아갈 수 없다.'는 사실을 알려 주는 조종소리로 들렸다. 그것은 내 인생의 무엇인가가 철컥 잠기는 듯한 환청이었다. 이렇게 짧고도 구체적인 순간, 그 경계선이 함축하는 것은 때로 한 사람의 삶을 함축하는 것일 수도 있다.

가장 고통스러운 그 순간을 소환해야 했다.

나는 다시 은철 씨에게로 돌아왔다. 그의 삶을 구획한 가장 압축적인 순간은 언제였을까? 그 답은 내 안에서 오래지 않아 떠올랐다. 사고가 나던 그 순간이 아닐까? 그건 정말, 정말 사고였을까. 사고는 운전 미숙으로 커브 길에서 미끄러지면서 발생했다고 들었다. 하지만 그는 왜 그랬을까. 아니, 그의 무의식은 왜 그걸 허용했을까? 모든 실수의 피의자로서 무의식에게 혐의를 두는 프로이트를 거부하고도 싶었다. 이런 질문을 해야만 하는 내 직업이 약간은 원망스럽기도 했다. 이미 나는 그의 무의식에 혐의를 두기 시작했고, 나 자신이 잔인하다고 느꼈다. 왜 사고를 내셨나요, 라고 물어봐야 한단 말인가? 그의 무의식에게? 과연, 이것까지 해야 하나? 그 끔찍한 순간까지 소환해 내라고 종용할 것인가? 분석가의 윤리, 나는 윤리적인가? 심리치료사협회의 윤리강령 어디에도 적힌 바 없는, 이 혼란을 나는 소화할 수 없었다.

나 자신을 위한 정례적인 수퍼비전 시간에 은철 씨를 분석하는 동안 겪은 혼란을 이야기했다. 긴 이야기를 듣고 내 수퍼바이저가 한마디 했다.

"너의 혼란이 그의 혼란일 수 있다."

아, 나는 입에서 욕이 튀어나오려는 것을 가까스로 삼켰다. 누군가를 향한 욕설이 아니라 그냥, 어떤 감탄사로서의 욕, 뭔가 후련해질 때 터지는 카타르시스로서의 욕 같은 것이었다.

열 번째 세션 초반에 나는 우리가 기약한 세션이 오늘로써 끝이라는 것을 상기시켰다. 그리고 그의 의견을 물었다. 더 진행할 것인지 오늘로써 끝내고 싶은지. 나는 시간을 더 갖고 싶다는 내 생각을 덧붙였고, 그것이 은철 씨의 결정에 약간이나마 영향을 미치길 바란다는 마음도 숨기지 않았다. 하지만 그는 의외로, 오늘이 끝이 아니라는 생각으로 왔다고 말했다. 분석을 통해 자신이 변했다는 사실을 그는 잘 느끼고 있었고, 나 역시 그랬다. 그는 이제 제법 분석관계 안으로 들어온 듯했다. 변화하겠다는 의지를 곧 추세운 것 같았다.

언제나 느끼는 것이지만 내담자를 변화시키는 것이 어려운 게 아니라 그들이 스스로 변하겠다고 결심하게 하는 것이 가장 어렵다. 그는 스스로 변하겠다고 결심했고, 분석을 계속하겠다는 것은 그 변화를 멈추고 싶지 않다는 의미임이 분명했다. 우리는 세션을 무제한으로 연장했다.

은철 씨와 다루어야 할 주제는 많았다. 그는 장손이었다. 아직 한국의 할아버지와 할머니는 손자의 사고를 전혀 모르고 있었다.

자신의 상태를 숨기기 위해서는 그분들이 돌아가실 때까지 만나지 말아야 했다. 또 오랫동안 근육을 쓰지 않아 근력이 현격히 떨어져 있었다. 복학을 계획하는 그에게는 무엇보다 육체적인 회복이 필요해 보였다. 물리치료에 더해 헬스트레이닝 같은 본격적인 운동을 시작해야 했다. 그래야만 무거운 휠체어를 혼자 힘으로 접고 펴서 차에 싣고 내릴 수 있었다. 운전도 다시 시작해야 했고, 무엇보다 운전에 대한 두려움에서 자유로워져야 했다. 복학을 위해서, 그리고 앞으로의 삶을 위해서도 그것은 필수적이었다. 그 과정에서 겪게 될 심리적, 정서적 갈등은 언제든 마주쳐야 할 고통이었다. 지금까지 그는 잘 겪어 내고 있었고, 분석시간은 그의 삶에 한 축이 되었다.

분석은 여섯 달을 훌쩍 넘기고 있었다. 우리가 충분히 튼튼한 치료적 동맹을 맺고 있다는 믿음이 생기자, 나는 열 번째 세션 무렵에 품었던 의문에 도전할 때가 되었음을 직감했다.

좌절을 견디는 힘

그날 은철 씨는 사고가 났을 때 같이 놀러 갔던 친구를 학교에서 만났다고 했다. 사고 직후에 그 친구들을 만난 적이 있긴 하지만 퇴원과 동시에 칩거에 들어간 후로는 가끔 전화로만 얘기했을 뿐 얼굴을 맞대고 이야기해 본 적은 없었다고 한다. 기분이 어땠냐고 묻자 은철 씨는 짧게 침묵하다가 그 친구에게 미안했노라고 대답했다. 같은 차에 탔던 친구들도 몇 주씩 병원 치료를 받아야 했고, 그 후에도 후유증이 있었다는 것이다.

나는 은철 씨가 이젠 사고에 대해 이야기할 때가 되었다고 생각했다. 그 친구를 학교에서 만난 우연 때문이 아니라, 그 우연을 분석시간에 가져온 그의 무의식적 의도가 증거였다. 그 얘기를 내게 하지 않을 수도 있었다. 그러나 그는 분석에 그 친구를 등장시켰다.

"은철 씨, 정말 힘든 질문이 될 수도 있겠습니다만(나는 속으로 생각했다. '그래, 질문하기가 힘들지.'), 이제 은철 씨 삶의 어떤 한순간을 방문해야 할 것 같습니다."

"…."

"음… 군더더기 없이 바로 질문할게요. 혹시 대답하기 너무 힘들거나, 불편하면 답하지 않아도 됩니다."

"…."

"사고가 나던 그 순간, 말입니다. 앗, 사고다, 하는 바로 그 순간, 어떤 생각이 들었습니까?"

은철 씨는 예의 그 침묵에 잠겼다. 하지만 그의 침묵은 예상보다 훨씬 짧았다. 그리고 그보다 더 예상하지 못했던 대답이 돌아왔다.

"수치스러웠죠."

나는 도무지 이해할 수 없었다. 그의 압축된 어법에 충분히 적응했다고 생각했는데, 이건 압축이 아니라 아예 다른 차원의 이야기였다.

"사고에 대해 이야기하는 게 아니라 사고가 나던 바로 그 순간, 바퀴가 미끄러지고 차를 제어할 수 없다는 것을 알아챈 그 찰나에 대해 묻는 겁니다."

잠깐의 침묵 끝에 그는 결심한 듯 말했다.

"그날, 아침에… 고백을 했어요."

'고백'이라는 단어를 말하는 동시에 손가락을 튕겨 딱 소리를 냈다. 그는 많이 무안해하고 있었다.

"좀 더 이야기해 줄 수 있을까요?"

"같이 여행 갔던 여자애 중 한 명을 좋아했어요. 그래서 그날 아침에 좋아한다고 말했는데, 으음… 단칼에 자르더라고요. 처음으로 고백한 건데…."

"으흐음…."

나는 겨우 신음을 삼켰다. 이제 분석은 다른 단계로 넘어가야 했다. 흔히 말하는 인정욕구와 거절로 인한 좌절, 그것에 관한 초기 경험, 이런 상투적인 분석의 주제로 넘어갈 수 있었다. 하지만 나는 그런 분석적 사고를 할 수 없었다. 그에게 '초기의 경험으로 돌아가 거절의 경험을 탐색해 보자.'고 말한다면 나는 정말 가장 분석적인 심리치료사가 될 수 있겠지만, 동시에 가장 비인간적인 사람도 될 것이다.

그의 무안함, 수치스러움은 사고의 순간에도, 또 내게 그 사실을 고백하는 순간에도 여전한 감정이었다. 은철 씨는 덧붙였다.

이 사실을 아직 그 누구에게도 말하지 않았다고. 오직 그 여자아이와 자신만 아는 일일 거라고. 누구든 사랑을 하고, 고백을 하고, 퇴짜를 맞고, 실연을 한다. 시간이 지나면 그 일은 대체로 젊은 날의 치기와 농담거리가 되지만 아직 그 시간 속에 살고 있는, 이제 막 남자로 성장한 은철 씨에게 연정을 품었던 여자로부터 딱지를 맞은 사건의 파장은 짐작 이상인 듯했다.

그는 수치스러웠다고 말했다. 그녀에게 거절당해서 수치스러웠고, 그 일로 마음을 잡지 못하고 시속 140킬로미터를 넘겨 국도를 운전했다. 아차, 사고가 나는 그 순간, 그깟 계집애 하나 때문에 사고를 내는구나, 하는 생각이 동시에 밀려들면서 그런 자신이 너무 못나고 수치스럽게 느껴졌다.

은철 씨는 자기 자신을 용서할 수 없었다. (나는 용서와 받아들임에 집착하는 나의 상태를 의심했던 기억이 떠올랐다. 그때 용서에 대해 더 말하지 못했던 것은 그의 저항을 감지했기 때문인가. 나는 그때 더 이야기했어야 했나 하고 생각했다.) 수치스러웠다. 퇴짜 맞은 것도, 그 일로 자신을 불구로 만든 사고를 낸 것도, 다른 아이들을 다치게 한 것도 모두 자신의 삶에서 지워 버리고 싶은 기억이었다.

이제 그는 이 모든 일의 발단이 된 그 순간을 재생해 내고 있었다.

그 고통스러운 과정을 통해 우리는 무엇을 얻을 것인가? 무언가에 책임을 물어야 하나, 예를 들면 그의 무의식에? 어떤 살의에? 우리는 무엇을 얻을 수 있을 것인가? 새롭게 마주친 이 과제

앞에서 분석관계의 조타수인 나는 또 한 번 방향감각을 잃고 혼란을 겪었다.

결국 나는 그의 말에 집중하기로 했다. 사실 수치스러운 순간을 경험하는 것보다 그 순간을 말하는 것이 더 수치스러울 수 있다. 그것을 고백하는 것이 더 어렵기도 하다.

"사고를 낸 것만큼이나 그녀에게 거절당한 것을 수치스럽게 여기는 것 같네요."

"누구에게도 거절당해 본 적이 없었어요. 그게 태어나서 처음으로 누군가에게 거절당한 경험이죠."

어머니는 외아들인 그에게 지극했다. 종손인 그는 양가의 조부모님들로부터도 극진한 사랑을 받았다. 사업가인 아버지는 과묵했지만 그를 혼내거나 때린 적이 없었다. 누구나 그를 좋아했고 온실처럼 잘 조성된 환경에서 사랑받는 화초로 자랐다. 누구도 그를 미워한 적이 없었다. 그렇다고 거만하거나 이기적인 아이도 아니었다. 만약 그랬다면 그런 사랑을 받기도 어려웠을 것이다. 다만 그는 면역력이 약한 여린 소년이었다. 풍우를 견디고 병충해를 이겨 내며 성장하는 야생의 나무가 아니었다. 최적의 조건 속에서 사랑을 받기만 하면 되는 귀한 난초 같은 소년이었다. 그 소년이 청년이 되려는 찰나, 생애 최초의 좌절을 겪었고 그것이 비극의 단초가 되었다. 아니다, 정확히 보자면 비극의 원인은 그의 나약한 심리적 항체였다. 타인에게 거절당하는 좌절의 경험을 몇 번만 했더라면 심리적 면역력이 생겼을 것이다.

거부당함으로 인한 그의 좌절은 교통사고와는 별개의 문제다. 자신이 얼마나 이런 좌절에 약한 존재인가를 그는 이제 깨닫고 있었다. 앞으로 그는 자신의 장애뿐만 아니라 수많은 관계 속에서 훨씬 더 많은 좌절을 겪게 될 것이다. 그는 좌절을 견뎌 낼 심리적 항체를 생성해야 했다.

"태어나서 겪은 최초의 좌절은 사고가 아니라 그녀에게 딱지 맞은 거네요."

"그렇죠. 그리고 그것 때문에 나 자신을 컨트롤하지 못한 것도 실망스럽고요."

"어찌 보면 그리 큰일이 아닐 수도 있는데, 그런 일로 정신을 못 차린 자신이 한심하게도 보였겠습니다."

"그거죠. 내가 왜 그랬을까, 그런 생각이 드네요."

"거절에 대응할 면역력이 약했던 것 아닐까요. 좌절에 대한 항체 같은 것 말입니다."

"사실 친구들이 여자애와 사귀다가 차이는 것도 보고, 사귀자고 했다가 거절당하는 거 보면서 키득거리기도 하고 농담도 하고 그랬거든요. 근데 그게 제 문제가 되니까, 정말 정신을 못 차렸던 것 같아요. 생전 처음 겪는 감정이었어요. 완전히 뭔가를 잃은 듯한 느낌이요."

"뭔가를 잃은 느낌이요."

내담자의 말 중에서 유독 귀를 찌르는 단어나 문장들이 있다. 그것을 단순 반복해서 강조하는 것만으로도 내담자의 무의식을 한 번 더 자극하는 효과는 충분하다.

"자신감 같은 것? 확신 같은 거요, 나에 대한… 의심."

"…."

"내가 되게 형편없는 사람이 된 것 같은 거죠. 한 번도 그런 생각은 해 본 적 없는데, 그런 생각이 들었어요."

"다른 사람 눈에 비친 나는, 나 자신이 생각하는 그런 사람이 아닐 수 있다는 혼란스러움 같은 건가요?"

"맞아요. 다른 사람 눈에는 내가 전혀 다르게 보일 수 있다는 혼란스러움이요…. 그러면서 나 자신에 대한 확신을 잃어버린 것 같아요. 그러면서 나 자신에 대한 컨트롤을… 잃어버린 것 같아요."

힘든 순간이었을 것이다. 그 순간을 재경험하는 것 또한 그만큼 힘들 것이다. 이렇게 고통의 순간을 다시 회상하는 것은 무슨 의미가 있는가? 무엇보다 중요한 것은 현실이다. 현실이 그때를 어떻게 재인식하는가 하는 것이 분석의 핵심이어야 한다. 나는 그를 다시 현실로 귀환시켰다.

"그때를 떠올리면 어떤 느낌이 드나요?"

"제게 필요한 게 뭘까요?"

그는 다시 몇 단계를 뛰어넘어 저만큼 가서 이야기한다. 나는 재차 그의 느낌을 물었다.

"필요한 것이 무엇인지는 조금 뒤에 이야기합시다. 그때를 회상하며 말할 때의 느낌이 어땠나요?"

"단절감이요. 사람들과 내가 연결되지 못했다는 느낌이요. 내가 정말 다른 사람들에게 관심이 없었다는 생각이 들어요. 내가 다른 사람들에게 관심받는 건 당연하지만, 나는 사람들에게 관심을 주지 않은 것 같아요."

"네, 은철 씨 자신의 옛날 상태에 대해 적절하게 파악한 것 같네요. 근데 한 번 더 물어볼게요. 방금 말한 건 '생각'이고 그때를 얘기하다 보면 어떤 '느낌'이 드나요?"

나는 종종 그러하듯 집요하게 그의 느낌과 감정을 물었다. 우리가 분석하고 수용해야 하는 것은 감정이다. 은철 씨는 자신의 경험을 잘 분석하고 파악했지만, 여전히 감정의 영역을 소홀히 다루어서는 안 된다.

"제가 어리게… 느껴지고 약하게 느껴져요. 음… 지금 들리는 마음의 소리는 내가 변해야겠다는 거예요."

변화보다 중요한 결행

'됐다, 됐다.'

나는 속으로 쾌재를 불렀다.

모든 내담자들에게서 공통적으로 느끼는 것이 한 가지 있다. 그것은 사실 내담자들은 전혀 변화하려 하지 않는다는 것이다. 그래서 나는 이런 결론을 내린 적이 있다.

'내담자를 변화시키는 것이 어려운 게 아니라 그들이 진정으로

변해야겠다고 결심하게 하는 것이 어렵다.'

심지어 라캉은 "내담자들은 변화하기 위해 분석을 받으러 오는 것이 아니라 현재의 삶을 유지할 방법을 찾기 위해 분석가에게 온다."고까지 말한다. 그저 고통을 계속 지킬 수 있는 방식으로써 분석가를 찾아온다는 것이다. 그의 말에 전적으로 동의한다. 라캉은 계속 말한다. "내담자가 정말 변해야겠다고 결심하는 그 순간부터 내담자는 진정한 분석관계 안으로 들어오는 것이다. 진정한 결심, 과거로부터 벗어나겠다는 변화의 결심, 이 자체만으로도 많은 것은 해결된다."

예를 들어, 흡연자들은 담배를 끊어야겠다고 수도 없이 생각하지만 정작 필요한 것은 행위가 아니라 진정한 결심이다. 끊지 못하는 것은 결심하지 않기 때문이다. 파괴적인 관계를 끊어야겠다고 생각하는 가정폭력의 피해 여성들도 그렇다. 그 관계가 주는 고통 속의 어떤 만족들이 그들을 벗어나지 못하게 한다. 주변사람들이 아무리 그런 관계의 단절을 강권해도 그 고통으로부터의 자유를 결심하지 못한다. 파괴적 관계 안에 도사린 어떤 허구의 쾌감이 피해자들의 결심을 가로막는다.

고통으로부터 받는 희열이 없다면, 또는 그 희열이 더 이상 희열이 아님을 인식하게 될 때, 즉 고통을 완벽한 고통으로만 인식하게 될 때, 그 고통을 버리겠다는 결심을 한다. 그래서 고통에서 벗어나겠다고 결심하는 것은 사실 고통을 버리는 것이 아니라 고통 속에 도사리고 있는 작은 쾌락을 버리겠다는 의미다.

은철 씨는 변화의 욕구를 스스로 인식했다. 자기중심적이었던 자신을 보았다. 자신에게 집중되는 관심과 애정의 그 양만큼 타인에게 돌려주지 않음으로써 자신을 제대로 볼 수 없었던 과거가 자기 삶을 어떻게 일순간에 흐트러뜨려 놓았는지를 통렬하게 자각했다. 그는 자신을 어리고 약하게 느꼈다. 온통 자신에게만 집중하는 유아의 상태, 거기에서 한 발짝도 벗어나지 못한 자신을 감각한 것이다. 이런 '상상계'의 삶에서 벗어나 변해야겠다는 생각이 동시에 들다니, 나는 일종의 환희를 느꼈다. 그도 이런 환희를 느끼고 있을 것 같았다. 이것은 감각적이며, 동시적인 전이일 것이다.

이제 우리는 은철 씨의 질문으로 돌아갈 수 있게 되었다. 아니, 이미 그는 그 답을 해 버렸다. '제게 필요한 게 뭘까요?'라고 묻는 순간, 변화의 욕구가 목 밑까지 치밀어 올랐을 것이다. 그는 자신의 나약함이 결국 관계의 나약함이며, 그동안 자신이 세상과 타인에게 관심을 기울이는 데 얼마나 나약했는가를 이해했다. 또한 이제 고통과 더불어 경험한 자기중심적인 관계 맺기의 단맛을 분명한 폐해로 인식했다.

그는 장애에, 그것을 가진 사람에게 아무런 관심도 없었을 뿐만 아니라, 심지어 자신이 살고 있는 세상과 관계 맺고 있는 사람들에게도 진정한 관심을 갖지 않았다. 하지만 이제 진정한 관계 맺기와 소통이 얼마나 중요한가를 깨닫게 되었다. 굳이 명시하지 않아도 중요한 삶의 덕목을 납득하고 수용하려 한다. 다시 세상에

첫발을 내딛고, 세상과 사람들에게 관심을 기울이는 것이야말로 그가 수행해야 할 아주 중요한 과제라는 것도 분명해졌다. 그것이 그에게 '필요'한 것이다.

우리의 분석은 또 하나의 중요한 임계점을 넘었다. 은철 씨는 그의 삶에 꼭 필요한 것을 찾았다. 불편한 다리가 그의 삶에 부여한 의미도 분명해졌다. '모든 일에는 의미가 있다.'는 지혜의 말은 상투적이지만 버릴 수는 없다. 오직 좋기만 하거나 완전히 나쁘기만 한 일은 있을 수 없다. 잘 알다시피 좋은 일에는 그에 응당한 값을 지불해야 하고, 나쁜 일을 통해서 좋은 일로는 얻을 수 없는 단련의 기회가 주어진다.

은철 씨도 비록 자신의 실수에 비해 혹독하긴 했지만, 극복해야 했던 과거의 자신을 버리고 변화한 삶으로 나아갈 것이다. 그것은 일종의 인격적 진화다. 인간의 변화가 반드시 노화의 시간과 함께할 이유는 없다. 어떤 이는 10년 전, 20년 전의 자신에 머물러 있기도 하고, 어떤 이는 나이를 앞질러 훨씬 더 성숙하고 책임지는 삶을 산다. 은철 씨는 20년간의 오래된 자신을 버렸다. 2년이라는 공동空洞의 기간을 거치고, 1년간의 고통스러운 분석을 통해 그는 단련되고, 깨닫고, 수용했다. 그럼으로써 삶이란 자기 주변의 모든 사람들을 포함하는 것이며, 그들과의 관계 역시 자신의 책임이라는 것을 받아들였다.

그날 이후 우리는 이 주제를 여러 세션을 거치면서 이야기했다. 그의 관계 패턴을 탐색했으며, 관계 맺기와 소통의 원칙과 방법을 학습했다. 관심과 배려라고 하는, 인간 세상을 선하게 유지할 수 있는 가장 중요한 덕목들과 그것을 실현하는 방식, 그가 세상과 자기 삶에 기여할 수 있는 방식에 대해서도 함께 고민했다.

분석은 1년을 훌쩍 넘겨 봄의 문턱인 9월 말에야 끝을 맺었다. 지금 그는 무사히 학교에 다니고 있고, 어디를 가든 혼자서 모든 일을 씩씩하게 해낸다. 휠체어를 타고 농구를 하는 것이 얼마나 불편한지에 대해 부모님께 자연스럽게 이야기하고, 한국에 가서 할머니와 할아버지를 만나겠다고 아버지를 설득하고 있다. 무엇보다 사람들, 특히 소외된 사람들에게 관심을 갖게 되었고, 빈곤 국가의 굶주린 아이들을 돕는 국제구호기구에서 자원봉사도 시작했다. 아버지를 설득해서 경제적 지원을 받고 전공인 컴퓨터와 모국어에 가까운 유창한 영어실력을 자원으로 대학을 졸업할 때까지 몸을 더 만들어서 국제구호기구의 일원이 되겠단다.

은철 씨는 내게 깊이 감사했지만, 오히려 내가 그에게 감사해야 했다. 그를 분석하는 동안 나는 그만큼이나 장애에 대한 뼛속 깊은 편견을 가진 나 자신과 직면할 수 있었다. 한국인이 가진 열등감이 어떤 못난 모습으로 드러날 수 있는지도 깨달았다. 무엇보다 은철 씨는 느닷없는 삶의 재난이 어떻게 더없이 아름다운 가치를 창출해 낼 수 있는지를 목도할 기회를 주었고, 그 지난한 과정의 생생한 증인이 될 수 있도록 해 주었다. 그 과정을 같이할 수 있었다는 것에 무엇보다 감사한다. '변하겠다'는 결코 쉽지 않은 결심을 나와의 분석을 통해 했다는 것에, 내가 나쁘지 않은 분석가라는 사실을 확인시켜 준 그에게 감사할 따름이다.

처음에 나는 그가 상실한 것, 그리고 우리가 애도해야 할 것은 두 다리의 기능이라고 생각했다. 하지만 정작 우리가 애도한 것은 그의 오래된 자신, 변화하지 않으려는 과거의 자신이었다. 잃어버린 다리는 오히려 언제나 마주쳐야 하는 생생한 현실이다. 하지만 안락했던 과거의 삶의 방식은 그의 무의식 깊숙이 결착되어 쉽게 식별할 수조차 없었다. 우리는 감정의 씨줄과 사고의 날줄을 낱낱이 분석했고, 그 결과 그는 극심한 심리적 고통을 이겨 내면서 스스로 직면해야만 애도할 수 있는 많은 것들을 발견했다. 그리고 마침내 벗어야 할 것은 오래된 자신이며, 변하지 않으면 삶은 헛되고 헛된 것임을 알아냈다.

분석을 마침으로 나는 그에게 나를 떠나서 혼자서도 날아다닐 수 있는지, 스스로 확인할 기회를 주어야 했다. 그는 나의 제의를 순순히 받아들였고, 그것 또한 나는 감사했다. 분석이 끝났다고 관계까지 끝나는 것이 아님을 그는 확인했고, 나는 동의했다.

그를 떠나보내며 나는 무릎을 꿇고, 그와 몸높이를 맞추어 미뤄 두었던 따뜻하고 깊은 포옹을 선사했다. 눈물을 아끼지 않는 나는 그를 보내고 한참을 울었다. 감사함과 더불어 그의 앞날에 대한 희망과 염려가 겹치는 아버지의 눈물이었던 것 같다. 이때, 역전이와 애정을 구별하는 것은 무용했다.

여섯 번째 이야기

마음이 가난한 자

돈으로 살 수 없는 것이 딱 하나 있다.
바로 가난이다.
가난을 가장 소중한 재산으로 여기는 사람이 있다면,
신은 주저함 없이 그를 참된 아들로 삼을 것이다.

성직자를 분석하는 것은 언제나 감각을 더 예민하게 한다. 그들은 스스로를 신에게 인신공양한 자들이다. 혼인 여부를 떠나 한 종교의 성직자가 되는 것은 인간이되 인간이 아닌 삶을 택한 것이다. (그래서인지 어떤 성직자는 인간도 아닌 인간이 되는 경우도 가끔 있다.)

한국에 돌아온 이후 이런저런 인연으로 많은 성직자 신분의 내담자들을 만났다. 그들과의 분석작업을 통해 나는 인간은 결국 부모를 찾아 헤매는 어린아이일 뿐이며, 그들 역시 인정과 수용을 갈구하고 그것을 채워 줄 대상을 찾아 헤맨다는 것을 알았다.

하지만 성직자와 속인의 인정욕구는 엄연히 다르다. 속인은 인간을 통해 그것을 채우려 하지만 그들은 인간으로부터 인정을 더 이상 요구하지 않는다. 세속적 욕망에서 좀 더 자유로워졌기에 그것은 큰 차이다. 하지만 그들에게도 여전히 욕망의 소실점이 있다.

부모의 다른 이름, 신

부모의 인정과 수용이 결핍되었을 때 한 인간이 얼마나 극단적인 방식의 삶을 선택할 수 있는지, 그 결핍을 채우기 위해 어떻게 자신을 몰아가는지 그 자신도 짐작할 수 없다. 다만 한때 자신에게 전지전능했던 부모로부터 사랑과 수용과 인정을 충분히 받지 못하면, 그 굶주림으로 인해 인간은 삼백 석의 공양미에 자신을 내던지기도 한다. 아버지의 인정을 갈망했던 심청처럼.

전지전능이란 생살여탈권의 다른 이름이다. 지구상에 존재하는 모든 생물체를 통틀어 인간만큼 일용할 양식을 스스로 쟁취해 내기까지 오랜 기간이 걸리는 종은 없다. 적어도 그 기간 동안 부모는 전지전능하다. 우리의 목숨은 그들 손에 달렸다. 부모는 바로 신이다. 최소한 우리 인생의 몇 년 동안은 말이다. 그리고 그 최초 몇 년이 우리 정신의 근본을 놓는 시기다.

부모는 우리를 살리기도 하지만, 그들만큼 우리를 핍박하고 협박하고 금지하고 명령하고 체벌하는 사람도 없다. 어린 시절 부모에게 가장 많이 들었던 말들을 생각해 보라. "하지 마!" "만지지 마!" "울지 마!" "가만히 있어!" "뚝!" "혼난다!" "맞는다!" "자꾸 그러면 너 갖다 버린다." "엄마 확 가 버릴 거야." 납득할 수 없는 체벌을 누구로부터 가장 많이 받았는지 생각해 보라.

하지만 그들을 미워할 수는 없다. 그들의 금지와 명령과 체벌은 사랑이라는 이름으로 행해졌기 때문이다. 설사 그들이 자신의 히스테리나 부부관계의 갈등, 고부간의 다툼으로 인한 분노를 우리에게 퍼부었다 해도 우린 그것을 분별할 능력도, 항거할 수 있는 권리도 없었다. 납득할 수 없는 많은 체벌과 분노를 감당하는 것만이 우리의 몫이었다.

분별할 수 있었다 한들 뭐 어쩔 것인가. 그들은 나에 대한 생살여탈권을 쥔 전지전능한 존재인 것을. 복종하는 것 외에 우리가 할 수 있는 일은 없었다. 그들은 우리에게 일용할 양식을 주고, 안락한 잠자리를 주고, TV를 볼 수 있게 해 주고, 학교에 보내 주고, 친구들을 만나 놀 수 있는 용돈을 주었다.

우리는 부모가 우리를 더 많이 사랑해 주고 더 많이 인정해 주고, 가능하다면 무조건 사랑하고 인정해 주길 바랐다. 그러면 우리를 금지하거나 체벌하지 않을 것이고 저주를 퍼붓지도 않을 테니 말이다. 그래서 우리는 무조건적인 사랑과 수용을 바랐다. 그것이 부모에게 원했던 것이다.

그러나 우리가 원하는 것을 그들은 생각만큼 그렇게 쉽게 내주지 않는다. 자식을 사랑하지 않는 부모도 있다. 사랑하지만 무엇을 주어야 할지 모르거나 자식에 대해 아예 고민하지 않기도 한다. 자기 문제에 빠져 자식의 마음을 헤아릴 겨를이 없는 부모는 세상에 널리고 널렸다. 몇몇 별난 부모들의 이야기를 하고 있는

게 아니다. 많은 부모들이 자신도 모르는 사이 그렇게 행동하고 있다. 나도, 내 주변의 많은 사람들도, 내 내담자들도, 명예나 권력을 가진 사람들도 그런 부모 밑에서 자랐다. 이는 신기할 것도 특별할 것도 없는 그저 우리 삶의 당연한 일상이자 역사다.

지금은 성직자의 신분을 가졌다 하더라도 그들 역시 어린 시절에는 우리와 같은 평범한 삶을 살았을 것이다. 그리고 그 어떤 이유로 인해 세속의 욕망을 포기하고 신의 품으로 안겼을 것이다. 그 과정에는 우리가 짐작하지 못할 어떤 숭고함이 개입했으리라. 지금부터 이야기할 '그'도 그러했다.

그의 종교에 대해 호기심을 갖지 않았으면 한다. 분석과정에서 그가 어떤 종교의 성직자인가는 전혀 중요하지 않기 때문이다. 지금부터 하려는 이야기는 그저 신 앞에 자신을 바쳤지만, 그 공양이 어떤 욕망에서 비롯되었는지 밝혀내 가는 고통스럽고 애틋한 분석작업, 그 과정일 따름이다. 불필요한 오해나 트집을 피하기 위해 그의 종교는 물론, 가명으로라도 그의 이름을 밝히지 않겠다. 다만 그가 삶의 어떤 단계에 있는지 이해할 수 있도록 삼십 대 중반을 넘겼다는 사실만을 밝힌다.

소년이 남자가 되기 위해 필요한 것

작은 키에 약간 다부진 느낌. 눈빛은 강했으나 전체적으로는 어딘가 약간 주눅 들고 조심스러운 모습. 대체로 말을 술술 잘했으며 자기 상황이나 감정 상태에 대해 자세하고 솔직하게 진술함. 눈을 똑바로 본다는 느낌보다는 고개를 약간 숙여서 위로 올려다보는 시선. 그의 종종걸음은 사뿐거리는 듯 보였는데, 최대한 조심하며 교무실에 들어오는 중학생을 보는 듯한 느낌. 조용하고 신중한 모습. 내게 좋은 느낌을 주는, 호감이 가는 사람. 방어적이지 않고 내면의 슬픔을 갖고 있는 듯한 느낌을 준다. (나의 투사일 가능성 있음.)

첫 세션을 마친 후 그에 대한 느낌을 적은 분석노트의 첫 부분이다. 첫 세션에서 나는 언제나 가능한 한 내가 할 수 있는 최대한의 촉수를 사용해서 내담자에 대한 나의 느낌에 예민해지려 한다. 그 첫 느낌은 분석과정에서 중요한 길잡이가 되곤 하기 때문이다. 더 분명한 느낌일수록 더 분명한 길을 제시한다. 그래서 나는 분석과정에서 막히거나 힘이 들거나 답답해지면 첫 세션에서 받은 느낌을 다시 경험해 보는 나만의 작업을 한다. 그러면 대체로 우리가 어떤 위기에 처해 있는지 분명해진다. 이런 위기는 분석관계에 중요한 긍정적 전환점으로 작용한다.

첫 세션에서 나는 그에게 꿈을 잘 기억해 오기를 부탁했다. 몇 번의 경험을 통해 나는 성직자들이 일반인들보다 꿈을 유난히 선명하게 기억하고, 그 꿈들이 내적 욕구를 잘 반영한다는 것을 알고 있었다. 그와의 분석에서 꿈은 가장 중요한 분석의 통로가 되었다. 프로이트가 말한 대로, '무의식에 이르는 왕도'를 따라 나는 그의 아주 중요한 무의식의 영역들을 탐험할 수 있었다.

우선 나는 그가 왜 분석을 받으러 왔는지 물어야 했다. 성직자로서 정신분석을 받는다는 것이 아직 우리나라에서는 받아들여지기 어려운 일이고, 게다가 상담을 공부하는 예비 상담가도 아니면서 분석가를 찾은 데는 현실적인 어려움이 분명히 있을 것이었다. 믿음으로써 삶의 문제를 해결하기 위해 종교에 귀의하는 신자들 중에는 자신이 믿는 그 종교를 이끌어 가야 할 성직자가 정신분석이나 심리상담을 받는 것을 못마땅하게 생각하는 사람들도 많다. 때문에 성직자로서 분석을 받기 위해 상담가를 찾는 일은 어지간한 용기와 열린 마음이 아니면 불가능하다. 물론 그만큼 절실한 상황일 수도 있다.

나의 질문에 그는 쑥스러워했다. 그가 속한 종교에서는 다양한 복지단체를 운영하는데, 그는 그중 한 단체의 일을 돕고 있었다. 그런데 어느 순간 자원봉사자로 일하는 한 여성을 짝사랑하게 되었다. 성직자가 된 후로 이와 비슷한 감정을 느낀 적은 있지만, 이번처럼 강렬한 적은 없었다고 한다.

사실 성직자들은 남자임을, 여자임을 스스로 포기한 사람들이지 않은가. 그래서 성직자가 되겠다는 결정이야말로 가장 숭고하지만 가장 고통스러운 것이다. 하지만 영적 성장만으로는 완전한 내적 통합에 이를 수 없다. 몸의 본능을 그대로 따르는 것만큼이나 몸의 본능을 무조건 억압하는 것도 문제다. 중요한 것은 몸의 본능을 거부하지 않고 통제할 수 있어야 한다는 것이다. 물론 그것은 모든 인간들에게 너무나 어렵고 힘든 일이다.

　육체적 본능을 통제하는 일에 더해 사랑의 감정까지 엄습한다면, 성직자에게 그런 상황은 재앙이라고 해도 좋을 것이다. 게다가 짝사랑의 감정이란 참으로 묘한 것이어서 아무리 억누르려 해도, 아니 억누를수록 온몸에 스며들듯 퍼져 세포 하나까지 아릿하게 만들지 않는가. 그 감정에 휩싸이면 생각하는 모든 방향은 자신도 모르게 사랑하는 대상을 향하게 된다. 길거리를 걸을 땐 그와 우연히 마주치는 상상을 하고, 여행을 간다면 그와 함께 무엇을 할지 생각하고, 그와 함께할 일상을 그리며 그 공상이 현실로 이루어지기를 바라는 소망에 마음을 온통 빼앗겨 버린 자신을 발견하게 된다.

　그것은 외롭고, 쓸쓸하고, 아픈 경험이다. 결국 그런 사랑은 상대가 나를 좋아하지 않아서, 다른 사람이 있어서, 또는 다른 어떤 이유나 처지로 인해 스스로 포기하게 된다. 하물며 성직자임에랴….

　환속, 나의 곤란함은 그것에서 비롯되었다. 만약 그가 성직을 떠나 속인으로 돌아오는 엄청난 결정을 하게 되고, 거기에 내가 지대한 영향을 미친다… 그건 가능한 한 물리고 싶은 잔이었다. 하지만 피하고 싶지도 않았다. 결국 성직자 역시 인간의 한 역할이다. 그 옷을 입든 벗든 온전히 그 자신의 결정이어야 그가 믿는 신도 기뻐할 것이다.

　내 고민은 어떻게 이 지난한 과정을 무사히 거쳐 그가 가장 올바른 결정을 내리도록 도울 수 있을까 하는 데 있었다. 결정하는 방식에는 두 가지가 있다고 생각한다. 하나는 '더 나은 결정'을 하는 것이고, 다른 하나는 '더 옳은 결정'을 하는 것이다. 우리는 대체로 더 나은 결정을 하기 위해 고심한다.

'더 나은 결정'이란 자신에게 더 이롭고, 더 편리하고, 더 많은 것을 누리는 선택이다. 반면 '더 옳은 결정'은 덜 이롭고, 더 적게 누리고, 더 힘든 길을 선택하는 일이 될 수도 있다. 물론 '더 나은 결정'이 '더 옳은 결정'일 수 있지만, 그렇지 않은 경우가 월등히 많다. '더 나은 결정'은 더 많은 것을 가져다줄 것이라는 예측이 가능하기에 그것이 더 낫다고 판단할 수 있는 기준이 있다. 하지만 옳은 결정이란 결과가 분명하지 않은 경우도 많고, 예측하기도 어렵거니와 그 결정이 올바른지 판단하기도 쉽지 않다. 그래서 옳은 결정을 내리기는 매우 어렵다. 무조건 덜 가져간다고 해서 더 올바른 결정도 아니기 때문이다.

언젠가 티베트 승려들이 나오는 영화를 보다가 결정에 관한 간결하지만 아주 중요한 지혜를 알게 되었다. 그것은 결정 앞에서 망설이는 젊은 제자에게 스승이 일러 준 가르침이었다.

"두 개의 갈림길이 있다면 그중 더 어려운 길을 택하라."

참 좋은 말이라고 생각했지만, 그 후 맞닥뜨린 몇 번의 결정 과정에서 나는 그 말을 떠올렸을 뿐 한 번도 따른 적이 없었다. 항상 더 낫고 쉬운 길만 선택한 것이다. 하지만 공교롭게도 그 결정들은 대부분 예상과는 다른 방향으로 나를 이끌었다.

더 어려운 길을 따랐어야 했다는 뒤늦은 후회의 경험을 거듭하면서 나는 한 가지 분명한 사실을 깨달았다. 어려운 길을 택하는 것이 더 옳은 결정인지 아닌지는 모르겠지만, 쉬운 길에 비해 더 많은 경험을 하게 되고 그로 인해 가슴 깊이 새겨지는 교훈을 얻게 된다는 것이었다. 그것만으로도 어려운 길이 주는 열매는 충분하다. 후회는 과거를 바꿀 수 없지만 미래를 실패로부터 구원한다. 그런 후회의 경험은 성찰로 승화된다. 하지만 상습적인 후회는 변화하지 않는 자의 습관이다.

어쩌면 나는 어려운 결정을 해야 하는 순간을 맞게 될 것이다. 성직자이면서, 동시에 여성에게 연정을 품은 한 남자의 분석가로서 그의 선택과 결정에 영향을 미칠 수 있기 때문이다. 그가 그녀에 대한 감정을 포기하도록 적절히 종용해서 다시 '성직자'가 품음 직한 감정의 세계로 돌아오는 데 기여할 수도, 또는 그 감정이 얼마나 헛된 것인지에 대해 그가 깨닫게 할 수도 있었다.

10년 넘게 성직자로 살아온 그가 환속한다면 그 삶은 어떨 것인가. 성직자는 많은 희생을 감내해야 하지만, 반대로 많은 사람들의 존경, 최소한 그 종교를 믿는 신도들의 존경만큼은 보장받는다. 그것이 주는 손쉬운 이득들은 얼마나 많은가. 어찌 보면 그의 삶을 위해 더 나은 결정은 성직자의 삶을 유지하는 것일 수도 있다. 물론 환속을 해서 마음껏 이성을 사랑하고, 평범한 삶을 사는 것이 그에게 더 나은 결정일 수도 있다. 어쨌든 그가 더 올바른 결정을 내릴 수 있도록 나 역시 더 올바른 결정을 내려야 했다.

내 몫으로 던져진 올바른 결정은 그가 환속할 것인지 아닌지 결정하도록 돕는 일이 아닌 것 같았다. 그보다는 왜 지금 그의 삶에 한 여성이 등장했는지, 그 여성을 통해 드러난 그가 해결하지 못한 과거 경험의 의미는 무엇인지를 그와 함께 분석하는 일이었다. 그 여성은 그러한 탐색의 통로라고 말할 수도 있으리라. 분석 과정을 끝내고 나서 그가 환속을 결정할 수도, 하지 않을 수도 있다. 그 여성과의 미래와 상관없이 환속할 수도 있고, 성직자의 삶에 새롭게 의미를 부여하고 살아갈 수도 있다. 하지만 이런 결정은 부수적인 것에 지나지 않았다.

우리에게 가장 어려운 길은 결국 현재 상황을 거짓 없이 낱낱이 알아보는 것이었다. 그를 성직으로 이끈 가장 세속적인 이유와 그의 무의식이 그 과정에 어떤 영향을 미쳤는지 분석해야 할 것이라는 예상은 어렵지 않았다. 신의 뜻이 아닌 무의식의 뜻 말이다. '신은 죽었다.'는 니체를 들이대건, '신은 무의식이다.'라는 라캉을 인용하건, 나는 그와 함께 그의 무의식과 신이 만나는 접점을 찾아야 했다.

내 안의 또 다른 나, 그림자

나는 그에게 어떤 계기로 출가하게 되었는지 물었다. 제대 후 그는 좀 더 전망 있는 과를 전공하기 위해 다시 대학 입시를 치렀으나 낙방했고, 취업을 시도했으나 그것마저 여의치 않은 상황에 있었다. 게다가 어머니마저 많이 편찮으셨다고 한다.

어머니가 나을 수 있다면 뭐든지 할 수 있다고 생각했다. 그는 신께 자신을 바칠 테니 어머니를 낫게 해 달라고 기도했다. 어머니는 나았고, 그는 서원대로 성직자가 되었다.

그의 이야기에는 두 여성이 등장한다. 어머니와 짝사랑하는 여성. 그는 한 여성으로 인해 자신을 신께 공양했고, 또 다른 여성으로 인해 이제 성직자라는 삶을 철회할 수도 있는 상황이다.

대부분의 신은 남성이다. 부처도, 예수도, 마호메트도. 그러나 신은 그 외양과 상관없이 또한 어머니이기도 하다. 신은 양성兩性을 완전히 통합한 존재들이기 때문이다. 결국 그에게 여성은 신의 다른 이름이라고 한다면 지나친 생각일까? 아니다, 여성이 단순히 여성성을 가진 존재일 뿐만 아니라 모성의 존재라는 전제에 동의한다면 신을 찾는 행위, 여성과 결합하려는 욕망은 모성에 대한 갈급일 수도 있다.

두 번째 세션에서 그는 꿈을 세 개나 가지고 왔다. 첫 분석이 있던 날 밤부터 연달아 3일 동안의 꿈을 기억해 온 것이다. 이건 놀라운 일이 아니다. 정신분석은 내담자의 무의식에 우리가 짐작하는 것보다, 의식적 느낌보다 훨씬 더 큰 균열을 낸다. 꿈이 용솟음친다. 그래서 분석을 시작하기로 한 후에 꾼 꿈이나, 특히 첫 분석을 마치고 난 뒤의 꿈은 정말 너무나 중요하다.

성직자를 수련하는 종교기관에서 한때 우리를 가르쳤던 한 어른을 만났다. 작은 방에서(상담실 같은 느낌이다.) 그 어른 성직자와 얘기를 했다. 그분은 종교이론을 가르치는 분이었다. 우리 사이에는 테이블이 있었고, 나는 그분과 얘기하면서 답답함을 느꼈다.

꿈은 꿈만이 아니라 현실이기도 하다. 많은 사람들이 꿈에 예시적 메시지가 담겨 있다고 믿는다. 하지만 꿈의 예시적 기능은 거의 없다. 100개의 꿈을 꾼다면 순수하게 예시적 기능을 가진 꿈은 그중 다섯 개도 채 되지 않는다고 한다. 꿈은 가감 없는 내적 현실을 이야기하는 것일 뿐이다. 나는 꿈은 마음의 통장내역이라고 말하기도 한다. 통장내역을 조회해 보면 잔고뿐만 아니라 어디에 얼마가 지출되었고, 얼마가 들어왔는지도 알게 된다. 또한 어디서 얼마가 들어와야 하고, 또 얼마가 빠져나가야 하는지도 파악할 수 있다. 따라서 앞으로의 일을 예비할 수 있다. 다시 말하지만 꿈은 미래를 예측하는 기능을 가진 것이 아니라 지나온 일을 정확히 앎으로 앞날을 예비하는 기능을 가졌다. 꿈이야말로 우리가 '깨어 있는' 세상이다.

꿈이 미래를 예측한다고 믿는다면, 꿈 해석이 아니라 꿈 해몽을 하면 된다. 하지만 해몽할 수 있는 꿈은 사실 거의 없다. 해몽은 그저 불안을 경감하려는 부질없는 노력일 뿐이다. 꿈은 현실이다. 그것도 심리적 현실이다. 우리의 의식은 삶의 대부분을 제대로 인지하지 못한다. 우리는 얼마나 자기 마음을 잘 알고 있을까. 세월이 지난 후에야 '맞아, 그때 사실 내 본심은 그게 아니었어.'라고 깨달을 때가 얼마나 많은가. 의식 세계의 방어로 인해 심리적 현실은 종종 흘려보낼 때가 많다. 하지만 우리의 무의식은 그 현실을 생생히 보여 준다. 바로 꿈을 통해서다. 그래서 프로이트도, 융도 꿈은 무의식에 이르는 왕도라고 했다. 즉 꿈은 심리적 현실, 무의식의 세계로 입장하는 통로라는 말이다.

그렇다면 그의 꿈은 무의식의 어떤 영역으로 우리를 데려가는 것일까? 꿈의 메시지를 이해하는 방법은 크게 두 가지다. 그 상징을 이해하는 것, 꿈의 소재들을 통해 연상하는 것. 상징은 다시 두 가지 차원에서 이해된다. 첫 번째인, 보편적인 상징성을 지식의 차원에서 알고 있어야 한다. 이것은 분석가의 몫이다. 또 하나는 내담자의 삶 안에서 그만의 경험을 통해 고유하게 부여된 의미로써 개인적인 상징성이다. 연상작업은 개인적인 상징성을 밝혀내는 데 있어서 거의 유일한 방법이다.

그의 첫 번째 꿈에서 나타난 상징 중 가장 핵심적인 것은 '어른 성직자'다. 바로 그의 욕망이며 또한 그림자[13]이기도 하다. 그림자는 다름 아닌 나 자신의 일부이며, 욕망은 되고자 하지만 되지 못한 그것이다. 그림자란 우리의 등과 같아서 남은 잘 볼 수 있지만, 정작 자신은 잘 보지 못하는 우리의 또 다른 모습이다. 그래서 그림자는 타인을 통해서 투영될 때가 많다. 내가 정말 미워하거나 불편해하거나 경멸하는 사람이 있는가? 나를 불편하게 하는 상대의 그 특성들이야말로 나의 그림자일 가능성이 아주 크다. 거부하

---

13 **그림자** 사회적 상황에서 타인에게 드러내 보이기 꺼려지는 개인의 특성이나 성격적 부분을 말한다.

고 싶다고? 그렇다면 나의 그림자는 거부하고 싶은 그만큼 짙고 깊다는 뜻이다. 그 어른 성직자는 고루하고 답답하다. 권위적이고 융통성이 없다. 오직 성스러운 행동만을 주장한다. 이것이 그의 연상이었다.

어른 성직자는 권위다. 권위의 치명적 대표자는 부모다. 이것은 그 어른 성직자에 대한 보편적인 상징성이다. 권위는 다양한 얼굴로 나타난다. 이 순간 그에게 권위자는 분석가다. 테이블을 사이에 두고 작은 방에 앉은 꿈의 상황은 상담실을 연상하기에 충분하다.

그의 꿈이 말하는 가장 중요한 주제는 짝사랑하는 여성이나, 환속이냐 아니냐는 갈등이 아니라 그의 삶에 작용한 권위라는 것이다. 더 심각한 것은 권위가 그의 내면에 내재화되어 있으나 그가 그것을 억압하고 있다는 사실이다. 고루하고 답답한 어른 성직자의 특성은 바로 그의 그림자다. 그는 그것을 먼저 이해해야 했다.

'내가 그렇게 싫어하는 그 어른이 바로 나라고요?'

그의 입에서 나옴 직한 말이다. 하지만 그는 반문하지 않았다. 그저 고개를 끄덕이며 수긍하는 듯 "그렇게도 생각할 수 있군요."라고 말했다. 분석가의 설명에 수긍하는 것이 아니라 권위에 복종하는 것이었다. 도대체 어떤 권위가 그의 삶에 작용한 것일까? 권위적인 종교공동체에 익숙한 탓만은 아닐 것 같았다.

그림자의 얼굴들

한 세션은 50분, 꿈 하나를 분석하기에도 부족한 시간이다. 우리는 나머지 두 개의 꿈을 뒤로 미루어야 했다. 하지만 다음 시간에도 그는 꿈을 세 개 더 가지고 왔다.

일하는 곳에서 어린 후배가 일으킨 일 때문에 노심초사했다. 거울을 보니 대머리가 되어 있었다. 원형탈모증이라는 단어가 떠올랐다. 부끄럽고 창피해서 머리를 감싸고 모자를 사러 갔다. 번화가로 이동해 시장에서 모자 가게를 찾았는데, 젊은 주인이 나를 맞아서 안내했다. 그의 부인도 모자 고르는 것을 도와주었다. 나는 캡 cap을 찾았는데 그런 것이 없었다. 주인이 내게 빵모자 같은 것을 권했고, 그의 아내도 잘 어울린다고 했지만 나는 마음에 들지 않았다. 내가 원하는 모자가 스포츠용품점에 있을 것 같아 매장을 찾아봤지만 찾을 수 없었다.

이 꿈은 첫 번째 세션에 가져왔지만 미처 분석하지 못했던 꿈 하나와 연결되었다.

(내가 좋아하고 닮고 싶은) 동료가 공부하고 있는 나를 불러서 등산용 가방을 고르라고 한다. 등산용 가방이 많이 쌓여 있었는데, 그 중에 딱 하나가 새것이고, 기능적으로 좋아 보여서 그것을 고르자 그건 이미 (내가 별로 좋아하지 않는) 다른 동료가 '찜' 해 놓았다고

한다. 그걸 갖고 가고 싶어서 계속 물어보았지만 안 된다고 해서 다른 배낭을 찾아봤다. 쌓여 있는 배낭을 뒤져가면서 찾았으나 처음에 고른 것만큼 마음에 드는 배낭을 찾을 수 없었다.

물의를 일으킨 어린 후배는 누굴까. 바로 그 자신이다. 꿈에 등장한 인물들은 기본적으로 다 자기 자신이라고 생각하면 틀림없다. 그들은 분열된 자아다. 분열된 자아가 그런 특성을 가진 다른 사람들의 외피를 쓰고 등장하는 것이다. 따라서 닮고 싶은 동료도, 닮기 싫은 동료도 모두 자아의 한 모습이다. 물의를 일으킨 후배의 문제를 해결하는 것은, 과거 자신이 경험한 부정적 경험들을 해결하려고 노력하는 현재의 자신을 나타낸다. 그 일은 민머리가 드러나게 한다. 그만큼 스트레스를 받고 있다는 뜻일 것이다. 원형탈모증의 원인은 대체로 스트레스다. 하지만 머리가 드러난다는 것은 상징적으로 그의 숨겨진 생각들이 드러나고 있다는 뜻이기도 하다.

캡cap은 '짱'이다. '짱' 먹은 아이를 "너 캡이다."라고 한다. 기능적으로 좋은 새 가방은 무엇일까. 그는 이제 어딘가로 갈 예정이다. 분석가와 함께 무의식을 탐험하려 한다. 그 영역은 '산'이다. 산은 부성의 상징이고 권위의 상징이다. 하지만 아직 그는 준비가 안 된 모양이다. 등산용 가방을 찾아야 한다. 그러나 그의 그림자가 방해하고 있다.

지금 이 순간, 그에게 권위의 상징인 아버지(또는 부모)와 관련된 경험을 묻고 연상하게 하는 것은 생살을 뜯는 것과 같을 수도 있다. 나는 잠깐 이 주제를 뒤로 미루기로 했다. 결국 우리는 한 달쯤 후에야 이 주제를 다룰 수 있었고, 그 결과 폭력적 권위로 인한 그의 상처를 충분히 이해할 수 있었다. 세 번째 세션에 그가 가져온 꿈 하나가 암시를 주었다.

> 어딘가 갈 요량으로 승합차를 탔다. 그런데 운전석 핸들 아래쪽이 무척 지저분했다. 진흙투성이였다. 덕지덕지 붙어 있는 진흙 때문에 브레이크나 가속 페달을 밟을 수가 없을 것 같았다. 그래서 그 진흙을 떼어 냈다. 처음에는 빗자루로 털어 냈다. 그런데 빗자루가 오래된 것이어서 진흙이 잘 떨어지지 않았다. 진흙이 잘 털어질 것 같은 새 빗자루를 찾아봤다. 그러나 찾을 수가 없어서 오래된 빗자루를 그대로 사용했다. 잘 털어지지는 않았지만 계속 털다 보니 조금씩 떨어지기 시작했다. 그런데 진흙이 떨어지면서 그 속에서 이상한 벌레들이 나오기 시작했다. 처음에는 다리 달린 거머리 같은 것들이 잔뜩 붙어 있는 것이 보였다. 징그럽게 생겼다. 빗자루로 떨어뜨리려 했는데 어지간해서는 잘 떨어지지 않았다. 그래서 물을 뿌렸다. 물을 뿌리면서 나머지 진흙과 거머리 비슷한 벌레들이 함께 떨어졌다. 벌레들이 대충 다 떨어지고 나자 다른 벌레들이 나타났다. 딱정벌레나 바퀴벌레와 비슷했다. 그것 역시 징그럽고 잘 떨어지지 않았지만 계속해서 털어 내려고 부단히 애를 썼다.

꿈의 상징들은 놀랍다. 진흙은 똥이다. 발달단계에서 항문기를 상징한다. 이 시기는 애착과 분리의 시기다. 당연히 어머니와의 애착과 분리가 주요한 주제가 된다. 어머니 품에 안겨 있던 안락한 강보의 시간을 떠나 스스로 걸으며 최초의 세계탐험을 시작하는 시기다. 이 꿈은 그가 애착의 문제를 털어 내야 한다는 과제를 징그러울 정도로 선명하게 보여 준다. 진흙에 숨어 있던 거머리 같은 벌레들은 가장 미분화된 형태의 감정들이다. 특히 유아기 정서와 밀접하다. 그것을 겨우 털어 냈더니 딱정벌레나 바퀴벌레 같은 놈들이 나왔다. 그놈들은 좀 더 진화했지만 여전히 비인격화된 감정들이다.

항문기를 벗어나면 인간은 아버지와 만나는 시기에 이른다. 정확히 말하면 어머니를 통해 아버지를 만나는 시기다. 어머니가 아버지에 대해 하는 말은 아이들의 무의식에 그대로 남는다. 어머니가 생각하는 아버지가 곧 아이들이 생각하는 아버지다. 아버지에 대한 어머니의 평가는 아이들에게 결정적인 영향을 미친다. 아이들에게 아버지는 남성 전체를 대표하며, 아버지를 모델로 남성상을 결정하기도 한다.

꿈에서 아직 그는 딱정벌레를 다 털어 내지 못했다. 하지만 털어 내고 싶어한다. 나는 항상 내담자의 꿈을 현실로 받아들인다. 그 꿈속에 들어가 실제처럼 행동하는 상상을 해 본다. 그러면 '꿈속의 내가' 어떤 소망이 있으며, 어떤 것을 가장 안타까워하고, 어떤 일을 해 보고 싶은지 분명해진다. '현실의 내가' 만약 그 상황에 처해 있다면 어땠을까? 차에서 그런 징그러운 벌레들이 계속 나온다면 출발조차 할 수 없다. 자신의 욕망을 실현할 수 없는 것이다. 차를 타고 가는 일은 사회적 욕망을 실현하는 것을 상징한다. 하지만 그는 자신의 사회적 욕망을 이루기 위해 어떤 시도도 해 보지 못한 채 과거에 묶여 있다.

첫 세션에서 그가 한 말이 기억났다. 그는 자신에겐 사회적 능력이 없으며 그것으로 인한 열등감이 아주 강하다고 말했다. 새로 도전한 입시에도 실패하고 취직도 하지 못한 것은 능력이 부족하기 때문이고, 자신은 사회생활을 할 자격이 없는 사람이라는 생각이 고착된 것 같았다.

오랫동안 삼켜 온 아픔

나는 궁금했다. 도대체 부모님과 그 사이에는 무슨 일이 있었던 것일까? 만약 그 경험이 특별하고도 강렬한 정신적 외상이었다면, 내내 그의 삶을 괴롭혔을 테고 그는 그 얘기를 이쯤에서, 또는 이미 그전에 꺼냈을 것이다. 그의 아버지는 중소기업에서 평범한 회사원으로 일하다 정년퇴직한 분이고, 어머니는 전형적인 보통 어머니라고 했다.

분석이 치유적 효과가 있으려면, 아니 분석 자체가 이뤄지려면 내담자는 '그것'에 대해 말해야 한다. 사실은 그의 무의식이 말을 해야 한다. 말이 억지로 나오게 강제하는 것이 아니라 의식의 방어벽에 균열을 일으켜 억압된 경험들이 술술 새어 나오도록 해야 한다. 그렇다고 의식의 방어벽을 일거에 무너뜨리면 안 된다. 그러면 과거의 기억들과 더불어 그때의 감정들이 폭발적으로 터져 나와 스스로 제어할 수 있는 기제가 망가진다. 그래서 분석가는 완급을 조절할 수 있어야 한다. 완급 조절은 분석가의 감각이나 이론적인 힘으로 가능하기도 하지만, 가장 확실한 것은 내담자의 꿈을 따르는 것이다.

그는 아직 벌레를 털어 내고 있는 중이다. 그렇게 발버둥을 치고 있다. 나는 그의 다음 꿈을 기다렸다. 분석이 한 달쯤 진행되던 어느 날, 그는 아주 짧은 꿈 하나를 가지고 왔다.

> 빨간 물방울이 하늘에서 떨어지는 비처럼 내린다. 어떤 어린아이(들)가 있었다. 그 아이(들)의 얼굴에 빨간 물방울들이 떨어졌다. 아이의 얼굴에는 물방울이 떨어진 자리마다 발진이 돋았다.

이 짧은 꿈은 오랫동안 삼켜 온 아픔과 상처들을 그의 무의식으로부터 길어 올렸다. 무의식 안에서 그 아픔과 상처는 놀랍다는 말로는 충분하지 않은, 압축적 은유와 기발한 환유의 작업과정을 거쳤고, 꿈이라는 스크린을 통해 짧고 강렬하게 상영되었다.

꿈에서 붉은 물방울은 얼굴에 떨어져 발진이 되었다. 그 발진은 그로 하여금 유치원 발표회 날 얼굴에 난 피부병을 기억하게 만들었다. 그는 피부병이 난 얼굴로 많은 사람들 앞에 서야 했다.

어머니가 같이 가면 덜 부끄러울 것 같았지만, 어머니는 다른 일 때문에 갈 수가 없었다. 이모가 대신 따라가기로 했다. 그는 꼭 어머니가 가야 한다면서 칭얼댔지만, 어머니는 오히려 그를 혼냈다. 어쩔 수 없이 그는 이모와 함께 유치원에 가야 했다.

그에게 어머니는 어떤 분이었을까? 어머니에게 사랑받는 느낌을 기억해 보라고 했다. 그가 기억해 낸 사랑의 기억은 보잘것없이 느껴졌다. 어머니가 옆집 장독 하나를 실수로 깬 적이 있었다. 어느 날 그가 그 집 아이의 스카이콩콩을 가지고 놀자 옆집 아주머니가 "너희 엄마한테 장독 값이나 빨리 물어내라고 해!" 하며 놀이기구를 빼앗아 가 버렸다. 그가 울면서 집에 들어가자 어머니는 "그깟 장독 값 물어 주면 되지 왜 애는 혼내는 거야!" 하며 그의 역성을 들어 주었다.

그것이 그가 기억해 낸 단 한 번의 어머니의 사랑이었다. 물론 어머니가 그에게 베푼 사랑이 이것만은 아닐 것이다. 하지만 분명한 것은 그가 '기억하는' 사랑은 이것밖에 없다는 사실이다.

사랑이 그렇게 박약하다면 상처는 얼마나 풍성할까. 어머니에게 상처받은 기억을 물었다. 맨 처음 그는 초등학교 3학년 때의 기억을 떠올렸다. 초등학교 3학년 때쯤 모임에 나갔던 어머니는 그와 동갑인 아들이 공부를 잘한다는 친구의 자랑을 듣고 돌아왔다. 그런데 하필 그날 그가 성적표를 갖고 온 것이다. 공부를 안 해서 성적이 많이 떨어진 것을 알게 된 어머니는 그를 혼내면서 호된 매질을 했다. 그가 한 잘못에 비해 과한 벌이었다.

또 초등학교 5학년 때쯤 칼을 갖고 놀던 그가 고무나무를 여러 번 벤 적이 있었다. 정말 아무 생각 없이 한 행동이었고, 자신도 잘못한 일이라고 생각했다. 하지만 그날 혹은 그 무렵 무슨 일이 있었는지 어머니는 고무나무를 벤 것이 자신에게 반항하는 것이라고 몰아세우면서 그를 죽도록 때렸다. 역시 그가 한 잘못에 비해 과한 벌이었다.

일은 거기서 끝나지 않았다. 중학교 2학년 때 장롱에 상처가 났다. 누가 그랬는지 알 수 없었으나 어머니는 그를 지목했다. 근거는 '초등학교 때 고무나무도 벴기 때문에 이것도 네가 그런 것이 분명하다.'는 것이었다. 어머니는 그를 무지막지하게 팼다. 그는 끝까지 자기가 한 일이 아니라고 항변했다. 아버지가 들어오시자 어머니는 아버지한테 그 일을 일렀고, 그는 아버지에게 정말 하루 종일 죽도록 맞았다. 맞다가 맞다가 매에 견디지 못한 그는 자기가 한 짓이 아님에도 불구하고 조각칼을 갖고 와서 자기가 했다고 거짓 자백을 했다. 그러고 나서는 방에 들어가 하루 종일 밖에 나오지 않고 무기력하게 앉아 있었다. 잘못한 것 없이 맞은 매 한 대는 정당한 체벌 열 대보다 더 억울하고 분하다.

나는 그의 부모님에게 분노했다. 그 분노는 물론 나의 분노가 아니라 그의 분노라고 생각했다. 내가 느낀 분노는 한 개인으로서의 분노이기도 하지만 그보다는 분석가로서의 분노, 그가 차마 완전히 표현하지 못하고 폭압적으로 억누를 수밖에 없었던 분노였을 것이다. 그가 차마 느끼지 못한 분노가 내 몸을 빌려 강림한 것이다. 분석가는 때론 무당이 되기도 한다.

나는 잠시 침묵하면서 그의 '방'으로 들어가 보았다. 아직 코 밑 잔 수염이 보송보송한 중학교 2학년, 매에 못 견뎌 거짓 자백을 하고 어두운 방에 웅크리고 앉아 있는 그의 곁에 앉아 보았다. '그때 무슨 생각을 했나요? 그 방에서 어떤 느낌이었습니까?' 이 순간은 그에게 이런 질문을 하고 싶지 않았다. 그의 감정을 온전히 내 몸으로 느끼고 싶었다.

불현듯 기억하고 싶지 않은 나의 기억들 중 하나가 영상으로 떠올랐다. 초등학생 시절이었을 것이다. 아마 3, 4학년쯤 된 듯하다. 어머니가 나를 혼내고 있었다. 내가 뭐라고 대꾸를 하자 어머니는 더 화를 냈다. 나는 항변했다. 어머니가 나더러 집을 나가라고 했다. 나는 나가겠다고 했다. 어머니는 "나갈 때 나가더라도 네가 가지고 있는 건 다 내가 사 준 것이니 몽땅 놔두고 가."라고 했다. 순간 나는 엉뚱하게도 내가 모은 딱지를 생각했다. 그건 내가 아이들과 놀면서 딴 것이니 가지고 갈 수 있을 거라고 생각하며 딱지를 챙겨 당당히 나가려 했다. 그러자 어머니가 "지금 입고 있는 옷도 네 것이 아니니 옷도 벗어 놓고 나가."라고 했다. 나는 화가 났지만 굴복하기 싫었다. 그래서 옷을 벗어 내팽개쳤다. 겉옷 한 벌을 벗고 나니 남은 건 달랑 팬티 한 장이었다. 하지만 어머니는 그것도 벗으라고 했다. 나는 여전히 굴복하기 싫었다. 아버지의 공장에서 일하던 직원 누나들 몇 명이 마침 점심을 먹으러 집에 와 있었다. 어머니에게 지기도 싫었지만 다른 사람들 앞에서 내 성기를 보여야만 하는 상황은 더욱 싫었다. 하지만 나는 팬티까지 벗었다. 그리고 어머니의 얼굴에 그걸 던져 버렸다. 직원 누나들은 이 광경을 보며 재밌다고 웃었고, 나는 그것을 비웃음이라고 생각했다. 어머니는 불같이 화를 냈다. 이유는 팬티를 자기 얼굴에 던져 모욕을 줬다는 것이다. 하지만 어머니는 내가 끝까지 당신에게 지지 않았던 것이 더 화가 났을 것이다. 나는 죽도록 맞았다. 큰누나가 들어와서 말리지 않았다면 나는 더 맞았을 것이다. 그때 나는 아마 끝까지 울음을 참았던 것 같다. 그리고 그 사건은 내 마음 깊은 곳에 어머니에 대한 증오를 심어 놓았다.

그 증오는 34년이 지난 어느 날, 나 자신을 위한 분석을 받으며 고스란히 올라왔다. 외국에 살면서도 매주 두 번씩 전화를 걸어 부모님께 소식을 전했지만 과거의 기억으로 힘들어하던 그즈음에는 6개월 가까이 어머니와 한 번도 통화하지 않았다. 기억 속의 '그녀'는 어머니가 아니라 내게 모욕을 준 한 여자일 뿐이었다. 내 인생에서 내게 옷을 벗고 알몸을 보이라고 명령하고 강압으로 그것을 따르게 한 단 한 명의 여자, 그녀가 내 어머니였다. 나는 '그녀'가 용서되지 않았다. 그 순간 느꼈던 분노와 무기력과 그 광경을 보며 키득대던 직원 누나들의 웃음이 떠오르면 까닭 없고 대상 없는 살의를 느꼈다. 내 어린 날에도 상처는 풍성했다. 단 하나의 상처라도 그것은 풍성할 수 있다.

나는 그의 곁에서 내 어린 상처를 영상으로 보았다. 그러자 그가 온전히 느껴졌다. 그는 정말 아무것도 할 수 없었을 것이다. 부모는 이렇게까지 폭력적이어도 되는가? 그럼에도 불구하고 자식은 무기력과 거짓 자백의 수치심은 물론, 증오심과 폭력의 충동을 절대로 느껴서는 안 된다. 자식은 그래서는 안 되니까. 그랬다가는 또 다른 죄책감이 생겨날 것이기 때문이다. 그러므로 어린 그는, 그리고 어린 나는 아무것도 할 수 없어야 했다.

분석가가 되기 위한 수련기간 동안, 나는 분석을 받으면서 과거의 경험들을 온전히 다시 체험했다. 나는 어머니에게 혼나던 때의 감정을 낱낱이 올올이 다 느끼고 싶었다. 어떤 오기 같은 것이 발동했고, 그 경험의 모가지를 틀어쥐고 내가 느꼈던 모든 것을 잘근잘근 씹어 주고 싶었다. 나는 분석가에게 어머니에 대한 증오를 다 털어놓았다. 살의에 대해서도 이야기했다. 내 수치심과 무기력을 증오한다고도 말했다. 나는 끝까지 울지 않음으로써 나를 지켰다고 생각했지만, 그리고 그것이 내가 할 수 있는 유일한 항변이었지만 그것은 어머니에게 아무런 영향도 주지 못했다.

나는 그가 어떻게 항변했는지 알고 싶었다. 그는 다만 그 모든 감정들을 삼키는 것 외에는 다른 방법을 찾지 못했던 것 같다. 나는 그의 분노와 아픔, 무기력과 무가치감에 대해 내가 할 수 있는 최대의 공감을 표했다. 그것은 나 자신에 대한 공감이기도 했다.

붉은 물방울과 얼굴의 발진이 이토록 깊고 오래된 그와 나의 경험을 불러내 우리를 연결시키리라곤 상상하지 못했다. 우리는 그의 초등학교와 중학교 때 경험, 그리고 그의 부모와 나의 부모를 분석 자리에 불러냈다. 하지만 그것은 실체가 없었고, 우리는 오직 현재의 감정과 씨름해야 했다.

이 꿈을 통한 연상은 여기서 끝나지 않았다. 우리는 그 뒤로 여러 세션을 통해 이 꿈을 분석했고, 오랜 세월 묻어 두었던 또 다른 아프고도 치명적인 경험과 재회했다. 그것은 고등학교 때의 어처구니없는 불운의 기억과 연결되어 있었다.

곳곳에 산재한 폭압적 권위

공부를 곧잘 했던 그는 학생회 간부이기도 했다. 일은 간부 엠티에서 벌어졌다. 일정이 끝나고 선생님들이 모두 방으로 돌아가자 치기로 가득 찬 애송이들은 술을 몇 병 사다가 마셨다. 결코 과한 양은 아니었지만 아직 술에 길들여지지 않은 몸은 금방 취기를 느꼈다. 같이 마시던 친구 중 몇 명은 술을 더 사러, 몇 명은 술을 깨러 밖으로 나가고 술을 별로 마시지도 않았던 그만이 혼자 방에 남아 있었다. 그런데 하필 그때, 교사들에게는 알리지도 않고 학생들의 방을 둘러보러 다니던 교장 선생님이 공교롭게도 그가 있는 방문을 열어 보게 되었다. 가관이었을 것이다. 술병과 안주 봉지들이 널브러져 있고, 술에 취한 듯 보이는 그가 혼자 누워 있었을 것이다. 교장은 불같이 화를 내며 교사들을 불러 모아 "저놈을 당장 퇴학시키세요." 하고 말했다. 교장의 분노는 가라앉지 않았다. 학생회 간부가 술을 마시고 뻗어 자는 꼴을 보수적인 기독교단의 독실한 신자인 교장으로서는 전혀 이해할 수 없었다.

엠티는 바로 취소되고 모두 집으로 돌아갔다. 다음 날, 교장의 지시로 징계위원회가 구성되었고, 교장은 그를 퇴학시키라고 강하게 주장했다. 학생들의 모범이 되어야 할 학생회 간부가 그것도 엠티에 가서 그런 짓을 한 것은 일벌백계로 다스려 학교의 기강을 바로잡아야 한다고 핏대를 세웠다. 같이 술을 마신 다른 학생들이 의리를 지켜 자기들도 같이 징계해 달라고 탄원서를 냈고, 교사들도 선처를 건의했지만 결국 그만이 1년 정학이라는 중징계를 받았다. 술을 마시는 현장에 있었고 몇 모금의 술을 마시기는 했지만, 그것이 퇴학을 겨우 면한 1년 정학이라는 벌을 받아야 할 만큼 큰 죄란 말인가. 그는 다시 한 번 폭력적인 권위에 압도당하는 경험을 해야만 했다. 이 역시 그가 저지른 잘못에 비해 과도한, 또 하나의 폭력적 체벌이었다.

그는 거짓 자백을 한 그날처럼 압살된 분노와 완전한 무기력의 나날을 1년간 보내야 했다. 게다가 이 중징계는 두고두고 그의 발목을 옭아맸다. 대학 입학에서, 장학금 신청에서, 취직 준비에서, 삶의 고비마다 그의 학적부에 그어진 '붉은 줄'은 탈락의 이유로 충분했다. 여기까지 그의 연상을 듣자, 나는 '빨간 물방울이 얼굴에 떨어져서 피부 발진 같은 얼룩이 되는 꿈'의 의미를 확연히 이해할 수 있었다.

"아, 그 빨간 줄이 바로 꿈속에서 어린아이 얼굴에 떨어진 그 물방울이군요."라고 말하자 그는 흠칫 놀라며 꿈의 의미를 이해한 것 같았다. 나중에 나는 이런 질문을 했다.

"자신의 정서 연령이 몇 살쯤인 것 같으세요?"

"음… 초등학교 저학년 정도인 것 같아요."

그의 꿈에는 어린아이가 자주 나타난다. 꿈에서 자주 나타나는 어떤 상想은 꿈꾼 사람의 정서가 어느 시절에 주로 머물러 있는가를 보여 주는 거울이다. 어린아이, 초등학교 저학년 정도의 아이는 결국 그의 정서 상태를 반영하는 이미지일 것이다. 이 말은 그때 이후로 정서적 성장이 일정 부분 제자리 상태에 머물렀다는 뜻일 수 있다. 초등학교 3학년 때, 어머니로부터 당한 폭력으로 인해 정서의 많은 결들이 성장을 멈춰 버린 것 같았다.

사회적 얼굴인 학적부에 그어진 붉은 줄, 하늘에서 떨어져 내린 붉은 물방울, 그로 인해 붉게 발진이 생긴 얼굴. 도대체 이 짧은 꿈은 어느 만큼의 용량이기에 이다지도 많은 경험을 압축할 수 있단 말인가.

우리는 그의 무의식에서 길고 험한 동굴 하나를 탐사한 것 같았다. 그것은 어처구니없는 폭력적 권위로 인해 상처받고 좌절한 경험이었다. 너무나 평범하고 착한 이웃집 소년 같은 그의 여린 심성은 어른들의 폭압으로 인해 주눅 들고 낙담했다. 억울함이라고 말하기에는 도를 넘어 버린, 대항하기에는 너무나 절대적이고 폭압적인 권위에 대한 무한정의 굴욕감.

고분고분하고 여린 데다 상처받은 사람 같아서 더 친절하고 애틋하게 대하곤 했던 나의 태도가 스스로 납득되었다. 내가 느끼는 이런 감정을 그도 알 것이다. 그는 나를 편안해했고, 나와 이야기하는 것이 기쁘다고 몇 번 말한 적이 있다. 그와의 작업이 두 달쯤 진행되었을 때, 나는 노트에 이렇게 적었다.

> 고분고분한 느낌이다. 그는 여린 사람 같다고 나는 느낀다. 그의 고분고분함은 예의나 예절이 아니라 어떤 다른 느낌을 준다. 다루어 봐야겠다.

붉은 물방울의 의미가 어느 정도 확연해지고 '권위'라는 주제가 분명하게 떠오른 시점이었다. 분석이 3개월 정도 진행된 무렵이었고, 나의 역전이를 다룰 때가 된 것 같았다. 나는 그에게 '자신이 고분고분한 사람이라고 느끼는지' 직접적으로 묻지 않았다. 대신 이렇게 물었다.

"주변 사람들이 당신을 어떻게 평가하나요? 혹시 고분고분하다는 평가를 듣지는 않나요?"

그의 대답은 놀라웠다. 그는 한 번도 고분고분하다는 평가를 들은 적이 없으며, 자신은 부당한 상황에 대해 바로 항의하는 편이라고 말했다. 그렇다면 최소한 나에 대한 그의 고분고분함은 무엇일까? 나는 다시 물었다.

"당신이 항의할 수 있을 정도의 권위는 어디까지인가요?"

그는 의식적으로 느껴지는 권위에 대해서는 충분히 대항하지만 무의식적 권위에는 주눅이 들어 버리는 것 같았다. 즉, 압도하는 권위, 자신이 대적하기에는 너무나 거대한 권위라고 생각되는 대상에는 대항할 생각을 하지 못하는 것이다.

그가 '압도적 권위'라고 느낄 법한 대상들을 열거해 보았다. 자신의 말은 믿어 주지도 않고 무자비하게 폭력을 가한 아버지, 불운하게 적발된 잘못에 비해 너무나 큰 징계를 내린 교장, 그리고 그를 받아 주지 않은 학교와 그를 선발하지 않은 직장들, 즉 얼굴을 가진 권위자뿐만 아니라 사회구조와 시스템이라고 하는 빅브라더Big Brother들이 그의 삶에 있었다. 나는 물었다.

"한 개인이 감당할 수 있는 범위를 넘어선 거대한 권위, 그런 권위를 가졌다고 인식되는 사람들 앞에서 쉽게 고분고분해지는 것이 아닐까요?"

그는 생각에 잠겨 그럴 수 있을 것이라고 대답했다. 나는 다시 걱정이 되었다. 혹시 그가 나의 권위에 압도되어 내 해석을 순순히 받아들이는 것은 아닌가 하고 말이다. 그에게 나에 대한 감정을 물어보았다.

"저 역시 권위자로 느끼십니까?"

"아뇨, 그렇지는 않습니다. 친절하시잖아요. 그리고 권위적인 모습을 보이시진 않는데요."

"첫 꿈을 기억하시죠? 특히, 어른 성직자와 앉아 있었던 공간 말입니다. 작은 방에서, 상담실과 비슷한 공간에서 이야기했던 거요."

"네!"

"꿈에서 상담실과 비슷한 공간에서 이야기했고 마주 앉은 분은 어른 성직자의 모습을 하고 있다고 했는데, 그 얼굴에 압축된 의미는 다양할 겁니다. 그중에 제 모습도 투영되어 있을 겁니다."

"…그럴 수도 있겠네요."

"분석가들은 종종 아니 대부분 내담자들에게 강력한 권위자로 인식됩니다. 무의식 안에서요. 자기 삶에서 가장 권위적인 인물로 대체되기도 하고, 그 인물이 분석가로 대체되기도 하죠."

나는 그의 삶이 얼마나 과거의 경험으로부터 자유롭지 못한지, 그가 자각하도록 하는 데 집중했다. 무의식으로부터 얼마나 많은 영향을 받고 사는지 우리는 잘 인식하지 못한다. 그는 그것을 먼저 깨달아야 했다. 그의 눈에 비친 분석가는 친절하고 다정한 사람이지만, 그의 무의식은 분석가를 꿈에 나타난 어른 성직자와 같은 반열의 권위자로 치환시켜 놓았다.

나는 생각했다. 그의 출가는 망명이 아니었을까? 자신을 거부한 사회, 정당함을 압살한 권위자와 진입을 허락하지 않은 사회로부터 피신하여 그는 성소를 찾은 것이다. 옛적, 박해받는 이들과 사회적 소수자들이 성소를 찾아 자신을 숨겼듯 그 역시 권위의 박해를 피해 사회의 주류에서 밀려난 소수자로서 신의 품을 찾아든 것이 아닐까?

그는 동의했다. 신의 품을 찾아 들어온 동기에는 자신의 열등감과 무기력이 작용했음을 그도 의심하고 있었다. 그 역시 알고 있었던 것이다.

그의 무의식이 가지고 온 주제, 권위의 그림자. 이 주제를 다루면서 우리는 그의 의식이 가지고 온 주제, 이성에 대한 열망을 다루어 나갔다. 고르게 떠 있는 주의[14], 이 원칙은 분석과정의 균형을 잡아 주고 내담자의 내적 상황에 대한 치우침 없는 관심을 갖게 한다. 그의 삶을 총체적으로 보려는 노력이며 분석가와 내담자의 저항이 어디에서 머무르고 있는지 검색해 볼 수 있는 원칙이다.

우리가 사랑한 오직 한 명의 여인

그의 첫사랑은 짝사랑이었고, 실패로 끝났다. 그것도 비참하게. 중학교 무렵, 마음에 둔 여자애가 하나 있었다. 수줍음이 많았던 그는 자신이 누구인지 밝히지도 않고, 무려 1년 동안이나 그 애에게 편지를 보냈다. 그녀는 오랫동안 발신자가 누구인지 몰랐으나 세상에 비밀은 없는 법, 결국은 편지를 보낸 사람이 그라는 사실을 알게 되었다. 어느 날, 그녀가 그를 학교 옥상으로 불렀다.

"우리는 아직 공부해야 할 때고, 나는 남자친구에 관심이 없어. 그러니까 우리 서로 공부에 집중하자."

그는 수긍했다. 충분히 그럴 수 있다고 생각했다. 하지만 그 일

---

14 **고르게 떠 있는 주의** 내담자의 어떤 특정한 주제나 감정, 또는 분석과정의 한 부분에만 매몰되지 않고 분석가 자신, 내담자, 분석과정 전체를 통찰하기 위해 노력한다는 뜻으로 사용되었다.

이 있고, 한 달도 채 되지 않아 그녀에게 남자친구가 생겼다는 것을 알게 되었다. 그것도 그의 친구 중 한 명이었다.

아, 그의 열패감은 얼마나 격심했을까? 중학교 2학년, 이제 성에 대한 관심이 마구 솟아오르고, 소년에서 청소년으로 변성하는 시기, 고추에 거뭇거뭇 거웃이 자라고 남성으로 성장하는 그때, 그는 1년간 짝사랑했던 여자아이로부터 실연이 아니라 배신을 당한 것이다. 그 맹랑하기 짝이 없는 여자아이는 왜 그의 삶에 등장해서 그에게 상처를 준 것일까? 이렇게 착하고 준수한 외모를 갖추고 공부도 잘한 그에게 왜 그 여자애는 호감을 갖지 않은 것인가? 하마터면 나는 "참 나쁜 년이네요."라고 말할 뻔했다.

이런 경험은 그가 성인이 된 후에도 몇 번 더 그를 찾아왔다. 대학을 졸업하고 2년 정도 사귄 한 여성은 일방적으로 이별을 통보해 왔다. 그 후 100번도 넘게 선 자리에 불려 다니느라 힘들어하던 한 여자 후배와 가깝게 지내게 되었다. 그녀의 속내를 들어 주고 다독여 주다 보니 마치 사귀는 사이인 듯 친밀해졌을 무렵 그녀가 물었다.

"오빠는 가진 게 얼마나 돼?"

학생 신분이던 그는 당연히 가진 것이 별로 없었고, 사실대로 말한 얼마 뒤 그녀는 한마디 말도 없이 선을 보고 의사와 결혼해 버렸다. 그때 그는 '내가 이렇게 대접받을 정도밖에 안 되나.' 하는 생각에 많이 괴로웠다고 한다. 이와 유사한 경험은 나중에 또 한 번 더 있었다. 나는 그의 경험들을 이렇게 정리해 보았다.

"사회적 인간으로서 성장하는 데 좌절한 것뿐만 아니라, 수컷으로서 성장하는 데도 좌절한 것 같습니다."

"네, 분명히 그런 것 같습니다."

"여기서 지금까지 말씀하신 것들을 잠깐 정리하고 넘어갔으면 하는데요. 그러기 위해서 질문을 하나 먼저 드릴게요. 지금까지 여러 여성들과의 아픈 경험에 대해 이야기하셨는데요, 이 세상에서 당신이 인정받고 싶은 여성을 한 명 택하라면 누구를 택하시겠습니까?"

그의 답은 내 예상을 벗어나지 않았다. 지금껏 분석에 임해 온 몰입도로 봐서 그는 가장 정확한 대답을 해낼 것이 분명했다.

"…어머니요."

"그렇군요. 아마도 다른 모든 여성들을 다 합해 놓은 것보다도 어머니로부터의 인정이 더 절실했을 겁니다. 여러 명의 여성으로부터 거절 또는 배신당한 경험, 그러나 당신의 인식 속에서는 단순히 여러 명이 아니라 세상의 모든 여성으로부터 거절당하고 나서 다시 당신은 어머니에게로 돌아간 것 같습니다. 남성에게 있어서 세상 최초의 여자인, 어머니에게로 말입니다. 여자로부터 인정받고 싶다는 열망은 어머니에게 인정받고 싶다는 열망에 이르러 최고조에 달한 것 같습니다. 세상에 진입하는 것도 좌절되고 한 여자의 남자가 되는 것도 실패한 뒤, 오직 어머니로부터 인정받음으로써 당신은 최후의 보루를 지키려 한 것입니다. 즉, 어머니의 병을 낫게 해 주면 출가하겠다는 서원은 결정적으로 어머니를 위해 자신을 인신공양함으로써 어머니의 인정을 받겠다는 지극히 무의식적인 행위였을 수도 있습니다. 말씀드리기 어렵습니다만, 지극히 종교적인 행위의 외피를 쓰고 있지만 내면적으로는 어머니로부터의 인정을 갈구하는 무의식적 행위라는 생각이 듭니다."

말을 마치고 나서 나는 그의 가슴과 머리가 열리는 것을 보았다. 그의 동공은 풀어졌고 근육도 힘을 잃었다. 그는 완전한 무저항 상태에서 쉬지 않고 말하기 시작했다. 평소의 그가 아니었다.

"그래요. 나는 어머니에게 인정받기 위해 발버둥 친 겁니다. 출가를 택한 것도 어머니에게 인정받고자 하는 이유가 가장 컸을 겁니다. 이제야 깨달았어요! 출가 후 한참이 지난 어느 날, 어머니에게 그런 이야길 한 적이 있습니다. 어머니의 병환을 낫게 해 주면 출가하겠다는 서원을 했고, 저의 출가는 그 서원을 지킨 것이라고요. 그러자 어머니는 '나는 네가 사회에서 할 일이 없어서 출가한 줄 알았다.'고 심드렁하게 말씀하셨죠. 그 말을 듣고 마음이 무척 씁쓸했습니다. 어머니는 일찍이 당신의 어머니를 여의고, 아래로 여러 동생들을 홀로 건사하면서 굉장히 힘들게 살아오신 분입니다. 그로 인해 항상 튕겨 내는 듯한 느낌을 주는 분이었어요. 그리고 아버지를 항상 별 힘이 안 되는 사람으로 이야기하셨죠."

그 세션 후반부에 나와 그는 모두 분석에 굉장히 몰입해 있었고, 그는 쉬지 않고 쏟아 내듯 어머니와 가족사에 대해서 말했다. 마칠 시간이 지났지만 나는 그의 말을 끊고 세션을 마무리하기 어려운 감정을 느꼈다. 사실은 끊고 싶지 않았다. 그의 말을 다 들어 주고 싶었다. 그는 울거나 슬퍼하지는 않았지만 상기된 듯 굉장히 몰입해서 자신의 감정과 생각과 경험들을 쏟아 냈다.

예정된 시간을 훌쩍 넘겨 분석이 끝났고, 그는 꽤 지친 얼굴로 상담실을 나갔다. 나도 꽤 지쳐 있었다. 그가 겪을 힘듦을 생각하니 나 역시 힘이 들었다. 다음 시간까지 그가 겪을 마음의 갈등과 고통을 생각하니 마음이 짠했다. 그날은 그런 내 감정을 두고 역전이니 전이니 하는 분석적 잣대를 들이대고 싶지 않았다. 분석가도 내담자를 사랑할 수 있는 것이다. 인간에 대한 인간의 연민과 사랑.

일주일 후, 예상대로 그는 힘겨운 얼굴로 나타났다. 얼굴은 핼쑥해지고 풀이 많이 죽어 보였다.

"지난주가 많이 힘드셨죠?"

나는 그가 앉자마자 위로의 말을 건넸다.

"네, 사람들이 저보고 왜 그렇게 한숨을 많이 쉬냐고 의아해하더라고요. 나도 모르게 자꾸 한숨이 나오고 많이 힘드네요. 기운도 빠지고."

"많이 무거워 보이십니다."

"네, 일주일 내내 생각이 많고 무기력해지기도 하고요, 이제 뭘 어떻게 해야 하나 하는 생각 때문에 마음이 많이 무겁네요."

지난 세션은 그의 의식에 균열을 일으킨 정도가 아니라 그의 의식과 무의식의 맨틀을 뒤흔들어 놓은 것 같았다. 그것을 정돈하고 가라앉힐 시간과 여유가 필요하다는 생각이 들었다. 그를 더 몰아붙이지 말아야 한다고 생각했다. 그에게 지금 필요한 것은, 더 이상의 분석이기보다는 지금껏 분석된 것을 정리하고 정돈할 시간일 것 같았다.

그가 세 번째 세션에 가져왔던 꿈 하나가 생각났다. 이사를 갔는지 짐을 옮기며 맨 먼저 그리고 계속해서 책을 책꽂이에 꽂으며 정리하는 꿈이었다. 어쩌면 분석이라는 것은 헝클어진 수많은 생각들과 경험들을 있어야 할 자리에 정확히 정리 정돈하는 작업일 수도 있겠다고 생각했다.

그 세션에서 그는 자신이 지금 좋아하고 있는 여성에 대한 감정을 이야기했다. 그녀가 어린아이들을 데리고 재미있게 놀고 장난치는 모습을 보면서 자신이 저 아이가 돼서 그녀의 사랑과 애정을 받았으면 좋겠다는 생각을 한 적이 있다고 했다. 그러면서 항상 자기는 자신을 튕겨 낼 여자만 좋아하는 것 같다고도 했다. 어머니도 늘 자신을 튕겨 냈었다는 것도 같이 상기했다. 흔들린 의식의 맨틀은 그의 방어기제까지도 흔들어 버려 그는 거침없이 자신의 경험과 감정들을 꿈꾸듯 진술하고 있었다.

나는 그를 위무했다. 힘들 거라고, 그래서 첫 세션에서 이 과정이 결코 만만치 않을 거라고 말하지 않았느냐고. 나는 그를 위해 전문가로서 할 수 있는 몇 가지 조언과 가능한 한 따뜻한 위로를 건넸다. 하지만 이 과정을 겪어야 하는 것은 온전히 그의 몫이다. 그것이 항상 분석가를 안타깝게 한다.

다음 세션은 내 사정 때문에 취소해야 했다. 우리는 2주 후에 다시 만났다. 이미 분석은 다섯 달째로 접어들고 있었다.

환속, 재출가

　　　　　　　이제 우리는 정말 중요한 하나의 과제를 앞두고 있다. 환속이냐 재출가냐. 그에게 다시 한 번 세상에 나가 자신의 남성성을 확인하고, 사회적 인간으로 성공할 수 있음을 확인한 다음 재출가하라고 할 것인가? 아니, 아니다. 그런 유치한 차원의 이야기가 아니다. 그렇다면 그에게 지난 일은 다 잊고, 이제 출가한 이유를 분명히 알았으니 다시 발심해서 성직자다운 길을 걸어 보라고 할 것인가? 아니, 이것도 아니다. 무엇을 결정하건 그것은 오롯이 그의 결정이어야 하고 그의 과정이어야 한다. 언제나 그렇듯 통찰도, 깨달음도, 성장도 모두 내담자가 거두어야 할 열매다. 나는 그저 그들을 위해 나 자신을 성찰하고, 나의 경험을 재방문하고, 나의 저항을 깨닫고 돌파할 뿐이다.

　2주 만에 만난 그는 여전히 힘들어 보였다. 그는 출가와 환속의 문제를 지금 당장은 결정하지 않겠다고 했다. 나 역시 그의 생각에 동의했다. 중요한 것은 지난 삶을 돌아보고 앞으로의 삶의 의미를 재발견하는 것이지 출가나 환속 그 자체가 아닐 수도 있다. 하지만 그가 약간은 이 문제로부터 슬쩍 비켜나 있는 것 같다는 느낌을 받았다. 내가 잘못 본 것일 수도 있지만, 어쨌건 그가 이 문제를 우회하지 않기를 바랐다. 그리고 문제를 직면하고 돌파해야 함을 이야기했다.

다행히 그는 완전히 이 문제를 던져 버리겠다는 것은 아니었다. 지난주부터 운동을 시작했다고 한다. 운동을 하는 것은 마음을 다잡는 데 아주 좋은 방법이다. 게다가 일상에서 어떤 규칙적인 활동을 하는 것은 아주 중요하다. 예를 들어, 매일 저녁 20분간 명상을 한다든지, 아침에 일어나 책을 몇 페이지씩 읽는다든지 또는 규칙적으로 운동을 하는 것은 마음이 흐트러지지 않도록 잡아 주는, 일종의 삶의 축과 같다. 그가 '구태여' 몸을 더 움직이고 생활의 축을 잡아서 자기 삶을 정돈하는 것 같아서 마음이 놓였다.

나는 사람들이 '구태여' 무엇을 더하는 것을 좋아한다. 먹고 사는 데 아무 지장이 없는데도 새로운 일을 시도하는 것은 삶을 더욱 힘있게 만든다. 특히나 그것이 경제적 성공이나 사회적 성취와 관련 없는 일이라면 더 좋고, 자신을 움직여 단련시키는 일이라면 더할 나위가 없다. 나는 그가 운동을 시작한 것이 얼마나 의미 있는 일인지를 설명하기 위해 나의 작지만 특이한 경험을 하나 이야기해 주었다.

내게는 스스로 훈장처럼 생각하는 일이 하나 있다. 외국에서 공부하던 시절, 너무 힘든 나머지 수도 없이, 하루에 정말 백 번도 넘게 공부를 집어치울까 하는 갈등을 겪었다. 완전히 토론으로만 진행되는 수업은 한마디도 알아듣지 못한 채 멀뚱히 눈치만 보는 날들이 많았고, 그럴 때마다 조용히 가방을 싸서 한마디 말도 없이 바람처럼 문을 열고 나가 다시는 학교로 돌아오지 않는 상상을 수도 없이 했다.

 수많은 책과 논문을 독파해서 수업을 따라가야 했지만, 한국어로 읽는 것보다 족히 다섯 배는 더 많은 시간을 할애하고도 난해한 심리학과 인문학 원어 교재를 충분히 이해할 수 없었다. 항상 잠이 부족했고, 유학생활 내내 다섯 시간 이상 수면을 취한 날이 얼마 되지 않았다. 두 번째 학기를 맞이하자 두려움이 밀려왔다. 지난 학기의 고난을 또 겪어야 한다는 것이 무서웠다. 그러던 어느 날, 나는 어떤 이유에선지 고통의 극한까지 가 보기로 결심했다. 두려워하느니 더 발가벗고 맞서 싸워 봐야겠다는 오기가 일었다.

 그날부터 천 일을 기약하고, 매일 백팔배를 시작했다. 대체로 하루 공부를 마치는 시간은 새벽 서너 시였다. 졸음이 죽음처럼 밀려오는 시간이었다. 모두가 잠든 그 새벽, 나는 1초라도 더 일찍 침대로 가고 싶은 마음을 억누르며 죽을힘을 다해 백팔배를 했다. 어떨 때는 너무 힘들어서 절을 하다가 운 적도 있고, 바닥에 머리를 박은 채로 잠이 든 적도 있었다. 하지만 나는 이를 악물고 천일기도를 마쳤다.

 그것은 절대로 신에게 비는 행위가 아니었다. 어떤 초자연적 절대자에게 기대는 그런 행위가 추호도 아니었다. 백팔배와 경을 읽는 것은 부모님의 영향 때문에 좀 더 낯익은 방법일 뿐, 나는 불교신자도 아닐뿐더러 무신론자다. 그 기도는 오직 나 자신을 위한 것이었다. 절을 하고 경을 읽으며 스스로 다짐한 것은 단 하나 '오늘 하루만 제대로 버티자.'는 것이었다. 단 하루를 버틸 힘, 그것을 나 자신으로부터 구하는 행위였다. 내가 나에게 다짐하는 행위였다.

하지 않아도 될, 누구도 시키지 않은 그 고통스러운 천일기도를 '구태여' 나는 처음의 약속과는 달리 세 번이나 해냈다. 삼천일의 기도를 끝내자 10년간의 내 공부도 끝이 났다. 돌이켜 보면 공부를 그만두는 것보다 그 기도를 그만두는 것을 용납할 수 없어서 오히려 공부를 마칠 수 있었던 것이 분명하다.

사람들은 내 학위와 그 지난한 공부를 잘 마친 것에 대해 칭찬하지만, 내게는 학위보다 더 소중한 것이 있다. 바로 세 번의 천일기도를 그 극한상황에서 해낸 나 자신에 대한 신뢰감이었다. 백팔배와 경 읽기는 하루 40분이면 충분했지만 그 40분이 내 삶의 축이었고, 그 축이 있었기에 나는 그 고통스러운 시간들을 견뎌 낼 수 있었다.

나는 그에게 이런 내 경험을 짧게 들려주며, 운동이 되었건 기도가 되었건 힘들 때는 더 극한으로 자신을 몰아넣어 보는 것도 좋은 일이 될 것 같다고 조언했다.

우리는 자신을 먼저 사랑해야 한다는 말을 상투적으로 내뱉지만, 사실 자신을 사랑할 수 있는 '건덕지'가 있어야 한다. 스스로를 사랑할 수 있는 자격이 있어야 하고, 그 자격 역시 자신이 부여하는 것이다. 그러기 위해서는 자신이 스스로에게 내준 시험을 통과할 필요가 있다고도 덧붙였다. 그는 여전히 힘들어했지만 나는 그가 이 난관을 겪어 낼 수 있는 선한 마음을 가졌음을 알고 있었다.

다음 시간, 그는 고통스러운 마음을 털어놓았다.

"그녀에게 남자친구가 생긴 것 같아요. 이젠 마음을 접어야겠죠. …저는 왜 자꾸 튕겨 낼 것 같은 여자들만 찾아서 좋아하고 상처를 받는 걸까요? 남자로서 인정받지 못하고 이런 상태로 사는 것이 너무 힘듭니다."

나는 우리가 그와 어머니의 관계에 대해 충분히 이야기했다고 생각했기에 그 관계를 다시 탐색하는 것을 멈추었다. 대신 가장 실존적인 한 인간에 대해 이야기했다.

"김수환 추기경이 선종한 뒤 그분 일대기를 TV에서 본 적이 있습니다. 그런데 그분도 어떻게 하면 사제직을 포기할까 하고 항상 도망갈 궁리를 했다고 합니다. 그런데 추기경 서품을 받고 나서야 '아, 이제는 도망갈 구멍이 없구나. 이젠 평생 사제로 살아야겠다.'라고 생각하셨다네요. 추기경이 되고 나서야 도망가려는 마음을 포기했다는 거죠. 저는 그분이 참 인간적이라고 생각했습니다. 그분이라고 해서 결혼해서 아기 낳고 다른 남자들처럼 사는 일반적인 삶을 왜 동경하지 않았겠습니까? 그런 욕망이 있었으니 신부 그만두고 도망가려 했겠죠. 그 속내를 솔직하게 말씀하신 것을 보고 참 감동받았습니다. 한 여성에게 인정받고 결혼해서 평범한 남자로 살아가고 싶은 욕망을 칼로 무 자르듯 그렇게 쉽게 잘라낼 수 없음을 받아들이는 것, 그런 갈등상태와 같이 가는 것이 바로 수행인 것 같습니다"

우리는 대체로 가능하면 고통을 빨리 잘라 내고 싶어한다. 어떤 고통들은 그럴 수 있다. 하지만 삶의 핵심과 관련된 고통일수록 단박에 잘라 내기 어렵다. 그렇다면 그 고통을 받아들여야 한다. 고통을 친구로 삼아야 한다.

'행복하게 살고 싶다.'고 말하는 것은 지금의 삶이 불행하다는 반증이다. 고통을 없애려는 노력보다 고통을 받아들이고, 고통을 장악하고, 고통을 조절할 수 있어야 한다. 성숙한 사람일수록, 마음의 품격이 고매한 사람일수록, 고통을 어떻게 다루어야 하는지 잘 안다. 그들은 삶과 고통은 한 몸이라는 것을 알고 받아들인 이들이다. 예수도, 석가도 그러했던 것으로 안다.

마음의 가난, 천국과 지옥

어느 날, 그는 봉사하던 복지단체에서 행사를 치렀다. 바람이 제법 쌀쌀하게 불기 시작하는 겨울의 초입이었다. 그는 행사에서 자원봉사자들과 함께 노래를 불렀다. 노래의 주제는 '사랑'이었다. 연습을 하면서, 그리고 공연을 하면서 그는 사랑의 의미를 되새겨 보았다고 했다. 사랑에 대한 욕구는 누구에게나 있다는 것, 자신이 받고 싶은 사랑을 누군가도 원하고 있으리라는 것, 그리고 그런 사람들을 위해 자신이 무엇을 할 수 있을지에 대해 그는 깊이 생각해 보았다고 한다. 그는 이제 자신의 문제를 초월해 진정으로 더 많은 사람들을 생각하기 시작한 것 같았다. 좋은 신호이긴 하지만, 그렇게 또 쉽게 넘어갈 수만은 없는 상황이라는 생각도 들었다.

그러면서도 그는 다시 자신의 고통스러운 마음을 이야기했다.

"마음이 가난하다는 생각 때문에 많이 고통스러워요. 내가 가난하다는 것을 받아들이기가 너무나 어렵습니다."

마음이 가난한 자의 고통. 내가 아는 마음의 가난과 그가 경험하는 그것은 참 다른 것 같았다.

"자신이 초라하게 느껴진다는 뜻일까요?"

"네, 저 자신이 참 보잘것없고, 가난하게 여겨지네요."

"당신이 경험하고 있는 초라함이 나쁘기만 한 것일까 하는 생각이 듭니다."

정신분석이라는 작업에서도 실존적 주제를 다루는 것은 아주 중요한 과정이다. 그와 나는 언젠가부터 실존적인 문제를 붙들고 있다. 실존주의적 가치의 가장 큰 덕목은 책임이다. 자기 삶에 대한 책임.

또 하나는 자기의 실존이 어떤 모습인가를 생생하게 감촉하는 것이다. 자기 삶을 장식하는 모든 형용사나 명사를 제외하고 남는 단 하나, 그것이 바로 실존에 대한 처절한 감각이다. 분석가, 교수, 수퍼바이저와 같은 사회적 명함뿐 아니라 아버지, 아들, 남편, 동생 같은 혈연에 따른 명칭을 포함하여 자신을 묘사하는 수많은 형용사들도 결국은 삶을 규정하는 하나의 이름일 뿐이다. 그것은 다른 말로 역할이라고도 부르고, 타인의 기대라고도 한다. 그것들을 다 제거하고 남는 것은 결국 'I am.', '나는 존재한다.'이다. 나

는 '무엇 무엇을 하는 사람이다.'가 아니라, '나는 무엇 무엇이다.'
가 아니다. 결국 남는 것은 '나는 존재한다.'이다.

이것이야말로 우리가 반드시 받아들여야 하는 것이지만, 결국 비존재의 두려움은 자신을 규정하는 명칭과 자신을 동일시하려 함으로써 우리를 불행의 굴속으로 집어넣어 버린다. 모든 형용사와 명함을 다 없애 버린 자신은 '참으로 가난하다'. 그럴 수밖에 없다. 그런데도 그는 자신이 가난하다는 것을 받아들이기가 너무나 어렵다고 말한다.

그는 자신의 현존재와 접촉하려는 순간에 와 있다. 나는 그가 자신의 삶으로부터 얼굴을 돌리지 않기를 바랐다. 그는 분석과정을 통해 자신이 과거에 어떤 경험을 했고, 그 경험이 어떻게 자신의 삶을 이끌어 왔는지 생생하게 알게 되었다. 그리고 그 모든 것의 실체를 고통스럽게 목도하고 있다. 나의 설명을 듣고 그는 가난함이라는 것이 절반은 홀가분함으로, 절반은 고통으로 다가온다고 말했다.

그 무렵, 그는 겨울 동안의 집중수행을 위해 서울을 떠나야 했다. 우리는 그동안 만나지 못했다. 우리의 분석은 아직 미완의 상태로 남아 있다. 수행기간 동안 그는 날씨만큼이나 혹독한 겨울을 경험할 것 같다. 나는 그가 재출가를 결심할 거라고 짐작했다. 그는 성직자의 삶을 살기에 충분할 만큼 선한 마음과 맑은 영혼을 가지고 있다. 물론 그의 환속과 재출가를 내가 결정할 것은 아니지만, 그의 마음 바탕이 그러하다고 나는 느낀다. 그리고 그는 더 이상 패배한 소수자로 스며 들어온 성소의 망명자가 아니라, 그 성소를 맑고 따뜻하게 가꾸어나갈 참으로 선하게 그 직분을 수행할 인간으로 거듭날 것 같다. 나의 소망이기도 하지만 오랜 기간 사람들을 깊게 만나온 분석가로서의 예감이기도 하다.

그에게 미처 들려주지 못한 이야기가 하나 있다. 나 역시 출가에 대한 결정을 못 내리고 갈등하던 대학 시절, 어디선가 읽은 글이다. 그가 돌아오면 해 주지 못했던 이 얘기를 들려주고 싶다.

서커스단의 광대로 살아가던 남자가 있었다. 어느 날, 그는 복음을 들었고 예수님과 가까이 살고 싶다는 생각에 수도원의 청소부로 들어갔다. 정성을 다해 성소를 닦고 쓸며 청소를 했지만 언제나 그 광대 청소부는 부족함을 느꼈다. 아무리 생각해도 자신은 예수님께 바칠 수 있는 것이 없었다. 그는 너무나 가난했고, 자신의 가난이 원망스러웠다. 예수님을 위해 자신이 할 수 있는 것이 청소 말고는 아무것도 없다는 현실이 원망스러웠다.

어느 날, 문득 그는 예수님을 기쁘게 해드릴 수 있는 방법을 하나 생각해 냈다. 자신이 서커스에서 익힌 온갖 재주를 예수님께 보여 드리는 것이었다. 그날부터 그는 언제나처럼 먼지 한 톨 없이 정갈하게 청소를 마친 다음, 매일매일 예수상 앞에서 정성을 다해 자신의 묘기를 보여 드렸다. 그러던 어느 날, 성소를 지나던 한 수사가 그의 해괴한 짓을 보곤 원장 수사에게 그 사실을 고해바쳤다. 원장 수사는 노발대발하며 성소에서 망측한 짓을 하는 광대 청소부를 끌어내기 위해 한달음에 달려갔다.

문을 열자 아니나 다를까 청소부가 땀을 뻘뻘 흘리며 예수상 앞에 서 열심히 재주를 부리고 있었다. 화가 난 원장 수사는 달려가 그를 끌어내리려 했다.

그 순간 십자가에 못 박혀 있던 예수님이 천천히 걸어 내려왔다. 그리고 광대 청소부 앞에 멈추어 서서 그를 포근히 안으며 이렇게 말씀하셨다.

"마음이 가난한 자는 복이 있나니, 저희가 하나님을 볼 것이요."

오늘이 아프지 않게, 내일이 흔들리지 않게
상처 떠나보내기

초판 1쇄 인쇄 2023년 9월 27일
초판 1쇄 발행 2023년 10월 17일
지은이 이승욱
펴낸이 이진영 배민수
기획·편집 밀리&셀리
디자인 허브
마케팅 태리
펴낸곳 (주)테라코타 **출판등록** 2023년 1월 13일 제2023-000019호
주소 서울특별시 강남구 남부순환로 2921, 164호
메일 terracotta_book@naver.com
인스타그램 @terracotta_book

ⓒ 이승욱, 2023
ISBN 979-11-981803-7-7   03180

* 이 책의 전부 또는 일부 내용을 재사용하려면 반드시 사전에 저작권자와 (주)테라코타의 동의를 받아야 합니다.
* 인쇄·제작 및 유통상의 파본 도서는 구입하신 서점에서 바꿔드립니다.
* 책값은 뒤표지에 있습니다.